Amor à música

SERVIÇO SOCIAL DO COMÉRCIO
Administração Regional no Estado de São Paulo

Presidente do Conselho Regional
Abram Szajman
Diretor Regional
Danilo Santos de Miranda

Conselho Editorial
Ivan Giannini
Joel Naimayer Padula
Luiz Deoclécio Massaro Galina
Sérgio José Battistelli

Edições Sesc São Paulo
Gerente Iã Paulo Ribeiro
Gerente adjunta Isabel M. M. Alexandre
Coordenação editorial Jefferson Alves de Lima, Clívia Ramiro, Cristianne Lameirinha, Francis Manzoni
Produção editorial Rafael Fernandes Cação
Coordenação gráfica Katia Verissimo
Produção gráfica Fabio Pinotti, Ricardo Kawazu
Coordenação de comunicação Bruna Zarnoviec Daniel

Amor à música

de Cartola, Paulinho da Viola,
Cortázar, Nara Leão, Rogério Sganzerla...

Eliete Eça Negreiros

© Eliete Eça Negreiros, 2022
© Edições Sesc São Paulo, 2022
Todos os direitos reservados

Preparação Tulio Kawata
Revisão Mayara Freitas, Maiara Gouveia
Projeto gráfico e diagramação Werner Schulz
Capa Werner Schulz

Dados Internacionais de Catalogação na Publicação (CIP)

N3125a	Negreiros, Eliete Eça
	Amor à música: de Cartola, Paulinho da Viola, Cortázar, Nara Leão, Rogério Sganzerla... / Eliete Eça Negreiros. – São Paulo: Edições Sesc São Paulo, 2022. – 304 p. –
	Bibliografia
	ISBN: 978-65-86111-75-0
	1. Música brasileira. 2. Música Popular Brasileira. 3. MPB. I. Título. II. Subtítulo.
	CDD 780.981

Ficha catalográfica elaborada por Maria Delcina Feitosa CRB/8-6187

Edições Sesc São Paulo
Rua Serra da Bocaina, 570 – 11º andar
03174-000 – São Paulo SP Brasil
Tel. 55 11 2607-9400
edicoes@sescsp.org.br
sescsp.org.br/edicoes
 /edicoessescsp

Ao meu pai, Eleafar Eça Negreiros, e ao nosso querido Zuza Homem de Mello.

In memoriam

*e aos amplos palácios da memória,
onde se encontram tesouros de inumeráveis
imagens de todo tipo de objetos, trazidos
pelos sentidos.*

Mas o que é o esquecimento senão a privação da memória?

Santo Agostinho

Agradecimentos

Revista *piauí* e revista *Caros Amigos*,

Arrigo Barnabé,
Caia Fittipaldi,
Cristina Santeiro,
Daysi Bregantini,
Milton Hatoum,
Olgária Matos,
Rita Taliba,
Tamira Fioravante.

Sumário

Apresentação Danilo Santos de Miranda ... 11
Prefácio Hugo Sukman ... 13
Introdução ... 19

A Love Supreme ... 21
A pergunta sem resposta ... 25
Fragmentos de um discurso tropicalista ... 29
Azulão ... 33
Vinhos finos... cristais ... 35
Radiante: Chiquinha Gonzaga ... 39
Filosofia do samba ... 43
Sganzerla e o cinema como melodia do pensamento ... 47
Arrigo Barnabé: labirinto e mirante ... 51
Caixa de ódio: Arrigo Barnabé interpreta Lupicínio Rodrigues ... 55
Outros sons ... 59
O mundo melhor de Pixinguinha ... 63
O canto livre de Nara ... 67
Julio Cortázar e a música: a volta ao dia em diversos mundos ... 71
Elisete Cardoso é luxo só! ... 77
O grande Ismael Silva ... 81
O amor discreto de Johnny Alf ... 85
A linda voz de Alaíde ... 91
"Não há nada no mundo de que eu goste mais do que de música" ... 95
Na cadência bonita do samba de Ataulfo Alves ... 101
Falar de música ... 107
Eu canto samba ... 113
Porque tudo no mundo acontece ... 117
E o mundo não se acabou ... 125

Luiz Gonzaga e a linguagem dos pássaros	133
Wilson Batista: "Meu mundo é hoje"	137
Capinan e o movimento dos barcos	145
Luiz Melodia, pérola negra	155
Antonio Carlos Brasileiro Jobim	161
Lamartine Babo, o rei do Carnaval	173
Os sambistas cantam o amor por suas escolas	183
Orlando Silva, o cantor das multidões	191
Orfeu da Conceição, ou quando Vinicius encontrou Tom e abraçou a canção	197
Chão de estrelas, arranha-céu: Orestes Barbosa	201
O sincretismo de Baden Powell	209
Salve Mestre Candeia!	219
Nelson Cavaquinho, luz negra	223
Nelson Cavaquinho, Montaigne...	227
Dolores Duran, estrada do sol	231
Salve Paulinho da Viola!	237
Paulinho da Viola e o choro	241
Omara Portuondo: flor amorosa cubana	249
A alma encantadora de Paulo Moura	255
Violão brasileiro, o fiel companheiro	259
Estou falando de Elton Medeiros	263
Eduardo Gudin: um sambista fiel	267
O choro erudito de Ernesto Nazareth	271
A sonora garoa de Passoca	275
Isaurinha Garcia, "a voz nacional do Brás"	279
Dorival Caymmi	283
Saudade do Brasil	287
A sanfona sensível de Dominguinhos	291
Referências	295
Sobre a autora	303

Apresentação

A paisagem musical do Brasil no fim da década de 1950 contava com artistas da magnitude de João Gilberto, Elisete Cardoso e Baden Powell. Naquele contexto, o anseio modernista por unir expressões populares a experimentações de vanguarda parecia ser alcançado nas melodias que se constituíam mais pela pausa que pela voz, na síntese minimalista do tamborim do samba de raiz. A bossa nova se firmava como gênero consciente de si, do legado cultural de onde provinha e das perspectivas futuras que poderia almejar.

Na década seguinte, os fraseados que se equilibravam sobre as harmonias em sétima e o ritmo sincopado, se sucedendo como se destituídos de peso, lograram resistir ao Golpe Militar de 1964, que se, por um lado, provocou o encurtamento dos horizontes sociais e políticos da nação, por outro, não foi capaz de silenciar as apresentações dos festivais de música brasileira. As interpretações televisionadas de artistas como Paulinho da Viola, Nara Leão e Caetano Veloso levavam o hibridismo da bossa para um nível ainda mais radical, assimilando desde expressões regionais até os instrumentos elétricos que começavam a se popularizar, de modo a inaugurar o universo a ser denominado MPB.

O presente livro, escrito por Eliete Eça Negreiros, propõe uma imersão na heterogeneidade dos tempos e espaços da música popular brasileira (e também mundial). Esse mergulho é empreendido através de um trabalho de memória posto em movimento a partir de estímulos os mais diversos: em alguns ensaios, a autora inicia com a recordação de estrofes cantadas por Orlando Silva, apresentado a ela por Arrigo Barnabé. Em outros escritos, a rememoração parte da experiência de contemplar o céu, que a remete então a Pascal, a Manuel Bandeira e, por fim, aos versos de "Dindi", composição de Tom Jobim interpretada por Gal Costa.

A escrita polifônica da autora, que se desenvolve de modo a um só tempo afetivo e analítico, parece espelhar o próprio objeto ao qual se dedica, ele também um mosaico – ou, se quisermos recorrer ao conceito benjaminiano empregado por ela para refletir sobre a canção "Tropicália", de Caetano Veloso, uma montagem. Essa perspectiva ambivalente tem como origem a complexidade característica a Negreiros: filósofa de formação, pesquisadora acadêmica e uma das principais musicistas da vanguarda paulista. Redigidos entre 2012 e 2014, os escritos partem, assim, do entroncamento entre as vias da música, do pensamento filosófico e da experiência direta que a autora vivencia em sua trajetória artística.

Amor à música: de Cartola, Paulinho da Viola, Cortázar, Nara Leão, Rogério Sganzerla... estimula uma imersão nos espaços da memória de nossa música, um espaço ilimitado, tal como sugerem as reticências do título. Em confluência à intenção de preservar e divulgar o legado cultural brasileiro, a edição deste livro se associa aos esforços do Sesc no sentido de viabilizar a democratização das artes, a divulgação do conhecimento e a partilha das sensibilidades facultada pela fruição musical.

Danilo Santos de Miranda
Diretor do Sesc São Paulo

Prefácio

"**...Q**uando deixo minha cabeça inteiramente livre e minhas ideias seguirem sua inclinação, sem resistência e sem embaraços."

O trecho, pinçado por Eliete Eça Negreiros de *Os devaneios do caminhante solitário*, de Rousseau, refere-se evidentemente à forma de escrever deste: "um registro fiel de minhas caminhadas solitárias e dos devaneios que as preenchem". Mas quer alcançar, na alusão específica de Eliete, a inspiração de Candeia para escrever sua obra-prima "Preciso me encontrar", interpretada por Cartola em 1976:

> *Deixe-me ir, preciso andar*
> *Vou por aí a procurar*
> *Sorrir pra não chorar*
> *Quero assistir ao sol nascer*
> *Ver as águas dos rios correr*
> *Ouvir os pássaros cantar.*

Diria, no entanto, mais: que essa ponte entre o filósofo-compositor suíço Jean-Jacques Rousseau e o compositor-filósofo carioca Antônio Candeia Filho é o próprio coração do pensamento de Eliete Negreiros, e me agrada juntar na mesma frase coração e pensamento, pois é disso que trata esta coletânea dos artigos sobre música popular escritos por ela para as revistas *piauí* e *Caros Amigos* na década passada.

Se Rousseau precisava literalmente caminhar – na tradição peripatética da filosofia, desde os gregos – e Candeia implorar e imaginar caminhadas ("Deixe-me ir, preciso andar"), pois àquela altura já estava paraplégico e caminhar significava criar, Eliete não faz aqui outra coisa senão passear por seu vasto repertório cultural entre a formação em filosofia e a vivência como cantora, mas sobretudo adquirido no gosto pela leitura num sentido mais amplo, mais amador, aqui no sentido de amor mesmo, pela música popular, além de algo de pureza que a palavra "amador" evoca (nunca o sentido de "não profissionalismo"). Coração e pensamento juntos, unidos para, sim, por vezes explicar o fenômeno da música popular de forma até didática, e sempre iluminando algum aspecto recôndito, como normalmente fazem críticos e professores, mas principalmente traduzir o sentimento que se apodera da gente quando ouve uma canção, como uma conversa boa de quem ouve música junto.

Assim, por exemplo, nessa polirritmia que caracteriza seu pensamento e situada naturalmente no coração da vanguarda paulista – da qual foi uma das principais intérpretes, como cantora e testemunha privilegiada –, Eliete Negreiros nos explica Arrigo Barnabé em três movimentos, aparentemente distintos. Primeiro a partir, naturalmente, de um breve e consistente histórico da música erudita contemporânea, de Wagner (que em *Tristão e Isolda* "chegara ao limite da exploração cromática e, a partir de então, as fronteiras entre as tonalidades foram desaparecendo") a Stravinsky e Schoenberg, e no contexto histórico da música popular brasileira, pois "em nenhum outro compositor popular brasileiro o entrecruzamento entre o erudito e o popular se deu de forma mais intensa". E também num outro movimento mais, digamos, impressionista, quase poético, a partir das referências de Arrigo (das histórias em quadrinhos à poesia experimental, dos programas radiofônicos à psicanálise) e, por último, do seu próprio testemunho: "O público atônito se perguntava: que música estranha era aquela?".

Nesses três movimentos simultâneos, e às vezes até indistintos – o "didático", o "poético" e o pessoal –, Eliete revela a originalidade de seu pensamento entre os intérpretes do Brasil através do estudo de sua música popular (pois é disso que se trata aqui, e em grande parte da pesquisa e crítica sobre música popular: pensar e sentir o Brasil). Ela vai da explicação mais fundamental ao voo mais ousado, às vezes no mesmo parágrafo. Como neste trecho, ainda sobre Arrigo, os dois movimentos de pensamento combinados:

> *Viria depois o dodecafonismo em que, em vez das 24 tonalidades do sistema tradicional, só há uma única tonalidade, os 12 sons. Entre eles, nenhum é destacado, todos têm a mesma função. Assim, não há mais tom menor nem tom maior, consonâncias ou dissonâncias. Se você disser que eu desafino, amor, você não estará entendendo quase nada do que eu digo...*

Essa é a síntese poética do que seria a novidade Arrigo Barnabé para Eliete, uma continuação da revolução estrutural e modernista de Tom Jobim e da bossa nova ("Se você disser que eu desafino, amor"), passando pelos avanços de Caetano Veloso no tropicalismo ("Você não está entendendo quase nada do que eu digo"), mas na forma da música erudita contemporânea. Ou, como explica melhor a própria ensaísta: "Arrigo atualiza o tropicalismo e vai além ao modificar a estrutura da linguagem musical: essa foi sua grande revolução". Coração e pensamento na mesma ação, logo, na reflexão e na poesia ao mesmo tempo, não se tratasse de alguém que flutua entre filosofia e arte, e "outras mumunhas mais" (em mais uma citação do Caetano tropicalista revisitando a bossa nova em "Saudosismo", de que talvez ela goste).

Se em seus livros anteriores – *Paulinho da Viola e o elogio do amor*, no qual analisa a obra do compositor à luz da filosofia em busca de "dissecar" e até classificar as canções, e *Ensaiando a canção: Paulinho da Viola e outros escritos*, já sobre a canção brasileira, sobretudo o samba, em seu contexto cultural, histórico e estético – Eliete esparrama-se pelos assuntos com fôlego acadêmico, neste *Amor à música* (e o título já diria tudo), a proposta é de muitos pequenos artigos concisos e urgentes, como pede o formato, mas de grande intensidade, como nem sempre o formato alcança. Assim, em gestos rápidos, mas de grande alcance, Eliete consegue ser, primeiro, memorialística: "Em 1967, assisti atônita pela televisão a uma explosão poética e sonora: 'Alegria, alegria' invadia minha casa, minha consciência e meu coração. Perplexa, fiquei vendo e ouvindo aquela canção diferente, com imagens solares, fragmentadas, que anunciavam uma nova visão...".

Depois, histórica: "A crise de consciência pela qual passaram a intelectualidade e os artistas, vendo seu sonho de socialização do Brasil transformado abruptamente no pesadelo da ditadura militar e todas as mudanças que isto ocasionou, vai alimentar uma revisão crítica da política e da arte".

E, sem nunca deixar o sentimento pessoal "memorialístico" de lado – "Naquela época, eu não sabia disso. Mas o impacto estava no ar. Daí o sentimento de anunciação que tive ao ver Caetano cantar 'Alegria, alegria' na televisão" –, Eliete exerce em poderosos e curtos parágrafos a análise "estética" do tropicalismo e suas referências a partir de um pensamento filosófico: "Podemos ver aqui a presença da alegoria moderna benjaminiana, em que há uma possibilidade de totalizar algo que é fragmentado. O texto é tecido de metáforas, numa articulação que parece propor uma decifração". E põe-se a decifrar Caetano e suas referências, de Glauber Rocha a Fellini, da política a Carmen Miranda.

E, por fim, como numa coda composta com ouvido de cantora e, subliminarmente, fiel à ideia de que a obra de Caetano é formada basicamente por fragmentos (como os da letra de "Alegria, alegria" que a encantou em 1967), Eliete ainda propõe uma "colagem de versos das canções de Caetano". Tudo isso, essa imensidão de análise, se dá de forma precisa, clara, e no espaço exíguo de um artigo.

À guisa de dissecar a escrita de Eliete Eça Negreiros – que ela, por clara e explícita, prescindiria disso –, é apenas gostoso notar como esse formato é estrutural neste livro, ou seja, como se repete, constitui um estilo e, antes, uma intenção: do coração da ouvinte, do ouvido da cantora, das referências da doutora em filosofia nasce uma espécie de introdução à moderna música popular brasileira. A música, aliás, como porta de entrada para a própria cultura brasileira e geral, como quando, ao constatar a "musicalidade do poema", passeia por Manuel Bandeira (a partir, memorialisticamente, de sua descoberta e gravação de "Azulão"), pela "melodia do pensamento" do cinema de Rogério Sganzerla (cuja criação "privilegia a imaginação, a intuição, a criação espontânea", ou seja, é música), ou Julio Cortázar, que "queria escrever do jeito que um músico de jazz improvisa".

Na verdade, a música popular é tratada aqui como a tal "nova gaia ciência" no dizer de José Miguel Wisnik, outro ensaísta, como Eliete, entre a prática musical e a academia: "um saber poético-musical que implica uma refinada educação sentimental", mencionada num dos artigos mais reveladores do volume, "A filosofia do samba", que parte do samba homônimo e irônico de Candeia, passeia pelo aspecto "filosófico" do nosso gênero principal (Noel, Paulinho da Viola) e chega a uma importante definição: "A canção brasileira é esse lugar privilegiado do entrecruzamento da arte e da filosofia, saber cantábile que se espalha pelo ar".

Esse "saber cantábile" é examinado, contudo, como um saber em si, poderoso, ligado mas não dependente de outros saberes, e de certa forma intraduzível mesmo em palavras. "Já disse Sartre que o significado de uma melodia é a própria melodia, diferentemente das ideias, que podem ser traduzidas de diversas maneiras", ensina a Eliete doutora em filosofia pela USP, nem um pouco contraditória ao dizer isso em um livro que pretende "falar de música" (título, aliás, de um dos artigos mais instigantes desta obra), porque achou uma forma de fazer isso sem diluir a experiência artística da ouvinte e da cantora: "Seguindo a senda de Sartre, fico pensando que a música não traduz alguma coisa, ela encarna, incorpora algo; não é intérprete, é médium".

Por isso, este *Amor à música* é traduzido e estruturado em muito bem pesquisados "perfis" de grandes figuras da música popular que contribuíram para a formação da mentalidade musical do nosso tempo e da personalidade artística da autora, num arco que vem desde os pioneiros como Ernesto Nazareth e Chiquinha Gonzaga, passando por Pixinguinha, sobretudo por artistas da Era de Ouro (Orestes Barbosa, Noel, Ismael Silva, Assis Valente, Orlando Silva, Isaurinha Garcia, Lamartine Babo, Ataulfo Alves, Wilson Batista, Luiz Gonzaga, entre outros), mas também modernos, como Dorival Caymmi, Dolores Duran, Elisete Cardoso, Johnny Alf, Tom Jobim, Baden Powell,

Nara Leão, Alaíde Costa; "sambistas cariocas dos anos 1950 aos anos 1970" na linhagem de Cartola e Nelson Cavaquinho a Candeia, Elton Medeiros e Paulinho da Viola, até a geração de Caetano, Capinan, Dominguinhos, Luiz Melodia que vai culminar na geração da própria autora, claro que Arrigo Barnabé, mas aberta do "sambista fiel" Eduardo Gudin à "sonora garoa" caipira de Passoca. Nos perfis dessa gente, a música encarna, literalmente. E a partir daí é traduzido o pensamento, expresso o amor (à música).

Na verdade, por sua musicalidade, sua diversidade, seu estilo e seu pensamento, acho que este volume de escritos musicais de Eliete Eça Negreiros bem poderia se chamar "Outros sons", como seu primeiro LP, no início do movimento da vanguarda paulista, mas que já tinha todos os elementos presentes aqui, do arco histórico e estético – ia de um samba-choro de Claudionor Cruz e Pedro Caetano, do repertório de Orlando Silva, "A felicidade perdeu meu endereço", e da visão de Caetano da Banda de Pífanos de Caruaru, "Pipoca moderna", até as novas criações da VP, de Arrigo, Paulo Barnabé, Passoca e Itamar Assumpção, passando até pela grande canção americana.

Na verdade, "Outros sons" é o título de um artigo sobre o disco de 1982, e sobre seu definitivo encontro com Arrigo Barnabé, talvez sua maior influência musical (e intelectual) ao lado de Paulinho da Viola, e que está talvez na origem mais remota deste livro. "Com Arrigo aprendi a pensar a música. No começo, isso me parecia uma heresia: como assim, pensar? Música é para sentir! Mas depois fui descobrindo como a música era feita e, com isso, um novo modo de perceber, mais abstrato, mais sutil foi nascendo em mim".

Na canção "Outros sons", de Arrigo Barnabé e Carlos Rennó, a jovem estudante de filosofia cantava: "Sacra, sã sangração, sagra o clã em clamantes louvores". Não é diferente do que a doutora em filosofia faz aqui, neste livro, só que não o pensamento em canção, como naquela época, mas sobre canção. De todo modo, a mesma intenção em outra linguagem: sagração do clã, clamantes louvores.

Hugo Sukman

Introdução

Este livro é fruto de meu amor pela música popular brasileira. É uma coletânea de artigos que foram escritos e publicados na página digital da revista *piauí* (semanal) e na revista *Caros Amigos* (mensal), durante os anos de 2012 a 2014. Apenas um deles ("Nelson Cavaquinho, Montaigne...") foi publicado como parte de uma coletânea, da Editora Edith.

São artigos sobre alguns dos grandes nomes da música brasileira (e da música mundial). Como os textos foram escritos independentemente uns dos outros e publicados em datas diferentes, o leitor encontrará algumas repetições que foram mantidas para preservar a unidade dos artigos.

Quem despertou meu amor pela música foi papai, que desde a minha infância me mostrou canções do Noel Rosa cantadas por Aracy de Almeida, do Assis Valente cantadas por Marlene, marchinhas de Carnaval, trazendo para casa aquelas revistinhas com as letras das marchinhas, que aprendíamos e cantávamos. Ele percebia o meu interesse. Levava-me a *shows* de bossa nova. Ensinou-me o caminho das pedras – pedras preciosas – e aí fui percorrendo, maravilhada, encontrando as estrelas sonoras que aqui reluzem.

A música popular brasileira, essa "gaia ciência", tem o dom de nos encantar e nos ensinar sobre as coisas do mundo e as coisas da alma. Nossa música é dona de uma beleza, de um vigor, de um esplendor únicos. E uma filosofia moral aí surge, nos orientando nos dilemas da vida. Para que a música continue a existir precisa ser lembrada, cantada, tocada, pois ela renasce a cada vez que isso acontece.

A oportunidade de escrever estes artigos foi como uma deliciosa *madeleine* que evocou inúmeros músicos, inúmeras canções e momentos vividos. A estrutura do livro segue esse movimento da memória involuntária, essa aparição musical e afetiva, que tem sua explicação no fato de não ter explicação.

Este livro é um convite ao leitor para percorrer comigo esse caminho encantado, para lembrar ou conhecer esse mundo da música popular brasileira (e do mundo) e participar, assim, dessa parte bela e iluminada da nossa cultura.

A Love Supreme

No final dos anos 1970, morei por três meses na cidade de Berkeley, Califórnia. Berkeley é uma cidade com clima universitário, gente de toda parte do mundo, muito bacana. Eu sempre gostei de estudar e lá me sentia em casa. Uma noite, fui jantar com uns amigos num *pub* e me tornei, por obra do acaso, a cantora de um grupo de americanos que tocava música brasileira. Eles não acreditaram quando me ouviram cantarolar, baixinho e em português, a canção que estavam tocando. Não lembro bem, mas acho que foi "Carinhoso". Animados e surpresos, vieram até a minha mesa e me convidaram para ser a cantora do grupo. Aceitei.

Mas o que aconteceu de mais importante nessa minha estadia lá foi ter conhecido a música de John Coltrane. Havia uma pequena loja de discos usados de jazz onde encontrei um tesouro: o LP *The Best of John Coltrane*. Comprei o disco, fui pra casa e quando coloquei o disco na vitrola não podia acreditar no que estava ouvindo: que som era aquele?

Aquele som, o sax de Coltrane, dizia, sem dizer, da minha procura, da busca pelo sentido da vida. Eu tinha acabado de me formar em filosofia, cantava e não sabia direito que caminho seguir, pensava que tinha que fazer uma escolha, ou isto ou aquilo, e não isto e aquilo. Só depois fui entendendo que era possível e muito bom conciliar os dois caminhos, a música e a filosofia.

A música de Coltrane me impregnou com um sentido existencial e religioso. Ouvindo aquela música, parecia que minha alma enfim conseguia se libertar e sobrevoar. A mim mesma? A cidade? Minha alma vibrava com a melodia que o sax tocava. Ora calma e iluminada, como os lindos desenhos melódicos da música que Coltrane fez para sua primeira mulher, "Naima", um dos mais belos temas do jazz; ora inquieta, em zigue-zague, pura vibração, *sheets of sound*, "Blue Train"; ora trêmula diante do sentimento de imensidão do cosmos e do mistério do mundo que brotavam de seu sax. Havia em sua música uma inquietação existencial e estética que buscava libertação. Assim eu senti.

Coltrane nasceu na Carolina do Norte, em 1926, e morreu ainda moço, inesperadamente, em 1967. Até seus amigos se surpreenderam com sua morte prematura. Um gigante do jazz. No início dos anos 1950, tocou com as bandas de Dizzy Gillespie e Johnny Hodges. Mas a sua grande e fulminante aparição foi ao lado de Miles Davis, que em 1955 o chama para fazer parte de seu quinteto. Coltrane torna-se famoso da noite para o dia com o solo que faz em *'Round About Midnight*. Foi nesse trabalho com o quinteto de Miles Davis que eles desenvolveram a improvisação modal: em vez de ficar presa às possibilidades harmônicas, a improvisação passava a ser feita com escalas, o que produzia uma nova sonoridade e dava maior liberdade ao músico.

Em 1957, Coltrane trabalha com Thelonious Monk. Sobre essa parceria, Coltrane conta:

> *Às vezes ele tocava um esquema de acordes alterados diferentes do meu, sendo que nenhum dos dois tinha algo a ver com a música dada. Nós saíamos um para cada lado e quando nos encontrávamos num determinado ponto, Monk salvava a situação. Várias pessoas nos perguntavam como é que nós conseguíamos nos entender. Não havia o que discutir, selecionávamos um esquema harmônico básico e depois cada um fazia o que queria.*

Nos anos 1960, Coltrane forma seu próprio quarteto, do qual fazem parte McCoy Tyner, piano; Elvin Jones, bateria; e Jimmy Garrison, baixo; e grava o que viria a ser seu maior sucesso com o público: a versão de "My Favorite Things", canção de Rodgers e Hammerstein, composta para o musical *The Sound of Music* (*A noviça rebelde*).

Coltrane toca essa melodia no sax soprano, imprimindo um timbre acentuadamente anasalado, o que faz lembrar o som da *zoukra*, instrumento de origem árabe, espécie de oboé oriental. Na sua interpretação, a repetição obsessiva das notas da melodia cria uma sonoridade oriental, própria das ragas hindus e das escalas árabes, em que, mediante a repetição das mesmas notas, induz-se ao êxtase místico.

Em 1964, Coltrane grava com seu quarteto a peça jazzística *A Love Supreme*, obra mística, por muitos considerada sua obra-prima. É uma peça com quatro movimentos – "Acknowledgement", "Resolution", "Pursuance" e "Psalm" – e uma prece musical de agradecimento a Deus pela vida, pela arte: "Thank you God/ The universe has many wonders/ God is all", uma das frases do poema prece que ele escreveu e que vem junto com o disco. É uma experiência espiritual para quem criou, tocou e para quem escuta. Arrebatadora.

Para Coltrane, podemos dizer que a música, como o amor e a religião, é experiência mística, é elevação. Não é à toa que o nome de um de seus últimos e mais radicais trabalhos é *Ascension*. Se pensarmos que o espírito é o que vivifica a matéria, o que anima o corpo, o que o põe em movimento, vemos a íntima afinidade entre ambos. A música, como o espírito, é invisível, incorpórea e dá ânimo, co-move aquele que a escuta e aquele que a executa. Não é por acaso que a música é um elemento fundamental da religião, principalmente da oriental, em que, mediante o canto ou a dança – os sufis e seu rodopiar incessante –, a pessoa atinge o êxtase religioso. Alguma coisa dessa natureza nos acontece quando ouvimos a música de Coltrane. Diz ele que a música "é um reflexo do universo, como uma miniatura da vida. Você pega uma situação da sua vida ou uma emoção que conhece e transforma em música". Em *A Love Supreme*, é a experiência do êxtase religioso que é transformada em música.

Acho que podemos ver no desenvolvimento de sua arte uma ascese mística, em que ele parte do que ainda tem estrutura em direção à ausência de limite, de definição. Sua música rompe os limites da tonalidade, melodia e ritmo se fundem e ela vai rumo ao infinito, reino do que não tem limite, do que não tem forma. Fim e início de tudo, a música, como o amor, é para ele transcendência: ouvir John Coltrane é uma espécie de iluminação.

27/7/2012

A pergunta sem resposta

Ficar olhando para o céu, a imensidão azul, as nuvens passando... Sempre gostei de cismar. Tudo tão grande e a gente tão pequeno, um pontinho assim, um quase nada. Um quase nada que pensa, que canta, que sonha, que escreve. Um quase nada que cintila no infinito. Quem sou? De onde vim? Para onde vou?

Por isso talvez passe horas olhando as nuvens, porque me sinto um pouco como elas, de passagem. Diz Pascal:

> Quando penso na pequena duração da minha vida, absorvida na eternidade anterior e na eternidade posterior, no pequeno espaço que ocupo, e mesmo que vejo, fundido na imensidade de espaços que ignoro e que me ignoram, aterro-me e assombro-me de ver-me aqui e não alhures, pois não há razão alguma para que esteja aqui e não alhures, agora e não em outro momento qualquer.

É um pouco isso olhar para o céu agora, mas numa intensidade menor, em tom menor, em bossa nova. Mais um não saber e um encantamento do que um assombro. "Um não sei quê, que nasce não sei onde, vem não sei como", dizia Camões. Um espanto de criança que olha para algo que não sabe o que é e quer saber. Como no poema "Céu", de Manuel Bandeira:

> A criança olha
> Para o céu azul.

Levanta a mãozinha.
Quer tocar o céu.
Não sente a criança
Que o céu é ilusão:
Crê que não o alcança
Quando o tem na mão.

E a canção de Tom Jobim e Aloysio de Oliveira começa assim: "Céu tão grande é o céu...".

O que dizer depois de ouvir e ver Tom Jobim e Gal Costa? Rabiscar alguns signos tortos que buscam contar e conter a beleza e a imensidão do céu e da canção, ambos, por natureza, incomensuráveis, indizíveis. Essa atmosfera meditativa e luminosa, que introduz a confissão de um grande e puro, esperado e finalmente encontrado amor está, diferentemente do corpo da canção, num compasso ternário, o que lhe imprime maior leveza, uma dinâmica aérea, o vento que fala nas folhas, um movimento circular, como o círculo das horas e dos dias.

Mas não é só da imensidão que a canção fala. Ela fala da impermanência das coisas, da evanescência delas: "Céu, tão grande é o céu/ E bando de nuvens que passam ligeiras/ Pra onde elas vão?/ Ah!, eu não sei, não sei...".

Como é possível a gente sentir um amor tão grande, sem saber direito o que é isso e saber que ele vai passar, como as águas do rio, as nuvens do céu, como a nossa existência? Como conviver com a plenitude e a impermanência de tudo? Há uma felicidade luminosa que nasce do encontro do esperado amor, há uma tristeza que vem da finitude do que se queria infinito. "Um não sei quê que nasce não sei onde, vem não sei como, e dói não sei por quê." Camões, citado por Augusto Meyer, grande ensaísta gaúcho. Uma lágrima desliza dos olhos da eternidade. A canção delicadamente toca nesse tema, delicadamente, com as pontas dos dedos, com o sopro da voz.

"Dindi", uma canção de amor, uma canção meditativa. Acho que a filosofia nasceu do encanto diante da contemplação do mundo, esse grande espelho. Ad-miração. E nasceu também da impossibilidade que temos de compreender o mundo e a nós mesmos. Do espanto. Entendi bem quando li certa vez Aristóteles dizendo que a filosofia nascia do espanto e que o espanto revelava nossa ignorância e o nosso desejo de saber. Imenso é o céu, imenso é o amor por Dindi, Dindi que é um apelido, um quase diminutivo, o infinitamente grande no infinitamente pequeno.

Ouço "Dindi" desde menina. Aprendi a canção ouvindo Sylvinha Telles num LP chamado *Amor em Hi-Fi*. Aloysio de Oliveira, autor da letra, depois de ter feito essa letra casou-se com ela. Sylvinha é Dindi. E Dindi canta tão lindo. Nasceu no Rio, em 1935, e morreu muito jovem, em 1966. Cantava, tocava violão e piano. Ela fez a passagem do samba-canção, mais carregado de emoção, com mais vibrato na voz, para o canto *cool* da bossa nova, expressão de um modo mais leve de ser, de um sofrimento mais delicado, mais ameno. Quando a gente escuta Maysa cantando "Dindi", a gente sente a diferença do modo do sentir espelhando-se no modo do cantar. Sylvinha situa-se, assim, no meio, no ponto de mutação da canção brasileira, entre o canto *cool* de Astrud Gilberto e o canto emocionado de Maysa. Nesse disco, que é todo orquestrado, um primor, lindos arranjos, lindas canções, Sylvinha gravou uma versão belíssima de "Midnight Sun". Conheci primeiro essa versão, "Sol da meia-noite". Só depois conheci a deslumbrante gravação de Ella Fitzgerald e Oscar Peterson.

Pois é, Sylvinha gravou uma versão da canção que Ella havia gravado, Ella gravou uma versão da canção que Sylvinha gravou, as cantoras e as canções conversando entre si, através do tempo...

Ah! "Dindi", canção sublime, que fala do amor, da impermanência, da felicidade e tristeza da existência. A eternidade do instante, a fugacidade da vida. Fico cismando. Ouço cantar Sylvinha. Com ela aprendi tantas canções, canções que tocava no violão, em longas tardes azuis, canções que nunca mais esqueci, que estão aqui comigo, na voz de Sylvinha, na minha memória, nos CDs que ainda posso ouvir. Mas onde estão aquelas tardes azuis? E Sylvinha? E as nuvens? *Ubi sunt?* Onde estão?

3/8/2012

Fragmentos de um discurso tropicalista

Para Caetano

1. **"Alegria, alegria"** – Em 1967, assisti atônita pela televisão a uma explosão poética e sonora: "Alegria, alegria" invadia minha casa, minha consciência e meu coração. Perplexa, fiquei vendo e ouvindo aquela canção diferente, com imagens solares, fragmentadas, que anunciavam uma nova visão, que traduziam uma nova percepção, um mundo em transformação: o tropicalismo.

Era uma anunciação. Esse foi um ano decisivo para a cultura brasileira: nas artes plásticas, Hélio Oiticica apresenta a instalação *Tropicália*, cuja expressão Caetano Veloso tomaria para sua canção; no cinema, estreia *Terra em transe*, de Glauber Rocha; no teatro, o grupo Oficina, encabeçado por Zé Celso Martinez Corrêa, encena a peça do modernista Oswald Andrade, *O Rei da Vela*; na música, Caetano Veloso compõe "Tropicália" e no III Festival da MPB são apresentadas "Alegria, alegria", de Caetano, e "Domingo no parque", de Gilberto Gil.

Em 1964, o golpe militar que derrubou o governo populista de Jango Goulart provocou um grande choque na consciência brasileira e, paradoxalmente, houve uma fermentação cultural sem precedentes, uma revolução estética nas diversas artes. A crise de consciência pela qual passaram a intelectualidade e os artistas, vendo seu sonho de socialização do Brasil transformado abruptamente no pesadelo da ditadura militar e todas as mudanças que isso ocasionou, vai alimentar uma revisão crítica da política e da arte, um questionamento da ideologia da esquerda e uma nova reflexão sobre o lugar da arte e do artista na sociedade. A revolução estética que acontece nas diversas artes nesse momento – música, cinema, teatro, artes plásticas – é sem precedentes e é um indicador da procura de novas formas de expressão diante do impasse colocado pela história. Naquela época, eu não sabia disso. Mas o impacto estava no ar. Daí o sentimento de anunciação que tive ao ver Caetano cantar "Alegria, alegria" na televisão.

2. Glauber e o Cinema Novo – Caetano fala da presença fundamental do cinema novo de Glauber Rocha no tropicalismo, no livro *Verdade tropical*: "Se o tropicalismo se deveu em alguma medida a meus atos e minhas ideias, temos então de considerar como deflagrador do movimento o impacto que teve sobre mim o filme *Terra em transe*, de Glauber Rocha, em minha temporada carioca de 1966-67". Nos meados dos anos 1960, Glauber havia se tornado um líder cultural. Depois de ter feito *Barravento*, impressiona diretores e críticos europeus com *Deus e o diabo na terra do sol*, filme de "beleza selvagem" que acenava com a possibilidade de um novo cinema nacional, nascido da miséria brasileira.

3. "Tropicália", a canção – "Tropicália", a canção, foi composta por Caetano em 1967 e está no disco *Caetano Veloso*, de 1968. A letra parece uma colagem, na qual partes fragmentadas vão formando um todo multifacetado, de onde emerge uma visão ruinosa do mundo. Essa ideia de composição fragmentada se contrapõe à de composição orgânica: trata-se de uma outra unidade, não a unidade que mantém as partes em harmonia, em equilíbrio, mas a unidade resultante da assimetria, do contraste, do desequilíbrio entre as partes. Podemos ver aqui a presença da alegoria moderna benjaminiana, em que há uma possibilidade de totalizar algo que é fragmentado. O texto é tecido de metáforas, numa articulação que parece propor uma decifração.

Na primeira estrofe, por exemplo, uma série de imagens é lançada numa sequência rápida: imagens da modernidade – aviões, caminhões; imagens da natureza – chapadões, Planalto Central; imagens de partes do corpo: cabeça, pés, nariz; imagens do Brasil – Carnaval. Aqui já podemos ver dois elementos estruturais da canção. O primeiro é essa ideia de uma composição feita de imagens fragmentadas, de estilhaços do real, algo que faz lembrar o cubismo (cabeça, pés e nariz) e a colagem, procedimento da *pop art*. A segunda, a presença de elementos da modernidade, elementos fabricados pela indústria (avião, caminhão) contrastando com elementos da natureza (os chapadões). No refrão, o contraste entre o moderno (a bossa) e o antigo (a palhoça) é reafirmado. No entanto, esses elementos contrastantes são colocados num mesmo plano, isto é, sem nenhuma valoração que pressuponha que o antigo é melhor, ou o novo é melhor, sem nenhum princípio de exclusão, mas lado a lado, convivendo e se confrontando.

Em "Tropicália" estão presentes elementos poéticos dissonantes que compõem o imaginário inquieto e genial daquele período da cultura brasileira e aí é feita uma nova representação do Brasil, em que as fraturas da nossa sociedade são e estão expostas, em que diversas vozes se entrecruzam sem se fundir, criando uma dissonância, em que não há projeto nem utopia, mas uma explosão e exposição de estilhaços culturais, recalcados ou não, que compõem o panorama cultural daquele momento.

4. Carmen Miranda – "A canção manifesto 'Tropicália', homônima da obra de Oiticica, termina com o brado 'Carmen Miranda da-da dada'. Tínhamos descoberto que ela era nossa caricatura e nossa radiografia", escreveu Caetano.

5. Fellini e Giulietta Masina – "Um dos acontecimentos mais marcantes de minha formação pessoal foi assistir a *La strada*, aos quinze anos, no Cine Subaé, em Santo Amaro da Purificação, a cidadezinha no interior da Bahia onde nasci. A cara de Giulietta Masina ficou no fundo de minha alma como se fosse uma instância metafísica universal", disse Caetano.

6. Colagem de versos das canções de Caetano – Meu coração não se cansa de ter esperança de um dia ser tudo o que quer. Caminhando contra o vento, sem lenço e sem documento, eu vou. O sol se reparte em crimes, espaçonaves, guerrilhas. Eu vou. Existirmos, a que será que se destina? O sol nas bancas de revista me enche de alegria e preguiça, quem lê tanta notícia... Sob a cabeça os aviões, sob os meus pés os caminhões. E no joelho uma criança sorridente, feia e morta estende a mão. Meu coração não se cansa. Gosto de sentir minha língua roçar a língua de Luís de Camões, gosto de ser e de estar e quero me dedicar a criar confusões de prosódia e uma profusão de paródias que encurtem dores e furtem cores como camaleões. Meu coração não se cansa. Procurando por você, meu amor, onde está? meu Deus, mas que felicidade, te encontrar pela cidade com essa cara linda ao sol do meio-dia. Eu vou. A vida é amiga da arte, é a parte que o sol me ensinou. E o sol é tão bonito. Eu vou. Existirmos, a que será que se destina? E a coisa mais certa de todas as coisas não vale um caminho sob o sol. E o sol sobre a estrada é o sol sobre a estrada. É o sol. É o sol. Eu vou. Por que não?

10/8/2012

Azulão

Manuel Bandeira, acrilírico poeta, escreveu: "Estou farto do lirismo comedido/ do lirismo bem-comportado/ [...] Não quero mais saber do lirismo que não é libertação". "Eu quero a estrela da manhã." Poeta maior que se dizia menor. Poeta do alumbramento e da finitude, em seus versos a celebração da vida e a angústia da morte. Ainda jovem, teve tuberculose e aguardava diariamente a indesejada das gentes chegar. E viveu muito. Sempre com a consciência do quão provisória essa vida é. Nos seus poemas, a delicadeza da infância. Para ele, o poético poderia acontecer no mais humilde cotidiano. "Belo belo belo,/ Tenho tudo quanto quero,/ [...] Quero a delícia de poder sentir as coisas mais simples", ele ensinou.

A primeira vez que ouvi "Azulão" foi assistindo ao filme *Inocência*, baseado no romance de Visconde de Taunay, dirigido por Walter Lima Jr. Numa cena sublime, Fernanda Torres, Inocência, bordava e cantava a canção. Alumbramento. Que canção era aquela? Depois disso, passei a perseguir o "Azulão", com cuidado, para ele não bater asas e voar para sempre. Eu sabia que era de Manuel Bandeira e Jayme Ovalle. Procurei em discos, fui às lojas de música do centro da cidade, atrás de uma possível partitura e nada... Isso foi no começo dos anos 1970. Nessa época eu já era leitora de Bandeira, tinha um livro de sua obra completa, da Aguilar – aqueles de papel-bíblia –, que eu sempre lia. Com Bandeira eu conversava meus desacertos com o mundo, afinava o olhar e a pele. Tanta sensibilidade e musicalidade naquele poeta. Seus versos pareciam cantar. O "Azulão" que não encontrei ficou sonhando em mim. Quem sabe um dia?

Em 1992, quando fiz o roteiro de *Canção brasileira – a nossa bela alma*, resolvi retomar aquela busca, queria tanto cantar aquela canção. Aí fui procurar naquele livro, o da obra completa, quem sabe alguma indicação, uma pista... Comecei a folhear e lá estava, impressa numa das folhas do livro, a partitura. Lá estava: melodia, letra e harmonia, prontinha para ser tocada e cantada. E eu procurando havia tanto tempo e ela já estava comigo. Lembrei de um ensinamento oriental que diz que vivemos buscando aquilo que já temos. *Minima moralia*.

No *Itinerário de Pasárgada*, Bandeira fala da questão da relação entre a poesia e a música: "Cedo compreendi que o bom fraseado não é o fraseado redondo, mas aquele em que cada palavra está no seu lugar exato e cada palavra tem uma função precisa, de caráter intelectivo ou puramente musical, e não serve senão a palavras cujos fonemas fazem vibrar cada parcela da frase por suas ressonâncias anteriores e posteriores".

O poema, para ele, tem uma "musicalidade interna", subentendida, que decorre "da natureza intrínseca da emoção poética". Essa "natureza intrínseca da emoção poética" é composta pela unidade entre o sentido, a sonoridade e o ritmo. Bandeira faz aqui a distinção entre a "música propriamente dita" e a "musicalidade do poema": a musicalidade subentendida do poema sugere várias possibilidades de composição de "música propriamente dita", acentuando a possibilidade da criação de diferentes melodias para um mesmo texto. "Azulão" foi composto para uma melodia de Jayme Ovalle e depois teve mais duas versões musicais, a de Camargo Guarnieri e a de Radamés Gnattali. "A 'musicalidade subentendida' poderia ser definida por outro músico noutra linha melódica. O texto será um como que baixo-numerado contendo em potência numerosas melodias", disse Bandeira. A melodia de Ovalle inspirou a letra e nasceu "Azulão", que então se descolou da melodia original, bateu asas e voou. "Vai azulão, azulão, companheiro, vai." Aí, como poema alado, inspirou outras duas melodias. "Ah! Voa, azulão." O ato de compor em parceria se assemelha, em certa medida, ao de interpretar uma canção: cada interpretação cria uma nova versão da canção.

17/8/2012

Vinhos finos... cristais

Sartre diz, em *Que é a literatura?*, que a poesia, diferentemente da prosa, está lado a lado com a pintura, a escultura e a música. Essas artes, para ele, não são linguagem, não buscam significar algo através delas; são coisas: "Aquele rasgo amarelo no céu sobre o Gólgota, Tintoretto não o escolheu para significar angústia, nem para provocá-la: ele é angústia feita coisa". Diz Sartre que as cores, as formas, os sons musicais são coisas que existem por si mesmas, não remetem a nada que esteja fora delas e o trabalho do artista será o de transformar essas coisas em objetos imaginários. Assim, o significado de uma melodia é a própria melodia: "Diga que a melodia é alegre ou sombria; ela estará sempre além ou aquém de tudo que se possa dizer a seu respeito". As paixões do artista, que podem ser o motivo da sua criação, sofrem uma "transubstanciação", transformam-se em som musical. Ouvindo o "Prelúdio", de *Tristão e Isolda*, de Wagner, posso sentir isso. Sim, a melancolia feita coisa, transubstanciada em música.

Melancolia, tristeza profunda e vaga que toma conta da alma, rouba a vontade de viver. A tristeza não passa e o melancólico vive num mundo de sombras que se perpetua, pois ele não consegue esquecer. "J'ai plus de souvenirs que si j'avais mille ans"[1], disse Baudelaire.

Seguindo a senda de Sartre, fico pensando que a música não traduz alguma coisa, ela encarna, incorpora algo; não é intérprete, é médium. A encarnação da melancolia está marcada e sincopada nas canções dos

---

[1] "Tenho mais recordações do que se tivesse mil anos."

grandes sambistas cariocas dos anos 1950 aos anos 1970, como Nelson Cavaquinho, Cartola e Paulinho da Viola.

Duas horas da manhã, samba de Nelson Cavaquinho e Ari Monteiro, gravado por Paulinho da Viola, canta a angústia da espera incerta, o vazio de sentido deixado pela ausência da mulher amada. Ela voltará? Ou nunca mais? *Never more?* O tempo, frio algoz, vai lentamente matando a esperança no sem-lugar do desejo de quem foi, talvez, abandonado.

> *Duas horas da manhã*
> *Contrariado espero pelo meu amor,*
> *Vou subindo o morro sem alegria*
> *Esperando que amanheça o dia*
> *Qual será o paradeiro*
> *Daquela que até agora não voltou?*
> *Eu não sei se voltará*
> *Ou se ela me abandonou*

O amor doente é feito canção na belíssima e estranha valsa de Paulinho da Viola e José Carlos Capinan, "Vinhos finos... cristais":

> *Vinhos finos... cristais*
> *Talvez uma valsa*
> *Adoecendo entre os dentes da noite.*
> *[...]*
> *O corpo adormecendo entre os dentes da vida*
> *Imagem partida, sangue.*

O que me causou espanto quando ouvi essa valsa foi, além da sua estranha beleza, o choque entre o tema corrosivo da canção e a sua forma musical diáfana, pois há uma tensão quase insuportável entre a letra da canção, que fala de um mundo decadente, fragmentado e podre, com a forma delicada e leve do tema musical, uma linda valsa. O verso inicial refere-se à própria melodia, forma "elevada" da canção, valsa, dança de salão, mundo dos costumes requintados, mundo cristalino, polido e artificial, "Vinhos finos... cristais, talvez uma valsa". No segundo verso, o poeta já fala que esse mundo está doente: os dentes da vida estilhaçam uma imagem cristalina que se parte e sangra, e tudo adoece e morre até, finalmente, apodrecer. Lembrei-me do famoso poema de Baudelaire, "Uma carniça", da primeira e da última estrofe:

> *Lembra-te, meu amor, do objeto que encontramos*
> *Numa bela manhã radiante:*
> *Na curva de um atalho, entre calhaus e ramos,*
> *Uma carniça repugnante.*
> *[...]*
> *– Pois hás de ser como essa infâmia apodrecida,*
> *Essa medonha corrupção,*
> *Estrela de meus olhos, sol de minha vida,*
> *Tu, meu anjo e minha paixão!*

Em Baudelaire, a forma do poema é tradicional, bem ao estilo dos grandes poemas românticos, mas o conteúdo, a carniça, entra em conflito com essa forma e, dessa tensão, surge o espanto e uma nova lírica. A gente sente o choque entre a estrutura tradicional e o tema corrosivo, como na valsa de Paulinho da Viola e Capinan. "E o amor doente entre os dentes da saudade,/ Da morte, da engrenagem,/ As mãos doentes entre os dentes,/ Entre os dentes de um cão".

Nela, a aparência polida desse "paraíso artificial" adoece e é devorada pelos dentes da vida, pelos dentes da saudade, pelos dentes da morte, pelos dentes da engrenagem, pelos dentes de um cão, pelos dentes da paixão e, finalmente, a valsa e o mundo requintado que ela representa mostram-se em toda sua deterioração: vazia a valsa, apenas um jogo de palavras entre tudo e nada, ela mesma apodrece, no último e definitivo verso, os dentes podres da canção. Tudo se corrói. Da síntese desse conflito, em que a aparência requintada vai revelando a podridão interior, forma-se o tecido da canção, encarnação do desengano amoroso e do *tópos* do tempo que tudo devora, motivo que ecoa em nossa lírica desde os gregos.

Com Sartre direi que essa canção não fala disto, mas que ela é isto: o amor doente feito valsa, invadindo o salão da nossa imaginação e, entre vinhos finos e cristais, fazendo sua bela e sinistra aparição.

24/8/2012

Radiante: Chiquinha Gonzaga

Foi uma amiga querida, Cristina Santeiro, que acendeu minha paixão por Chiquinha Gonzaga. No início dos anos 1990. Eu conhecia a marchinha carnavalesca "Ô Abre-alas", sabia que Chiquinha era a primeira mulher brasileira compositora, e só. E isso porque não havia muita coisa disponível pra gente escutar ou ler. Sua obra era praticamente desconhecida e isso não faz muito tempo. Só depois de uma minissérie na TV e de uma peça de teatro, foi que as pessoas conheceram melhor sua música. Quando fui procurar por Chiquinha, deu muito trabalho encontrá-la. Havia um disco da Editora Abril, o belo trabalho da Edinha Diniz, dois LPs gravados pela Clara Sverner, uma peça da Maria Adelaide Amaral. Para conhecer sua obra foi preciso ir ao Rio de Janeiro, pesquisar na Biblioteca Nacional, no MIS, ir até a SBAT (Sociedade Brasileira de Autores Teatrais), xerocar partituras e fotos. Fiquei muito impressionada com a magnitude da sua obra, com o mundo sonoro que ela me revelou. Imenso. Diminutivo, por carinho, só mesmo o nome: Chiquinha.

Chiquinha teve uma vida longa. Nasceu no Rio de Janeiro em 1847 e morreu em 1935. Encantou e chocou a sociedade carioca com sua arte e sua forma de ser. Compositora, regente, pianista, considerada ainda hoje o maior nome feminino da música popular brasileira, Chiquinha casou-se, separou-se, dedicou-se à música, foi abolicionista e republicana. Imagine só, uma mulher brasileira, no final do século XIX, artista, independente, ativista política, sobrevivendo de música. Se ainda hoje isso é um ato quase heroico, imaginem naquela época!

Ah! Ia me esquecendo. Chiquinha, junto com Viriato Correia, Raul Pederneiras e outros, foi também fundadora da SBAT. Que mulher radiante, atraente era essa?

Sua obra é imensa, cerca de 250 músicas. E chama a atenção a variedade de gêneros que compôs: valsa, polca, habanera, maxixe, lundu, serenata, *schottisch*, mazurca, fado, canção, tango. Compôs também operetas populares. A variedade dos gêneros musicais e também uma certa imprecisão na definição deles – algumas músicas ora são chamadas tango, ora maxixe; outras, ora polca, ora choro – fazem parte do mundo musical brasileiro daquele momento.

Na segunda metade do século XIX e começo do XX começa a nascer o que hoje conhecemos como música popular brasileira. Chiquinha Gonzaga, Ernesto Nazareth, Pixinguinha, Sinhô e outros são os pioneiros. Chiquinha vive nessa época de transição, de formação da nossa música popular. O encontro entre a chamada cultura de elite, na qual reinava a música europeia, e a nascente cultura popular, de influência principalmente africana, é que vai gerar essa nova música. A cultura musical europeia cultuada pela elite carioca vai sendo abrasileirada pelas camadas populares que começavam a surgir e pelos artistas sensíveis às transformações da sociedade e da arte. Chiquinha era um desses artistas.

Em 1897 ela compõe o tango "Gaúcho", depois chamado maxixe "Corta-jaca". José Ramos Tinhorão explica que o maxixe nasceu por volta de 1870, como uma maneira livre de dançar a polca, a *schottisch* e a mazurca, músicas de origem europeia que invadiram a atmosfera musical do Rio de Janeiro. Juntamente com os pianos! O maxixe, ele explica, "resultou do esforço dos músicos de choro em adaptar o ritmo das músicas à tendência, aos volteios e requebros do corpo com que mestiços, negros e brancos do povo teimavam em complicar os passos das danças de salão". "Corta-jaca" causa escândalo pela sensualidade do ritmo e do modo de dançar. Em 1914, o "Corta-jaca" continua causando polêmica ao ser tocado pela primeira-dama da República numa recepção no palácio onde, até então, as portas estavam fechadas para a música popular.

Em 1899, o cordão carnavalesco Rosa de Ouro pede a Chiquinha que componha uma música para eles e, assim, nasce a primeira marchinha carnavalesca, aquela que eu já conhecia, a famosa "Ô abre-alas": "Ô abre-alas que eu quero passar!/ Ô abre-alas que eu quero passar!/ Eu sou da Lira, não posso negar,/ Eu sou da Lira, não posso negar". Encantada pela sua obra, gravei em 1992 a linda e inspirada modinha "Lua branca".

> Ó lua branca de fulgores e de encantos
> Se é verdade que ao amor tu dás abrigo
> Vem tirar dos olhos meus o pranto
> Ah! Vem matar essa paixão que anda comigo.
> Ah! por quem és, desce do céu, ó lua branca,
> Esta amargura do meu peito, ah! vem, arranca
> Dá-me o luar de tua compaixão
> Ah! Vem por Deus iluminar meu coração.

E em 1994 as partituras encontradas na Biblioteca Nacional ganharam vida no projeto musical Abrindo-Alas, que criei para que a música de Chiquinha soasse sinfônica, límpida e gostosa na ruidosa e nervosa pauliceia desvairada. Sua música fez vibrar a linda arquitetura de Lina Bo Bardi, o teatro do Sesc Fábrica Pompeia. Alegrou e serenou os corações apressados, derramou poesia e música pelo palco e plateia. E como a lua plena e branca, ó lua branca, de fulgores e de encantos, radiante, iluminou nossas almas naquela noite atemporal e mágica que continua ecoando na minha memória e que se perpetua aqui, agora, enquanto escrevo.

31/8/2012

Filosofia do samba

Mestre Candeia já sabia: o samba pode ser um modo sofisticado de filosofar. Em "Filosofia do samba", ele questiona a razão, zomba dela, pois a razão fica sempre com dois lados, diz uma coisa e faz outra, é engano porque promete o que não cumpre, fala o que não faz; é ideologia. Candeia aponta que a falsidade e a sabedoria do sambista está em revelar esse falso saber, pois o que a razão diz não é verdade, é ilusão. O pensamento do compositor popular se articula de outra forma: vai além da aparência racional, aponta sua fratura, despreza a razão e põe a falsidade a nu, sambando. Um outro pensar, uma outra filosofia. Paulinho da Viola canta "Candeia":

> *Pra cantar samba não preciso de razão*
> *Pois a razão está sempre com dois lados*
> *Amor é tema tão falado*
> *Mas ninguém seguiu nem cumpriu a grande lei*
> *Cada qual ama a si próprio*
> *Liberdade, igualdade, onde estão não sei.*

Olgária Matos, no ensaio "*Theatrum Mundi*: filosofia e canção", fala da presença na canção brasileira "de uma filosofia moral que ensina a lidar com os prazeres e dissabores". São conselhos, máximas, ensinamentos que visam promover a vida feliz. A filosofia orientaria os homens em meio à dança da ilusão. O mundo é aparência, os homens, atores que representam seus papéis e escondem sua verdadeira face. Teatro de máscaras, aí está o *tópos* estoico do teatro do mundo, presente, por exemplo, no samba "Filosofia", de Noel Rosa:

> *Mas a filosofia*
> *Hoje me auxilia*
> *A viver indiferente assim*
> *Nesta prontidão sem fim*
> *Vou fingindo que sou rico*
> *Pra ninguém zombar de mim.*

Na poética de Paulinho da Viola podemos ver a canção como um lugar de reflexão sobre o mundo. Dentro do mundo, o recorte dos temas vai ser feito pelo olhar do poeta, que reflete e decanta a vida e a morte, o amor e a solidão e, também, a sua expressão, o samba. Se por um lado Paulinho da Viola sinaliza uma reflexão sobre as coisas do mundo, por outro, seria precipitado filiar sua sinalização a alguma corrente filosófica já existente e sistematizada. Digamos que o sambista exerce seu livre pensar diante de si, do mundo e de sua obra e que seu filosofar é antes a atitude resultante de uma contemplação apaixonada do mundo. Há uma ambiguidade nessa "contemplação apaixonada", já que contemplação indica um estado de serenidade, imperturbabilidade diante das emoções e paixão, um arrebatamento. É essa atitude híbrida que tonaliza sua poética.

Em "Coisas do mundo, minha nega", o sambista narra seu percurso noturno pelas ruas da cidade até chegar ao feliz destino dos braços da amada. Crônica que retrata um cenário trágico de carência, dor, embriaguez, morte, mas também lugar de humor e de amor. O samba dialoga com o que acontece na madrugada: zomba do azar de um, serve de acalanto para outro e silencia diante da morte. Os braços da amada são o porto seguro do poeta: é aí que ele se sente pleno e diz a ela que seu amor é maior do que a palavra e a música, que seu amor é maior que o samba; que o amor é um samba sem melodia ou palavra. A experiência vivida é incomparavelmente maior do que o que a linguagem pode expressar. Como em "Para ver as meninas", está presente aqui o tema do limite da linguagem para poder expressar a vida e, por isso, a valorização do silêncio como receptáculo do indizível, como modo de dizer o que não pode ser dito. Como a palavra nunca diz tudo, o silêncio aparece como modo de expressão da infinitude. Desenvolvi essas reflexões em meu livro *Ensaiando a canção: Paulinho da Viola e outros escritos.*

José Miguel Wisnik, em "A gaia ciência: literatura e música popular no Brasil" (em *Sem receita*), fala que no Brasil formou-se "uma nova forma da 'gaia ciência', isto é, um saber poético-musical que implica uma refinada educação sentimental". Eu vejo essa "gaia ciência" manifestar-se nas canções que Paulinho da Viola compôs ou interpreta na forma de um lirismo delicado e profundo, que pergunta o porquê das coisas do mundo, do movimento das paixões, que reflete sobre o seu fazer artístico – a canção –, buscando o sentido de tudo que envolve estar vivo e sensível no meio do mundo. E esse sentimento, essa meditação são transubstanciados em arte, em canção.

A canção brasileira é esse lugar privilegiado do entrecruzamento da arte e da filosofia, saber cantábile que se espalha pelo ar. Nasce da contemplação, da meditação sobre a vida e da vivência dos compositores populares. Nasce, como ensinou Manuel Bandeira falando da poesia, no chão do mais humilde cotidiano. É daí que alça seu voo pleno, habita a vida e o céu dos brasileiros e reluz com tamanho esplendor que até a lua fica tonta.

6/9/2012

Sganzerla e o cinema como melodia do pensamento

Um calor danado. Nada de chuva. Estou aqui pensando no cinema de Rogério Sganzerla, uma explosão de ideias, imagens e sons, na sua relação tão visceral com a música, brasileira ou não. Noel, o samba, Jimi Hendrix, João Gilberto. Em como seus filmes me tocaram. Pensando que o cinema de Sganzerla é música polifônica e atonal, as imagens, notas musicais que, como acordes, se sobrepõem em dissonâncias inéditas, combinações inesperadas que instauram um outro campo harmônico, intergaláctico, em que a montagem imprime ritmo, é música, som traduzido em imagem, imagem traduzida em som. Estou aqui tentando traduzir em palavras o impacto que sua arte teve em mim. Mas, como diria Noel, isso não tem tradução, não tem tradução, o cinema falado é o grande culpado...

Aí resolvi recorrer ao livro do Ismail Xavier, *Cinema brasileiro moderno*, no qual leio um trecho esclarecedor que diz que, no biênio 1967-68, o tropicalismo, com suas colagens, inaugura um outro tipo de relação entre o nacional e o estrangeiro, o arcaico e o moderno e, à maneira oswaldiana, antropofagicamente, propõe "uma dinâmica cultural feita de incorporações do Outro, da mistura de textos, linguagem, tradições". Ah, sim, isso me ajuda a entender e a decifrar um pouco o espantoso cinema desse genial criador, sua contagiante liberdade, seu humor corrosivo, *tupi or not tupi, that is the question*, ver com olhos livres, a composição feita de fragmentos, seguindo uma outra lógica – será que aqui cabe falar em lógica? –, seguindo um outro movimento de interações – acho melhor assim –, instaurando uma nova linguagem, cinema experimental, cinema de invenção, cinema verdade, cinema marginal, cinema transcendental: o cinema não tem limite. O pensamento parece uma coisa à toa, mas como é que a gente voa...

Orson Welles, Oswald de Andrade, Grande Otelo, Helena Ignez, Paulo Villaça, Arrigo Barnabé, Zé do Caixão, Noel Rosa, Luiz Gonzaga, João Gilberto, Gilberto Gil, Caetano Veloso, Jimi Hendrix, Zé Bonitinho, Norma Bengell, Maria Gladys, constelação sganzerliana.

Quem me apresentou à arte de Sganzerla foi sua filha, minha amiga querida, a Djin Sganzerla, quando, em 2010, me convidou para a inauguração da Ocupação Rogério Sganzerla, mostra de filmes, exposição de fotos, roteiros, objetos pessoais. Pude conhecer parte considerável da filmografia de Rogério e fiquei completamente fascinada pela arte e por aquela pessoa genial, aquele pensador-artista que buscava um entendimento do que é o Brasil, do que é cinema, de quem somos nós: "Imerso nas profundezas da mente livre, pude descobrir traços de um Brasil imemorial e desconhecido e constatar o que poucos têm coragem de reconhecer: Brasil país do passado, imenso e imemorial passado. Eu sei de tudo e escondo, sabiam?".

"Quem sou eu?", pergunta recorrente em *O Bandido da Luz Vermelha* (1968), ironia da crise de identidade vivida naqueles anos, após as ilusões perdidas do sonho revolucionário. Crônica radiofônica de seres errantes, perdidos numa sociedade corrupta, violenta, seres boçais num universo grotesco, sarcástico: "quando a gente não pode nada a gente se avacalha e se esculhamba", diz o bandido, esse anti-herói. O filme de Sganzerla, escreve Ismail Xavier, mostra

> um universo social que tem no lixo seu emblema, tal como as operações construtivas do filme da justaposição de resíduos, da incorporação antropofágica de referências conflitantes a compor um quadro da experiência do Terceiro Mundo como empilhamento de sucatas. O Bandido *descentra tudo, ostenta-se como filme periférico que focaliza uma personagem periférica num mundo periférico. Na jornada picaresca de seu anti-herói, a Boca do Lixo é o lugar alegórico de um Terceiro Mundo à deriva, e o desfile grotesco de*

corrupção, miséria e boçalidade faz do contexto nacional uma província tragicômica às margens do mundo civilizado. Viver no Brasil é encarar a violência, grossura, tolice onipresentes; um mundo onde a lucidez possível é o riso paródico.

Mas o que eu quero mesmo é me debruçar um pouco sobre a presença visceral da música no cinema de Sganzerla:

> O cinema deve ser, ou pode, deveria ser, seria bom que fosse a melodia do pensamento, e a música é o que pode salvar o nosso cinema, seja popular, seja de elite, todos têm um ouvido e o cinema precisa se reencontrar pra poder justificar o que ele tem de melhor, que é a possibilidade de transfigurar a realidade com a força, a energia e, sobretudo, com a grande concentração espiritual que a música combinada com o cinema nos propõe e trazer cada vez mais perto a noção do supremo.

Pensamento incandescente, iluminação. Fiquei muito intrigada quando Sganzerla diz que a música é que pode salvar o cinema. Mas o que será que ele queria dizer com isso? Paixão avassaladora pela música? Não, não poderia ser só isso. Deveria haver algum motivo mais profundo. Aí, assistindo ao documentário de Joel Pizzini, *Mr. Sganzerla, os signos da luz*, vislumbrei uma possível chave para entender essa questão: o cinema de Sganzerla privilegia a imaginação, a intuição, a criação espontânea. E em que lugar ela é mais presente na nossa cultura? Na música. Acho que é pela espontaneidade e pela criação intuitiva, pelo talento e outras bossas que ele a elegeu como grande arte que poderia resgatar um Brasil no que ele tem de melhor.

Sganzerla, que desde menino ouvia o poeta da Vila, diz sem vacilar que Noel Rosa foi nosso poeta maior: "Noel de Medeiros Rosa, filósofo do samba, criador incomparável de uma nova língua ou linguagem em formação". Fez dois filmes sobre ele: *Noel por Noel*, com imagens de arquivo, e *Isto é Noel*, que mistura imagens de arquivo à ficção, no qual é representado Noel já tuberculoso, andando trôpego pelas ruas do Rio durante o Carnaval.

A biografia da vida do compositor Noel Rosa, acho que é um tema oportuno, porque ele levanta as origens da nossa cultura no sentido da valorização do talento, da bossa, da intuição e a própria descoberta, por exemplo, de uma certa filosofia da malandragem necessária em tempos de crise como o que nós estamos vivendo...

O cinema de Sganzerla é crítica social, é magia e é também uma forma de autoconhecimento: "Fazer cinema é como escrever sobre uma folha de papel queimado. É um processo extremamente corrosivo e pouco durável. Eu vejo o cinema como uma forma de autoconhecimento. O Godard já disse: a verdade a 24 quadros por segundo, no sentido dialético de movimento constante, e toda arte busca essa afirmação".

13/9/2012

Arrigo Barnabé: labirinto e mirante

Falar de Arrigo não é fácil. Seu trabalho tem uma complexidade e abrangência muito grandes. Mas gosto de desafios e acho que há uma certa urgência em falar de nossos grandes artistas: são raros e descortinam mundos possíveis. E impossíveis também. Labirinto e mirante.

A aparição de Arrigo no festival da TV Cultura em 1979, com a apresentação de "Infortúnio" e "Diversões eletrônicas", foi uma explosão. O público atônito se perguntava: que música estranha era aquela?

Arrigo atualiza o tropicalismo e vai além ao modificar a estrutura da linguagem musical: essa foi sua grande revolução. Em nenhum outro compositor popular brasileiro o entrecruzamento entre o erudito e o popular se deu de forma mais intensa. É na obra desse artista singular que a linguagem da música popular brasileira sofre uma nova transformação radical ao sair do campo tonal e modal e incorporar as inovações que aconteceram na música erudita do início do século XX. Com Arrigo, a polirritmia, o serialismo, o atonalismo e o dodecafonismo pedem passagem e ingressam na MPB escandalizando os ouvidos tradicionais e desestabilizando os sentidos aburguesados, acostumados à fruição tranquila da música convencional. Nada será como antes.

O século XX, com Stravinsky e Schoenberg, viu surgir uma nova música. Wagner, em *Tristão e Isolda* (1859), chegara ao limite da exploração cromática e, a partir de então, as fronteiras entre as tonalidades foram desaparecendo até não haver mais tonalidade alguma. Na música de Stravinsky (1882-1971), polirritmia, cromatismo, politonalismo. Na de Schoenberg (1874-1951), o atonalismo, uma fase. Viria depois o dodecafonismo em que, em vez das 24 tonalidades do sistema tradicional, só há uma única tonalidade, os 12 sons. Entre eles, nenhum é destacado, todos têm a mesma função. Assim, não há mais tom menor nem tom maior, consonâncias ou dissonâncias. Se você disser que eu desafino, amor, você não estará entendendo quase nada do que eu digo...

Vanguarda paulista. A música popular em busca de novos caminhos, Arrigo Barnabé, Itamar Assumpção, Grupo Rumo. O cenário histórico de onde emerge o mutante-marginal *Clara Crocodilo* é o das águas lamacentas da frustração do projeto de redemocratização do país. Final dos anos 1970, início dos anos 1980. Em lugar da esperança, o desencanto. Os personagens da música de Arrigo movimentam-se num espaço degradado, cidade violenta e desumana, submundo da diversão barata, antro sujo de diversões solitárias e eletrônicas. Labirinto. São seres grotescos: Clara Crocodilo, metade homem, metade réptil, a viúva desesperada e histérica de "Infortúnio", o coroa e a prostituta de "Acapulco drive-in".

No disco *Clara Crocodilo*, nessa obra-prima, Arrigo mistura a narrativa dos gibis à crônica policial radiofônica, a Gil Gomes e, num universo reificado, povoado pelo *kitsch* – bala de conhaque, Maverick, drinques, *drive-in*, balcão de fórmica vermelha, lábios de carmim, calcinha de pele de leoparda –, cria uma atmosfera tensa, de humor corrosivo, beirando o horror: "O riso de quem ouve *Clara Crocodilo*", diz Fernando de Barros e Silva, "é a todo instante amarelado por uma atmosfera próxima do intolerável. É como se, lançados num universo de fantasmagorias, medos, vertigens e labirintos, personagens e ouvintes fossem condenados a uma sensibilidade de tipo paranoico". Existe uma "dramaturgia visível" nas peças que unifica o LP *Clara Crocodilo* e que dá a impressão de que se trata de uma ópera-rock. Mas é mais no caminho da performance, do teatro-música ou da música-teatro que as composições se articulam.

O futurismo se desenha em "Office-boy" na presença da máquina que canta e que seduz: "Ela era caixa num supermercado,/ todo dia ela só, só apertava/ os botões e aquelas máquinas cantavam". Solidão humana, sociedade de consumo, pessoas que ouvem o canto das máquinas, jogam com máquinas, diversões eletrônicas, no fliperama elas gastavam toda a sua grana, apaixonam-se por imagens da TV, por fantasmas. A perversão é escancarada: "Depois, quando clareou,/ e eles foram pro hotel,/ ela viu um bêbado jogado no chão,/ e sorriu, perversa". Representação de um mundo violento, grotesco, maquinal e sem compaixão: a cidade moderna. A nova música de Arrigo, aliada à visão de um mundo maquinal em ruínas, de uma sociedade degradada e estridente produz uma espécie de vertigem e somos arremessados nesse labirinto estranho e sombrio que nos sorri como a predizer um indesejável futuro. "Você, que então é tão espertinho, vamos ver se consegue me seguir neste labirinto", provoca o narrador de *Clara Crocodilo*.

Arrigo compôs com parceiros diversos uma série de *pocket-operas*, *O homem dos crocodilos*, *22 antes depois* e *Santos Dumont: enquanto estiverem acesos os avisos luminosos*, duas missas *in memoriam*, uma para Arthur Bispo do Rosário e outra para Itamar Assumpção, fez trilhas para filmes, como *Cidade oculta*, no qual também atua, foi protagonista do filme de Rogério Sganzerla *Nem tudo é verdade*, interpretando Orson Welles, tem um programa na Rádio Cultura, o *Supertônica*, gravou as canções de Lupicínio Rodrigues, em *Caixa de ódio*. A obra de Arrigo transcende a música ao dialogar com as diversas artes, o cinema, a literatura, as artes plásticas.

Em sua constelação de referência, escritores e poetas, compositores populares e eruditos, cantores, cineastas, escritores, criadores de HQs: Will Eisner, Luiz Gê, Baudelaire, Mallarmé, Ezra Pound, James Joyce, Marinetti, Augusto e Haroldo de Campos, Schoenberg, Stravinsky, Orlando Silva, João Gilberto, Caetano Veloso, Lupicínio Rodrigues, Itamar Assumpção, Paulinho da Viola, Villa-Lobos, Tom Jobim.

Há também um lado profundamente delicado e lírico em sua obra, nas deslumbrantes canções que ele compôs. Elas estão espalhadas nos diversos discos: "Instante", em *Clara Crocodilo*, "Canção do astronauta perdido", "Lenda", a intergaláctica "Mirante" e "Mística", em *Tubarões voadores*, "Cidade oculta", música tema do filme de Chico Botelho, no LP do mesmo nome, "Londrina". Foram reunidas no belíssimo CD *Luar: as canções de Arrigo Barnabé*. "Luar" é o nome de uma canção que Arrigo compôs para Tom Jobim.

    Na cidade esquecida pelos deuses, chuvosa, escura e fria, neste escuro labirinto, a saída surge inesperadamente na figura de um doce e misterioso androide que, desenhando um holograma no coração do poeta, o faz reencontrar o sentido da vida. Mundo às avessas, é a máquina que devolve ao homem sua humanidade perdida. Abre-se então uma brecha. Mirante. A poesia volta a ter razão. A saída deste labirinto não está no passado, está no futuro, um futuro inesperado, misterioso e, quem sabe, redentor.

21/9/2012

Caixa de ódio: Arrigo Barnabé interpreta Lupicínio Rodrigues

Se à primeira vista pode parecer estranho que um compositor de vanguarda interprete um clássico da boemia basta você ouvir *Caixa de ódio* para que essa estranheza seja substituída pelo espanto causado pelo modo absolutamente original com que Arrigo Barnabé interpreta as canções de Lupicínio Rodrigues. O genial compositor gaúcho, famoso por suas célebres canções de dor de cotovelo, nunca foi interpretado com tanta inteligência e ironia! E eu falo em espanto naquele clássico sentido: aquilo que causa admiração.

Arrigo e eu ouvimos muito Lupicínio nos anos 1970, época em que o compositor gaúcho voltava à cena musical pela voz de Jamelão, no LP *Jamelão interpreta Lupicínio Rodrigues*, com a Orquestra Tabajara, dirigida por Severino Araújo (1972); de Paulinho da Viola, que não só gravou "Nervos de aço", como deu esse nome ao seu LP (1973); de Gal Costa, que gravou "Volta", no LP *Índia* (1973); e de Caetano Veloso, com "Felicidade", no LP *Temporada de verão* (1974). Nos anos 1970, Lupicínio voltava a invadir a alma e o coração dos brasileiros com suas canções doloridas, seus fracassos amorosos, seu desejo de vingança.

Lupicínio soube, como ninguém, falar da dor do amor não correspondido, da dor de cotovelo. Mergulhando sem pudor no lado triste e solitário da alma humana, ele nos revelou, em sua poesia, a química universal do sofrimento amoroso.

Nasceu em Porto Alegre, em 16 de setembro de 1914, e neste ano comemora-se seu centenário. Poeta da boemia, da vida noturna, dos cabarés, do amor e da traição, em suas canções o sublime e o grotesco se entrelaçam de tal modo que não se sabe onde começa um e onde acaba o outro. Esse aspecto chamou a atenção de Augusto de Campos, que escreveu um artigo, "Lupicínio esquecido?", no qual fala da genialidade e modernidade do compositor gaúcho. Augusto de Campos também fala do jeito moderno de Lupicínio cantar, seu canto falado, baixinho, coloquial. Lupicínio "fez talvez sem o saber, a crítica dos seus intérpretes, assim como antecipou alguma coisa das transformações radicais por que passaria a utilização da voz na canção popular brasileira poucos anos depois". "Antes de João Gilberto", diz Lupicínio, "eu já cantava daquele jeito, quase falando. Mas eu não fui o primeiro. Antes de mim, Mário Reis, que, quando eu era criança, gostava de imitar".

Lupicínio foi gravado pelos grandes cantores brasileiros: Francisco Alves, Orlando Silva, Linda e Dircinha Batista, Nora Ney, Sílvio Caldas, Lúcio Alves, Nelson Gonçalves, Isaura Garcia, Cyro Monteiro, Elza Soares, Ângela Maria, Marlene, e outros mais. Dentre suas canções mais conhecidas estão "Vingança", "Se acaso você chegasse", "Nervos de aço", "Volta", "Foi assim", "Nunca", "Quem há de dizer".

Entre as canções que Arrigo escolheu para o *show* e o DVD *Caixa de ódio* estão: "Cadeira vazia", "Migalhas" (com Felisberto Martins), "Aves daninhas", "Volta", "Namorados", "Judiaria", "Vingança", "Caixa de ódio", "Se acaso você chegasse". Olgária Matos escreveu sobre esse trabalho um artigo no qual diz que: "As canções interpretadas por Arrigo são também narrativas que tecem, simultaneamente, a compreensão do que é o amor para Lupicínio e para seu cultor. Assim, as canções mesclam revolta, indignação, sentimento de perda, mas também displicência com a amada. E humor".

Perguntei ao Arrigo sobre sua interpretação de Lupicínio Rodrigues:

Eliete – Arrigo, eu lembro que, nos anos 70, você, Itamar, Paulinho Barnabé e eu passamos tardes ouvindo aquele LP duplo do Jamelão cantando o Lupicínio, com a Orquestra Tabajara. Que disco, hein? Queria que você me contasse por que escolheu Lupicínio para cantar, se pela genialidade dele ou por afinidades estéticas?

Arrigo – Eliete, lembro bem disso. Adorava aquele LP duplo, e eu ficava cantando junto, fazendo alguns exageros, lembro bastante disso. A forma como Lupicínio observa a existência, a qualidade dessa observação, que transparece em suas canções me atrai muito.

Eliete – Você em Caixa de ódio faz uma interpretação original de Lupicínio, saindo do modo dramático de cantar e fazendo do humor a linha mestra da sua interpretação. Como foi que você criou isto?

Arrigo – Bom, ele interpretava suas canções como Mário Reis, de quem era grande fã. Quer dizer, ele era muito moderno nesse aspecto. Mas tem um lado dramático evidente, que permite o uso da ironia e do sarcasmo, daí o humor. Eu sempre pensei muito no processo interpretativo, presto muita atenção aos detalhes, imagino como é possível valorizar esses detalhes, e como é possível resumir uma canção em uma palavra, enfim, uma coisa meio de ator mesmo.

Eliete – Agora você está fazendo o Caixa de ódio II. Tem previsão para estreia? Será com os mesmos músicos?

Arrigo – No final de março, na casa de Francisca, com o Paulo Braga e o Sergio Espíndola. O repertório dele é incrível, daria pra fazer mais uns dois shows diferentes. Esse show vai ser mais difícil, pois tem muitas canções desconhecidas...

No encarte do DVD de *Caixa de ódio: o universo de Lupicínio Rodrigues*, Arrigo diz:

> Não acredito em nada que não tenha angústia, isso talvez é o que mais me atrai nas canções de Lupicínio, e também a raiva, gosto muito de trabalhar com a raiva, a revolta. Nele tudo é verdadeiro, e raiva e angústia é meio difícil de fingir. Por essa observação penetrante do ser humano nas situações limites da dor amorosa, por esse humor que permeia as canções, um humor voltado para a ironia e o sarcasmo, por tudo isso estava atravessada a vontade de cantar Lupicínio.

Abril de 2014

Outros sons

Foi com Arrigo que aprendi a ouvir outros sons. Quando eu o conheci, já cantava, tocava violão e estudava filosofia. Conhecia bem a música popular brasileira, nossos clássicos. Pequena ainda, por influência de meu pai, ouvi Aracy de Almeida cantando Noel Rosa, Marlene cantando Assis Valente. Aprendi a tocar violão na época da bossa nova, ouvia e tinha visto Caetano e Gil pela TV, acompanhei todos os festivais de música, conhecia a música de Paulinho da Viola e dos outros bambas da MPB. Tinha uma relação catártica com a música: ouvia, gostava, aprendia, cantava e pronto. Sempre fui intérprete: gostava de expressar meus sentimentos no canto e ainda hoje sou assim. Naquela época eu não pensava na estrutura da canção, em como ela era feita, não analisava. Com Arrigo aprendi a pensar a música. No começo, isso me parecia uma heresia: como assim, pensar? Música é para sentir! Mas depois fui descobrindo como a música era feita e, com isso, um novo modo de perceber, mais abstrato, mais sutil foi nascendo em mim. "Sambar é chorar de alegria,/ é sorrir de nostalgia,/ dentro da melodia", já ensinava Noel. Fui aprendendo a ouvir melhor, a ouvir coisas que antes não ouvia. Foram se abrindo novas portas da percepção: Stravinsky, Schoenberg, Stockhausen. E foi misturando minha formação popular com essa nova visão musical que fui tecendo meu trabalho, aliando elementos tradicionais a elementos de vanguarda, ouvindo com ouvidos mais livres, como aprendi na cartilha sem receita de Oswald de Andrade e na vida de cada dia com meu amigo Arrigo Barnabé.

Em 1982, Arrigo produziu meu primeiro LP, *Outros sons*, no qual gravei músicas dos então novos compositores Arrigo, Itamar, Passoca, Paulo Barnabé e uma miniantologia da canção popular. A esse trabalho, Arrigo chamou primitivo-futurista, pois o ponto de partida foi a música "Pipoca moderna", na gravação de Caetano Veloso, em que há um entrelaçamento do antigo e do novo, da música que vem do folclore e a letra concretista de Caetano.

A música "Outros sons", de Arrigo e Carlos Rennó era, em si, um manifesto: uma nova sonoridade era criada a partir da incorporação de procedimentos musicais e literários da arte de vanguarda à música popular brasileira, com alusão à *Sagração da primavera* de Stravinsky. Composição atonal, com rítmica avassaladora, sonoridade percussiva, coloração timbrística original, "Outros sons" é um ritual que sagra o encontro entre o primitivo e o moderno, o som dos tambores, "rataplãs retumbantes, tãntãs, tumbadoras, tambores,/ sacra sã sangração, sagra o clã em clamantes louvores", a música de Stravinsky e a literatura de James Joyce, "bababadalga ragta kami naron, konbronton neron tuon tun trovar, nons kon", som da queda no *Finnegans Wake*. No meio do rito, aparece um super-herói, "oh yeahvoé shazam!", que evoca o universo das HQs.

A segunda música do disco é "Peiote", um baião atonal de Paulo Barnabé, no qual há uma alusão ao *Canto dos adolescentes*, de Stockhausen, e também a citação da canção n. 8, "Noite", de *Pierrot lunaire*, de Arnold Schoenberg, numa recriação de Augusto de Campos. *Pierrot lunaire* (1912) foi composta para um ciclo de poemas de Albert Giraud, simbolista belga. O canto é uma declamação, um canto falado: na partitura só há uma indicação aproximada das notas. Canto melancólico de um pierrô apaixonado, que vivia só cantando, versão moderna, expressionista e angustiada do pierrô da canção de Noel Rosa e Heitor dos Prazeres...

Uma atmosfera impressionista surge na canção de Robinson Borba, "Coração de árvore", um fandango com harmonia sofisticada. O lirismo ingênuo e sofisticado está presente no som da viola da moderna moda de Passoca, "Sonora garoa". E de meu amigo Itamar Assumpção, gravei "Fico louco".

Na parte dedicada à canção popular, brasileira e americana, as canções que escolhemos foram cantadas por Orlando Silva e Sylvinha Telles. Dentre essas, a versão que Haroldo Barbosa fez de "Begin the Beguine", de Cole Porter, gravada por Orlando Silva. Aprendi essa canção ouvindo Orlando Silva e Ella Fitzgerald.

Outros sons foi chamado pela crítica musical de "Novo Tropicália", porque nele se realiza uma síntese do que estava acontecendo musicalmente em São Paulo no final dos anos 1970 e início dos anos 1980, a chamada vanguarda paulista. Com uma nova linguagem, quebramos as barreiras entre a dita cultura de elite e a cultura popular, entre o velho e o novo, e convocamos os novos músicos e letristas para essa sagração.

Antropofagicamente, ao som de trompetes e tambores, devoramos Stravinsky, Schoenberg, James Joyce, felizes e velozes, vorazes e ferozes. Pipoca moderna. Pipoca aqui, ali, pipoca além. Desanoitece a manhã? Tudo mudou?

29/9/2012

O mundo melhor de Pixinguinha

Eu tenho a foto dele, aquela tirada pelo Walter Firmo, bem aqui, em frente à minha mesa de trabalho, divina e diária inspiração: Pixinguinha em sua cadeira de balanço, à sombra de uma árvore frondosa, segurando com delicadeza o saxofone, semblante feliz e sereno. Há uma coisa que os santos e os artistas têm em comum: essa capacidade inata de transcender o aqui e agora, essa habilidade de criar e habitar um outro mundo dentro deste. Um mundo melhor.

Alfredo da Rocha Vianna Filho, Pixinguinha, nasceu na cidade do Rio de Janeiro, em 23 de abril de 1897. Desde menino não era muito ligado ao estudo convencional e já gostava de música. Seu pai tocava flauta e costumava reunir músicos amigos em casa para tocar, e o menino ficava ali escutando até ser mandado pra cama dormir. Ir pra cama ele ia, que jeito? Mas dormir, não dormia, ficava era escutando aquela música bonita... Começou a tocar cavaquinho com 11 anos, e o pai, vendo a sua habilidade, levava-o para tocar nas festas. Depois do cavaquinho, veio a flauta. Tocou na orquestra do grupo carnavalesco Filhas da Jardineira, antes de completar 14 anos. Depois disso, entrou para o conjunto Choro Carioca, e não parou mais. Tornou-se um dos maiores flautistas brasileiros, se não o maior. Tinha um estilo inconfundível. Bem mais tarde, trocou a flauta pelo saxofone. Com seus irmãos, quando pequeno, estudava música, e conta o jornalista e crítico musical Sérgio Cabral que, quando o professor perguntava o que era música, eles respondiam: "Música é uma combinação de sons". Frequentador da casa da baiana

Tia Ciata, reduto do samba e do choro carioca, Pixinguinha contava, entre as suas muitas amizades, duas inseparáveis: Sinhô e João da Baiana. O choro, música instrumental brasileira, surge em meados do século XIX não ainda como um gênero musical, mas como um modo de tocar que os músicos imprimiam principalmente às polcas, música de origem europeia que se propagava pela cidade do Rio de Janeiro. Esse modo de tocar caracterizava-se por certos esquemas de modulação de acordes, que acabariam por se fixar e que, por acontecerem nos tons mais graves do violão, se estruturariam sob o nome de "baixaria". "Pixinguinha conferiu personalidade e identidade ao choro, edificando-o como um gênero musical. A partir da herança dos chorões do século XIX e da tradição afro-brasileira, produziu a mais importante obra chorística de todos os tempos. A habilidade na flauta fez das suas interpretações o apogeu da história da flauta brasileira", diz André Diniz.

Sérgio Cabral em seu belo *Pixinguinha, vida e obra* conta:

> Quando Pixinguinha trocou a flauta pelo saxofone, houve uma espécie de tristeza nacional. Mas o saxofonista Pixinguinha também levou nossa música adiante, confirmando a sua permanente modernidade. Através do sax, introduziu contrapontos enriquecedores da nossa música instrumental. Quando abriu mão da condição de solista principal, cedendo o lugar ao flautista Benedito Lacerda, restou o espaço do contraponto para extravasar sua inquietude, a sua audácia e a sua capacidade de improvisar.

E o maestro Radamés Gnattali completa: "Choro é o gênero mais evoluído da música brasileira. Existem milhões de choros, mas os bons mesmo são os do Pixinguinha. Bom por estar muito mais elaborado? Não, é porque ele é um sujeito genial...".

As suas composições exigiam tal destreza do instrumentista que muitas delas só ele mesmo e Benedito Lacerda conseguiam tocar. "Um a zero" foi uma delas. Dentre suas composições: "Lamentos",

"Sofres porque queres", "Vou vivendo", "Naquele tempo", "Ingênuo", em parceria com Benedito Lacerda, "Urubu".

Entre suas canções, três, "Carinhoso" (Pixinguinha, João de Barros), "Rosa" (Pixinguinha, Otávio de Souza) e "Página de dor" (Pixinguinha, Cândido das Neves), foram imortalizadas pelo cantor das multidões, Orlando Silva. "Carinhoso", que muitos consideram como a mais bela canção brasileira, tem uma história singular, ficou na gaveta por muito tempo: "Eu fiz o 'Carinhoso' e encostei. Naquele tempo o pessoal nosso da música não admitia choro assim de duas partes".

Donga e Pixinguinha em 1919 formaram o grupo Os Oito Batutas, para tocar no Cinema Palais, um dos cinemas mais elegantes da cidade do Rio de Janeiro.

Em 1923, Orestes Barbosa, jornalista e poeta, autor da letra de "Chão de estrelas", escreveu uma crônica para o jornal *A Notícia* que diz assim: "Está tocando o 'Urubu', um choro do seu repertório. A flauta tem variações incríveis. Dá volta de cobra. Chora. Silva. Ri, na execução maravilhosa dos seus dedos".

Pixinguinha era instrumentista, compositor, arranjador e maestro. Perguntei ao meu amigo, o violonista e arranjador Edmilson Capelupi, tocador e grande conhecedor de choro, o que para ele era essencial na música de Pixinguinha e ele respondeu:

> *Como é gostoso tocar os choros do Pixinga (desculpe, mas fãs se sentem íntimos), cheios de swing, melodias lindas, novidades harmônicas, um choro diferente do outro, cada um com uma surpresa, às vezes lento, às vezes mais rápido, um choro mais cadenciado, mas sempre sobrando criatividade, bom gosto, suavidade nas melodias e muita ternura, sim ternura, palavra que hoje está longe do nosso vocabulário, principalmente na música.*

Ary de Vasconcelos, falando de Pixinguinha, aconselhou: "Se você tem quinze volumes para falar de toda a música popular brasileira, fique certo de que é pouco. Mas se dispõe apenas do espaço de uma palavra, nem tudo está perdido; escreva depressa: Pixinguinha".

E Vinicius de Moraes: "É o melhor ser humano que conheço. E olha que o que eu conheço de gente não é fácil". E, como disse Paulinho da Viola, suas músicas fazem muito bem ao coração e à alma.

Pixinguinha morreu em plena segunda-feira de Carnaval, no dia 17 de fevereiro de 1973, dentro da igreja Nossa Senhora da Paz, em Ipanema e dizem que então ele foi pro céu. No entanto, aqueles que o conheciam sabiam que isso não era verdade: ele já vivia no céu havia muito tempo. Para terminar, palavras de seu biógrafo, Sérgio Cabral:

> *Pixinguinha é apontado por quase todos os que mergulham fundo no estudo de nossa música como um dos maiores nomes que ela produziu em todos os tempos. Ao mesmo tempo em que criou para as suas necessidades de artista genial, foi também inventor de uma linguagem para os outros. Produziu suas obras e alicerçou uma cultura. É, sem dúvida, um dos pais da música popular brasileira. Assim, é também um dos pais da nossa nacionalidade.*

Benção, Pixinguinha, grande artista brasileiro.

5/10/2012

O canto livre de Nara

Quem tocava muito bem no violão as músicas da bossa nova que a Nara cantava não era eu não, era minha irmã, a Bete. Eu ficava olhando, ouvindo, impressionada com a facilidade com que minha mana fazia no violão todas aquelas posições complicadas, acordes com nonas e décimas terceiras menores, com quinta menor, sétimas aumentadas... Uma encrenca. Mas soava tão bem. "Ah! Insensatez, que você fez/ Coração mais sem cuidado..." Aí eu me animava e também aprendia a tocar. A bossa nova foi nossa cartilha musical e, com ela, João Gilberto, Tom Jobim e Nara Leão.

O jeito de cantar bossa nova era *cool*, um cantar sem efeitos contrastantes, sem arroubos melodramáticos, sem afetação ou virtuosismo, o canto fluindo natural como a fala, canto falado, canto baixinho. Nara, a musa da bossa nova, que mais de uma vez rejeitou esse título, mesmo quando cantava músicas de protesto, tinha um jeito *cool* de cantar.

Nara nasceu em 19 de janeiro de 1942, em Vitória, e com um ano a família mudou-se para o Rio – a mãe, o pai, a irmã Danuza e ela. Com 12 anos, começou a estudar violão. Foi em seu mítico apartamento na avenida Atlântica que ela reunia os amigos – Roberto Menescal, Carlos Lyra, Chico Feitosa, Ronaldo Bôscoli – para cantar e tocar violão. Vinicius, Tom Jobim e João Gilberto também estiveram lá, mas não eram frequentadores assíduos. No entanto, a bossa nova não nasceu aí: aí foi seu quartel-general. A nova música nasceu nas casas noturnas do Leme e de Copacabana, onde já estava sendo tocada e cantada pelos então músicos da noite Tom Jobim, João Donato, Dolores Duran, Sylvinha Telles. Sobre a bossa nova, o poeta Manuel Bandeira observou que, em consequência das transformações urbanísticas, a "música de rua" estava morrendo e um novo tipo de música popular surgindo no Rio de Janeiro: "Está nascendo uma música intimista, mais apropriada para os apartamentos".

Nara começou a cantar bossa nova, mas o universo "do amor, do sorriso e da flor" era limitado demais para essa cantora que tinha olhos imensos e imensa vontade de se conhecer e de conhecer o mundo, que via o mundo ao seu redor cheio de contrastes, conflitos, desigualdade e que começou a ouvir outras vozes, vozes que vinham do morro, que contavam outras histórias, que cantavam as coisas do mundo, que falavam da vida e dos sentimentos de um povo que vivia à margem do progresso. Nara subiu o morro e redescobriu o Brasil. Qual não terá sido a surpresa do produtor Aloysio de Oliveira quando a musa da bossa nova mostrou a ele o repertório que havia escolhido para gravar seu primeiro disco! Zé Kéti, Nelson Cavaquinho, Cartola, Elton Medeiros. É claro, havia também Edu Lobo, Baden, Vinicius, Carlos Lyra, os compositores considerados modernos, mas as canções escolhidas longe estavam da temática leve da bossa nova. A musa se politizara. No LP *Nara*, gravado em janeiro de 1964, pelo selo Elenco, ela cantou "Marcha da Quarta-Feira de Cinzas", "Diz que fui por aí", "Feio não é bonito", "Canção da terra", "O sol nascerá", "Luz negra", "Berimbau", "Vou por aí", "Maria Moita", "Réquiem por um amor", "Consolação" e "Nanã". Cantou o sofrimento e a esperança, e nascia um dos discos mais belos e verdadeiros da música popular brasileira.

E outros discos vieram. Da maior importância: *Opinião de Nara* (1964), em que gravou "Opinião" (Zé Kéti), "Acender as velas" (Zé Kéti), "Derradeira primavera" (Tom Jobim, Vinicius de Moraes), "Esse mundo é meu" (Sérgio Ricardo, Rui Guerra), "Chegança" (Edu Lobo, Oduvaldo Vianna Filho); *O canto livre de Nara* (1965), cantando "Carcará" (João do Vale, José Cândido), "Corisco" (Sérgio Ricardo, Glauber Rocha), "Suíte dos pescadores" (Dorival Caymmi), "Malvadeza Durão" (Zé Kéti), "A minha namorada" (Carlos Lira,

Vinicius de Moraes); *Nara pede passagem* (1966), em que gravou "Pede passagem" (Sidnei Miller), "Pedro pedreiro" (Chico Buarque), "Olê, olá" (Chico Buarque), "Pranto de poeta" (Nelson Cavaquinho, Guilherme de Brito), "Recado" (Paulinho da Viola, Casquinha); *Manhã de liberdade* (1966), cantando "A banda" (Chico Buarque), "Funeral de um lavrador" (João Cabral de Melo Neto, Chico Buarque), "Ladainha" (Gilberto Gil, Capinan); *Vento de maio* (1967), em que gravou "Quem te viu, quem te vê" (Chico Buarque), "Com açúcar e com afeto" (Chico Buarque), "Noite dos mascarados" (Chico Buarque), "O circo" (Sidnei Miller), para citar alguns de seus discos e canções. Criticada por seu engajamento político, Nara disse: "Não conheço qualquer proibição contra uma moça de Copacabana cantar samba de morro. Entendo essa música, gosto dela e não tenho culpa de ser da zona sul".
Nara não iria se prender ao rótulo de cantora de protesto, como não havia se prendido ao de musa da bossa nova. O canto de Nara era livre. A respeito da polêmica que sua liberdade artística causava, ela disse: "O fato é que não quero me limitar a nenhum gênero de música, bossa nova ou bossa velha. Quero cantar o que esteja de acordo com a minha maneira de pensar e de sentir. Posso mudar de novo, quem sabe? Há um mundo a descobrir".

Na contracapa do disco *Opinião de Nara*, ela escreveu: "Este disco nasceu de uma descoberta importante para mim: a de que a canção popular pode dar às pessoas algo mais que a distração e o deleite. A canção popular pode ajudá-las a compreender melhor o mundo onde vivem e a se identificarem num nível mais alto de compreensão". Compositores como Zé Kéti, João do Vale e Sérgio Ricardo, diz ela, "revelam que, além do amor e da saudade, pode o samba cantar a solidariedade, a vontade de uma vida nova, a paz e a liberdade".

Conta Nara: "Encontrei um rapaz, Chico Buarque de Holanda, que é um compositor maravilhosamente afinado com meu temperamento e minhas ideias. Gosto do modo como ele trata a melodia". Aí nascia a grande amizade e parceria artística com Chico.

Nara gravou o poema de João Cabral musicado por Chico Buarque, "Funeral de um lavrador", em 1966, no LP *Manhã de liberdade*.

Não sendo tropicalista, Nara acolheu o movimento e participou da antológica gravação do *Tropicália ou Panis et Circensis* (1968) cantando "Lindoneia", de Caetano Veloso. No teatro, atuou e cantou ao lado de Zé Kéti e João do Vale em *Opinião*, de Oduvaldo Vianna Filho. Em *Liberdade, liberdade*, de Flávio Rangel e Millôr Fernandes, cantou trechos de canções ao lado de Paulo Autran, Teresa Raquel e Oduvaldo Vianna Filho.

Nara também namorou com o cinema. Não só namorou, mas casou com ele: namorou com Rui Guerra e casou com Cacá Diegues. Em seus discos, gravou "Corisco", que Sérgio Ricardo compôs para o filme de Glauber Rocha *Deus e o diabo na terra do sol*, atuou e cantou, juntamente com Maria Bethânia e Chico Buarque, em *Quando o Carnaval chegar*, de Cacá Diegues, e gravou a canção "Joana Francesa", música tema composta por Chico Buarque para o filme de Cacá Diegues.

Em 1971, Nara faz as pazes com a bossa nova e grava em Paris um disco com todas aquelas esperadas canções, *Dez anos depois*.

Sobre ela, escreveu Chico Buarque: "Com sua voz aguda e frágil, a pequenininha Nara carregou nas costas um barquinho, um violão, um carcará, uma rosa, um trem, uma tuba e um circo inteiro. É natural que conheça enfim o peso das coisas que diz". E o poeta Ferreira Gullar escreveu sobre seu canto:

> *Sua voz quando ela canta*
> *me lembra um pássaro, mas*
> *Não um pássaro cantando:*
> *lembra um pássaro voando.*

11/10/2012

Julio Cortázar e a música: a volta ao dia em diversos mundos

Julio Cortázar queria escrever do jeito que um músico de jazz improvisa: "a invenção constante, o trajeto labiríntico, os impasses, os riscos de autodestruição, o silêncio, as narrativas por fim resgatadas do naufrágio", diz Davi Arrigucci Jr. Era assim que fazia Lester Young quando improvisava em "Three Little Words", uma invenção que segue sendo fiel ao tema que combate e transforma: "Lester escolhia o perfil, quase a ausência do tema, evocando-o quem sabe como a antimatéria evoca a matéria", diz Cortázar.

Cortázar amava a música e ela está presente em vários textos seus.

Escrevendo sobre Carlos Gardel em *A volta ao dia em oitenta mundos*, Cortázar diz que não havia um só Gardel (1890-1935), mas dois: o de sua preferência é o dos anos 1920, o primeiro, com "sua voz sozinha, alta e cheia de trinados, com as guitarras metálicas crepitando ao fundo" (e não acompanhada por orquestra), o Gardel de "Mi noche triste" (1917), canção fundadora do gênero tango, que depois se tornaria sinônimo da música argentina. O Gardel que Cortázar ama é aquele que "é preciso escutar no gramofone, com toda a distorção e perda imagináveis", pois, diz ele, "é mais atrás, nos pátios à hora do mate, nas noites de verão, nos rádios de galena ou com as primeiras lâmpadas, que ele está em sua verdade, cantando os tangos que o resumem e o fixam na memória". É um Gardel cujo canto expressava uma pureza e autenticidade que, depois, parece que se perdeu, com a acentuação melodramática da voz e das composições.

Falando de "Mano a mano", Cortázar diz ser esse seu tango preferido, pelo caráter contemplativo e sereno:

Escuto uma vez mais "Mano a mano", que prefiro a qualquer outro tango e a todas as gravações de Gardel. A letra, implacável no seu balanço da vida de uma mulher que é uma mulher da vida, contém em poucas estrofes "a soma dos atos" e o vaticínio infalível da decadência final. Inclinado sobre esse destino, que por um momento compartilhou, o canto não expressa cólera nem despeito. Rechiflao (Alucinado) em sua tristeza, evoca-a e vê que foi, na sua pobre vida pária, somente uma boa mulher. Até o final, apesar das aparências, defenderá a honradez essencial de sua antiga companheira. E desejar-lhe-á o melhor, insistindo na qualificação: "Que el bacán que te acamala tenga pesos duraderos,/ que te abrás en las paradas con cafishos milongueros,/ y que digan los muchachos: Es uma buena mujer"[1].

"Talvez prefira este tango", continua Cortázar,

porque dá a justa medida do que representa Carlos Gardel. Se suas canções tocaram todos os registros do sentimentalismo popular, desde o rancor irremissível até a alegria do canto pelo canto, desde a celebração das glórias turísticas até a glosa da ocorrência policial, o justo meio em que se inscreve para sempre a sua arte é o deste tango quase contemplativo, de uma serenidade que se diria termos perdido para sempre.

Continuando a dar a volta ao dia nos diversos mundos que Cortázar nos apresenta, caleidoscópio sonoro, vamos entrar agora no mundo de Louis Armstrong, "enormíssimo cronópio". Diz ele: "Parece que o passarinho mandão, mais conhecido por Deus, soprou no flanco do primeiro homem para animá-lo e dar-lhe espírito. Se em vez do passarinho tivesse estado lá Louis para soprar, o homem teria saído muito melhor". Cortázar escreveu esse ensaio depois de assistir a uma apresentação de Louis no teatro dos Champs-Elysées:

---

[1] "Que o bacana com que te deitas tenha pesos duradouros/ Que te vejam pela noite com milongueiros famosos/ e que digam os rapazes: é uma boa mulher." (Em tradução livre, com a ajuda de minha amiga Caia Fittipaldi.)

Agora veja o senhor como são as coisas neste teatro. Neste teatro, onde uma vez o grandíssimo cronópio Nijinsky descobriu que no ar há balanços secretos e escadas que levam à alegria, dentro de um minuto vai surgir Louis e vai começar o fim do mundo. [...] Para isto já se desencadeou o apocalipse, porque basta Louis levantar sua espada de ouro e a primeira frase de "When it's Sleepy Time Down South" cai sobre a gente como uma carícia de leopardo [...] e no meio está Louis com os olhos em branco atrás do pistão, com o lenço flutuando numa contínua despedida de algo que não se sabe o que seja, como se Louis necessitasse dizer todo o tempo adeus a essa música que ele cria e que se desfaz no instante, como se soubesse o preço terrível dessa maravilhosa liberdade que é a sua.

É grande a terrível felicidade de Louis:

Uma coisa digna de se levar em conta é que além da imensa montanha de aplausos que caem sobre Louis apenas terminado o coro, o próprio Louis se apressa a mostrar-se visivelmente encantado consigo mesmo, ri com a grandíssima dentadura, agita o lenço e vai e vem pelo palco, trocando frases de contentamento com os músicos, todo satisfeito com o que está ocorrendo.

Diz Cortázar: "Perdido na imensa abóboda do seu canto, fecho os olhos, e com a voz deste Louis de hoje me vêm todas as suas outras vozes de dentro do tempo, sua voz de velhos discos perdidos para sempre, sua voz cantando 'When Your Lover Has Gone', cantando 'I'm Confessin'".

E continua: "O concerto acabou, já Louis estará trocando de camisa e pensando no hambúrguer que lhe vão preparar no hotel e na ducha que vai tomar, mas a sala continua cheia de cronópios que procuram lentamente e sem vontade a saída, cada um com seu sonho que continua, e no centro do sonho de cada um Louis pequenininho soprando e cantando".

Amor à música

No livro de contos de Cortázar *As armas secretas* há um antológico, "O perseguidor", dedicado a Charlie Parker. Sobre esse livro, Davi Arrigucci Jr. escreveu:

> *Duas obras-primas, "As babas do diabo" e "O perseguidor", reúnem as características fundamentais da poética cortazariana, sua visão da arte como busca e rebelião. Seu reconhecimento do limite em que vive o poeta em sua radicalidade, quando faz jus ao nome e encarna a sede unitiva de um perseguidor do impossível, desgarrado no espaço degradado e fragmentário do mundo moderno.*

Sobre "O perseguidor", diz Davi Arrigucci Jr., no ensaio "A destruição anunciada", que pertence ao livro *O escorpião encalacrado*: "Mesmo numa obra sempre de alto nível como essa, esse é um texto que se destaca, um de seus momentos mais elevados". É arrebatador esse conto, itinerário da vida de um *jazzman*, do "homem-artista" Johnny Carter, que busca uma transcendência impossível, só alcançada em breves momentos de plenitude. Para Johnny, personagem inspirado em Charlie Parker, arte e existência são uma coisa só. A música de Johnny, que encanta a todos pela sua força e originalidade, é essa busca de alcançar o inalcançável. E isso ele perseguirá até a morte.

Agora ingressaremos no mundo misterioso de Thelonious Monk. Cortázar descreve sua mágica aparição, num concerto em Genebra: "Agora se apagam as luzes [...] e, do fundo, dando uma volta inteiramente desnecessária, um urso com um barrete entre turco e solidéu, encaminha-se para o piano. [...] Quando Thelonious senta-se ao piano toda a sala senta-se com ele. [...] Passou apenas um minuto e já estamos na noite fora do tempo, a noite primitiva e delicada de Thelonious Monk". "Pannonica", "Blue Monk", "A Rose Is a Rose". Quando ele deixa de tocar, faz-se um imenso vazio:

> *sentimos o vazio de Thelonious afastado da beira do piano, a interminável diástole de um único imenso coração onde correm todos nossos sangues, e exatamente então sua outra mão toma*

o piano, o urso se balança amavelmente e regressa de nuvem em nuvem até o teclado, olha-o como pela primeira vez, passeia pelo ar os dedos indecisos, deixa-os cair e estamos salvos, há Thelonious capitão, há rumo por um momento.

Thelonious, como um demiurgo, tem o poder de, através da sua música, criar um outro mundo, nos transportar, criar um outro sentido.

Meia-noite: é ao redor dessa hora misteriosa, ponto de mutação, passagem de um dia a outro, que termina essa viagem cortazariana, que, através da música, descortina outros mundos, mundos que se inserem numa outra linha do espaço-tempo. Paraísos possíveis, reinventados a cada audição? Paraísos não totalmente perdidos? Pode ser sim? Por que não?

19/10/2012

Elisete Cardoso é luxo só!

Elisete Cardoso, "a divina", grande dama da música popular brasileira, foi, além de tudo o mais, pioneira da bossa nova: em 1958 participou do antológico LP *Canção do amor demais*, com músicas dos então novos compositores Antonio Carlos Jobim e Vinicius de Moraes. Nele se ouviria pela primeira vez a batida de violão de um certo baiano – João Gilberto – na faixa "Chega de saudade". Ambas entrariam para a história, a música e a batida, a partir de então, totalmente amalgamadas. Dentre as músicas gravadas, "As praias desertas", "Janelas abertas", "Eu não existo sem você", "Outra vez", "Estrada branca", "Modinha", todas de Vinicius e Tom. Apesar de Elisete não ser uma cantora *cool*, foi ela a primeira que gravou as canções do que seria em breve chamado de bossa nova. Quando Elisete ouviu as canções de Tom e Vinicius ficou preocupada, conta Sérgio Cabral, na biografia que escreveu sobre a intérprete. Ela achou as músicas sofisticadas demais, até pareciam eruditas, ainda mais com os lindos arranjos que o Tom escreveu, usando uma instrumentação rara para a música popular – harpa, fagotes, trompas. Um luxo só! Mas, passado o estranhamento, cantou divinamente. No entanto, é bom ressaltar que sua forma de cantar não era *cool*, pois sua voz tinha um maravilhoso vibrato e também muita potência, volume; suas interpretações eram quentes, exalavam sentimentos, emoções. Vinicius escreveu:

> *Não foi somente por amizade que Elisete Cardoso foi escolhida para cantar esse LP. É claro que, por ela interpretado, ele nos*

acrescenta ainda mais, pois fica sendo a obra conjunta de três grandes amigos; gente que se quer bem para valer, gente que pode, em qualquer circunstância, contar um com o outro; gente, sobretudo, se danando para estrelismos e vaidades e glórias. Mas a diversidade dos sambas e canções exigia uma voz particularmente afinada; de timbre popular brasileiro mas podendo respirar acima do puramente popular, com um registro amplo e natural nos graves e agudos e, principalmente, uma voz experiente, com a pungência dos que amaram e sofreram, crestada pela pátina da vida. E assim foi que a Divina impôs-se para uma noite de serenata.

Elisete nasceu em 16 de julho de 1920. Aos cinco anos de idade, estreou como cantora no palco da Kananga do Japão, uma casa de festas que ficava na praça Onze e que tinha como frequentadores Sinhô, Pixinguinha e João da Baiana. Desde menina já tinha desejo de ser cantora. Aos dez anos, por causa das dificuldades econômicas da família, precisou abandonar os estudos, coisa que sempre lamentou. Elisete teve ligação com a comunidade baiana, tão fundamental para a formação e a consolidação do samba carioca. Menina ainda, frequentava a casa de Tia Ciata. Donga descreve as festas na casa da famosa baiana:

Conforme a quantidade de pessoas, uns – principalmente, os mais velhos – prefeririam brincar no quintal, onde se realizavam os batuques. Os homens, geralmente, tocavam pandeiro, prato e faca de mesa, violão e cavaquinho (sem palheta). Quando o samba era importante, aparecia o maior flautista do gênero, João Flautim. As mulheres, por sua vez, ostentavam balangandãs, camisu, cabeção de crivo, saias bordadas e anáguas de crivo gomadas. Os calcanhares sempre bem arranhados com cacos de telha. Combinava-se se o samba seria corrido ou partido alto. Se fosse partido alto, os veteranos ficavam perto dos tocadores, raiadores e das cantoras de chulas, essas com seus panos de costa ou xales, geralmente de rica confecção. Assim que acabava a parte cantada, as baianas davam início à dança, rodando três vezes em torno dos músicos, fazendo o miudinho (mexendo os quadris), deixando cair o xale até a cintura. Os sapateados das baianas arrancavam aplausos.

Quando Elisete fez 16 anos, morava com os pais e os tios, Ivone e Pedro. Tio Pedro era seresteiro e frequentador das rodas de choro, amigo de músicos importantes. Por causa dele é que em sua festa de aniversário compareceram Jacob do Bandolim, Pixinguinha, João da Baiana e Dilermando Reis. Pois bem, foi então que ela cantou "Duas lágrimas", acompanhada por Jacob e sua gente: "Você é uma cantora extraordinária", foi o que Jacob falou depois que Elisete cantou.

Seu primeiro sucesso foi a gravação de "Canção de amor" (1950). Em 1953, Vinicius de Moraes escreveu, numa crônica, que se surpreendera com o canto de Elisete:

> *com a sua magistral interpretação de "Canção de amor", um samba com uma linda melodia e uma letra fraca, mas que, na voz dessa grande dama da música popular carioca, conseguiu me revirar completamente. A verdade é que Elisete dava aula de canto no disco em questão e eu me pus a ouvi-la furiosamente, dezenas de vezes por dia. A música me fazia sofrer, me colocava num espaço diferente do mundo, me abraçava como uma mulher, sei lá.*

Elisete foi também a primeira cantora popular a interpretar Villa-Lobos. Isso aconteceu no Teatro Municipal de São Paulo e do Rio, em 1963. Ela cantou as "Bachianas n. 5", um sucesso estrondoso: "Entrou de branco, devagar, sorrindo com os olhos, senhora de todos nós", escreveu um jornalista da época.

Em 1965, depois de assistir ao *show Rosa de Ouro*, idealizado, escrito e dirigido por Hermínio Bello de Carvalho, do qual faziam parte Clementina de Jesus, Araci Cortes, Paulinho da Viola, Elton Medeiros, Jair do Cavaquinho, Anescar e Nelson Sargento, Elisete ficou absolutamente fascinada pelo que acabara de ouvir e ver. O resultado disso foi o LP *Elizete sobe o morro* (1963), no qual gravou Cartola, Nelson Cavaquinho, Paulinho da Viola, Elton Medeiros, Zé Kéti.

Estão nesse disco "A flor e o espinho" (Nelson Cavaquinho, Guilherme de Brito, Alcides Caminha), "Luz negra" (Nelson Cavaquinho, Amâncio Cardoso), "Malvadeza Durão" (Zé Keti), "O sol nascerá" (Cartola e Elton Medeiros), "Sim" (Cartola, Paulinho da Viola).

Em 19 de fevereiro de 1968 reúnem-se Elisete, Jacob do Bandolim e o conjunto Época de Ouro e Zimbo Trio, sob a direção de Hermínio Bello de Carvalho, num *show* histórico no Teatro João Caetano do Rio. O *show* foi gravado em três LPs históricos. Entre as canções, "Mulata assanhada" (Ataulfo Alves), "Lamentos" (Pixinguinha, Vinicius de Moraes), "Barracão de zinco" (Luís Antonio), "Chão de estrelas" (Sílvio Caldas, Orestes Barbosa).

Elisete: um luxo só! Essa grande dama da música popular, que com sua voz, atitude e requebros conquistou o coração dos brasileiros. Sobre ela escreveu Antônio Maria numa crônica: "Elisete é, sobretudo, uma pessoa fina". Considerada a primeira dama da canção popular, Elisete nunca quis ser mais que ninguém. Numa entrevista declarou: "Quero apenas ser uma cantora brasileira".

25/10/2012

O grande Ismael Silva

Mário de Andrade estava no Rio, indo pro bar Amarelinho, na Cinelândia, antigo ponto de encontro dos intelectuais e boêmios, quando viu Lúcio Rangel, jornalista, crítico musical, cronista apaixonado pelo samba carioca, sentado numa mesa, bebendo seu chopinho: "– Lúcio, ó Lúcio! Sabe quem encontrei agorinha mesmo? O Ismael, o Ismael Silva!", diz Mário, emocionado. E Lúcio, impassível, continua bebendo e secamente responde: "– Não conheço esse Ismael". "– Ora Lúcio, logo você não conhecer o Ismael Silva, o grande Ismael Silva!", diz Mário, espantado. Ao que Lúcio responde: "– Ah! Esse eu conheço: o grande Ismael Silva!". Chico Buarque gravou um depoimento no qual disse: "Ismael é a maior influência que eu tenho em toda a minha obra [...] é o meu verdadeiro pai musical".

O grande Ismael Silva nasceu em Niterói, em 14 de setembro de 1905, e morreu no Rio de Janeiro, em 14 de março de 1978. Muito cedo, seu pai morreu deixando sua mãe, Emília, com cinco filhos para criar. Como Emília era pobre, quatro de seus filhos ficaram com parentes e ela ficou com o pequeno Ismael, então com três anos de idade, e foram morar no Estácio. Sambista precoce, bem cedo Ismael aprendeu a tocar pandeiro e tamborim (só mais tarde aprenderia violão). Começou no samba tocando percussão e não foi à toa que ele revolucionou justamente o aspecto rítmico do samba.

Sérgio Cabral, em *As escolas de samba do Rio de Janeiro*, fala dessa diferença no ritmo do samba, divergência engraçada, entre a primeira geração, da qual faziam parte Sinhô, Donga e Pixinguinha, e a segunda, a de Rubens Barcelos, Bide e Ismael Silva, do Estácio de Sá.

> *Quando alguém pediu ao compositor mangueirense Carlos Cachaça, durante o seu depoimento ao Museu da Imagem e do Som, que explicasse a diferença entre o antigo samba e o samba do Estácio de Sá, o depoente foi aparteado por outro veterano compositor da mangueira, Babaú, que assim definiu a música criada por Rubens Barcelos, Ismael Silva, Bide e outros mais: "Era samba de sambar".*

Cabral conta que perguntou a Donga e a Ismael qual era o verdadeiro samba:

> *Donga: Ué, o samba é isso há muito tempo:*
> *"O chefe da polícia/ Pelo telefone/ Mandou me avisar/ Que na Carioca/ Tem uma roleta/ Para se jogar".*
> *Ismael Silva: Isso é maxixe.*
> *Donga: Então o que é samba?*
> *Ismael Silva: "Se você jurar/ Que me tem amor/ Eu posso me regenerar/ Mas se é/ Para fingir, mulher/ A orgia assim não vou deixar".*
> *Donga: Isso é marcha.*

Ismael Silva, numa entrevista, fala desta mudança ocorrida no samba, o "paradigma do Estácio": "Quando comecei, o samba não dava para os agrupados carnavalescos andarem nas ruas, conforme a gente vê hoje em dia [...] O samba era assim: tan tantan, tan, tantan. Não dava. Como é que um bloco ia andar na rua assim? Aí, a gente começou a fazer um samba assim: bum paticumbum prugurundum...".

No final da década de 1920, na época do Carnaval, a gente do Estácio brincava nos blocos de sujos. Esses blocos existiam em vários bairros e os do Estácio reuniam os bambas do samba, aqueles que faziam um samba cujo ritmo era contagiante, "bum paticumbum prugurundum". Entre os blocos havia disputa, o que muitas vezes terminava em briga. Quando alguém provocava gente do Estácio, eles diziam, seguros de si: "Deixa falar... Deixa falar", e essa foi a origem e o nome da primeira escola de samba. O pessoal do Estácio tinha muito orgulho de sua música, por isso chamaram seu bloco Deixa Falar de "escola de samba". E, também, porque havia no Estácio uma escola que formava professores: "Se da Escola Normal saíam os professores", fala Ismael, "passamos a dizer que professores de samba, só no Estácio. A gente dizia com vaidade: 'Escola de Samba é a do Estácio'".

Em seu primeiro samba, "Desisti", samba que nunca foi gravado, Ismael já fala do mundo que o fascinava, do qual iria fazer parte e que seria, junto com o sofrimento amoroso, tema nuclear de sua obra – o mundo da malandragem: "Já desisti da mulher/ Já desisti do trabalho/ Agora só me falta/ Desistir do baralho". Sambista precoce, tinha 14 anos quando fez esse samba, no qual fala como se fosse um adulto. O menino já tinha fascinação pela boemia: bares, mulheres, jogo, música, elegância – o terno de linho branco, um ícone do samba, a elegância da malandragem. Mas Ismael tinha mais vocação para o samba. Os malandros exploravam prostitutas, eram hábeis no manejo da navalha, sabiam brigar. Ismael brigou algumas vezes, mas esse não era o seu jeito, gostava mesmo era de se vestir, de fazer samba e, para ganhar dinheiro, vendia seus sambas para cantores famosos, que não compunham, mas que queriam faturar com a criação dos outros, oferecendo, em troca, projeção e dinheiro. Para os sambistas que eram pobres, desconhecidos e não tinham muito como ganhar a vida, era uma proposta difícil de ser recusada. Chico Alves, o "rei da voz", era um "comprador" famoso, comprou vários sambas de Ismael. Infelizmente, isso era muito comum na época...

Conta-se que, em 1931, Ismael encontrou Noel Rosa no Café Nice, ponto de encontro de músicos e boêmios do Rio. Os dois já se conheciam, mas a partir de então fizeram várias parcerias. Nesse encontro, Ismael mostrou a Noel a primeira parte do samba "Para me livrar do mal":

> *Estou vivendo com você*
> *Um martírio sem igual*
> *Vou largar você de mão, com razão,*
> *Para me livrar do mal.*

Noel gostou, pediu para fazer a segunda parte e Francisco Alves gravou no mesmo ano. Sucesso! Em algumas partituras e gravações Francisco Alves aparece, ao lado de Noel e Ismael, como compositor...

Outras parcerias de Noel e Ismael são "Adeus", "Não digas", "Uma jura que fiz", "A razão dá-se a quem tem", "Boa viagem", "Ando cismado". Ismael dizia que "Adeus" foi feito em homenagem a seu parceiro e amigo Nilton Bastos, que havia morrido de tuberculose. Com Nilton, Ismael tem sambas antológicos: "Arrependido", "É bom evitar", "O que será de mim" e "Se você jurar", que estourou no Carnaval de 1931.

Foi no *show Gal a todo vapor*, em 1971, no Teatro Ruth Escobar, em São Paulo, que ouvi, atônita, Gal Costa cantar uma das mais belas canções brasileiras, uma canção de Ismael Silva, diferente dos sambas ritmados, uma canção lenta, um apelo à amizade, à solidariedade, uma canção compassiva, "Antonico":

> *Ô, Antonico, vou lhe pedir um favor.*
> *Que só depende da sua boa vontade,*
> *É necessário uma viração pro Nestor*
> *Que está vivendo em grande dificuldade.*
> *Ele está mesmo dançando na corda bamba,*
> *Ele é aquele que na escola de samba,*
> *Toca cuíca, toca surdo e tamborim,*
> *Faça por ele como se fosse por mim.*

Eis aí um pouco do grande Ismael Silva: "Alma do samba", no dizer de Noel; "São Ismael", no dizer de Vinicius; e o verdadeiro pai musical do Chico.

2/11/2012

O amor discreto de Johnny Alf

Eu gosto muito dos artistas que dizem que é o que está no coração, na alma, o que vale a pena, que "tudo vale a pena se a alma não é pequena". Isso não é desculpa para não se dedicar ao fazer poético, mas é um princípio que vê na técnica a expressão da alma. Se não, o quê? Exercício, demonstração de habilidade? Gosto do amor discreto do Johnny Alf, da sua sofisticada simplicidade, sim, isso mesmo, porque se as suas harmonias são complexas, elas soam naturais, como se fossem simples. Aí você vai cantar e tocar e vê aquele desenho melódico, aquele acorde que soa de um modo especial, naquele lugar, um achado, uma invenção. A música de Alf, "Sophisticated Lady", uma orquídea, criação de um demiurgo poeta. A orquídea é tão bonita e sua forma tão cheia de detalhes, de outras formas, cores, profundidades que parece ser artificial. Mas então alguém pensa que o que é muito belo foi feito pelo homem? Que a arte supera a natureza? Ledo engano! Vaidade, tudo vaidade, já ensina o Eclesiastes. A gente, uma poeirinha. Poeira de estrela. Uma ave: a gente ouve cantar e fica assim, quieta, todo o ser só escuta. Cantar mais lindo não há.

A música de Johnny é de uma complexidade harmônica imensa e soa como algo que não podia ser de outro modo, por isso, apesar de tão elaborada, soa natural. Talvez também porque ela tenha uma fluência tão grande. Ela é e não é. Quando escutei Johnny Alf cantando "Eu e a brisa", fui completamente tragada pela música e esqueci a dor de ser tão só pra ser um sonho. E quando voltei à tona, fiquei buscando algo pra exprimir aquilo, algo pra comparar com aquela sensação. E aí me lembrei do meu amigo Arismar (do Espírito Santo) tocando seu baixo, fazendo aquelas divisões e improvisações, aquelas estripulias sonoras, como um menino brincando com um brinquedo que parece não ter mais nenhum segredo pra ele. Será? Alegria nos dedos e no coração. De alguma forma, ambos, Johnny e Arismar, criam um mundo semelhante e ímpar, um mundo mágico, fabricado por eles, mas que de tão bonito e fluente soa natural. Esse modo de ser, esse viver com liberdade criando belezas invisíveis é o modo de ser da alma da música, ser quase só um som vibrando, "Ah! Se a juventude que essa brisa canta,/ ficasse aqui comigo mais um pouco". Essa melodia e essa lua que chegam, trazidas pela tarde...

A melodia de "Eu e a brisa" se movimenta ora em desenhos amplos – um salto de quinta, um de sexta, outro de oitava; ora caminha por graus conjuntos, como se fosse uma escala, seu tecido é cerzido de saltos e fluências. Harmonia e melodia dialogam, são quase como dois oceanos superpostos, que se tocam e se separam, movimento das ondas do mar, do vai e vem, fluidez da música, da água, do tempo. "Você bem sabe eu sou um rapaz de bem/ A minha onda é do vai e vem".

Perguntei a minha amiga pianista Mariô Rebouças o que ela acha da música de Johnny Alf, e ela disse:

> *Ele foi um dos precursores da linguagem da bossa nova. Algumas de suas músicas compostas na década de 1950, como "Céu e mar" e "Rapaz de bem" (ambas de 1953) chamam a atenção pela melodia e harmonia modernas e revolucionárias para a época. A melodia de "Céu e mar" é composta de intervalos de quartas justas, o que não era usual, e mostra um pensamento melódico/harmônico arrojado e uma enorme afinidade com o jazz, que também nessa época explorava o pensamento modal e a harmonia construída em quartas (em vez da tradicional construção em terças maiores e menores). O jazz, sem dúvida, influenciou muito a linguagem musical de Johnny Alf. Suas harmonias são cheias de tensão, de acordes dissonantes; o seu jeito de tocar piano tem muito swing e suas canções se prestam perfeitamente a arranjos instrumentais e à improvisação, pois são ricas tanto em termos melódicos como harmônicos.*

Rio de Janeiro, 1954, bar do Hotel Plaza, avenida Princesa Isabel: um jovem com seu piano encantava uma moçada, aprendizes de música, conta Ruy Castro. O jovem pianista era Johnny Alf, que, então com 25 anos, estava criando uma música que iria mudar a cena musical brasileira, a bossa nova. Johnny foi o precursor da bossa nova. Ela estava sendo gerada naquele momento, por ele, rapaz de bem, tímido e genial compositor, pianista e cantor. A moçada que ficava à sua volta, querendo entender aquela harmonia tão diferente, aquele *swing* gostoso e delicado, querendo aprender aquilo e sentindo que aquilo era algo importante, bom e novo, era nada mais nada menos que Sylvinha Telles, Luizinho Eça, Carlinhos Lyra, Roberto Menescal, Nara Leão, Luiz Carlos Vinhas. Havia também os que já eram profissionais, mas também fascinados pela música de Johnny, e iam lá para ouvir Alf: Tom Jobim, Newton Mendonça, Lúcio Alves, João Donato, Billy Blanco, Dolores Duran, Claudete Soares e um garoto baiano que ficava ali, quietinho, absorto: João Gilberto. Johnny era tímido, preferia cantar composições de outros, Ary Barroso, Custódio Mesquita, e gostava também de cantar canções americanas. Por pouco não conheceríamos sua música. Mas, para nossa sorte, ele acabou por mostrar, cantar e tocar suas canções.

Alfredo José da Silva, era esse o seu nome, nasceu a 19 de maio de 1929, no Rio de Janeiro, e morreu em São Paulo, no dia 4 de março de 2010. Com três anos ficou órfão de pai. A mãe, doméstica, não tinha recursos para a educação do menino, mas a patroa dela, vendo a inclinação do menino pela música, pagou para ele aulas particulares de piano. Alf se apaixonou por Chopin, Tchaikovsky...

Numa entrevista que deu a Paulinho da Viola, Johnny Alf conta como fez a canção "Seu Chopin, desculpe":

> *Johnny: Esse chorinho foi uma coisa maluca. Todo mundo quis tocar esse chorinho. E no final, "A valsa do minuto", do Chopin.*
>
> *Paulinho da Viola: E você pediu desculpas a ele?*
>
> *Johnny Alf: É, foi o seguinte: eu fiz uma melodia e no meio da melodia tinha essa frase, que é "A valsa do minuto", né? Aí, na hora*

> *de fazer a letra eu disse assim, como é que eu vou fazer, se eu cantar ou fizer uma letra que seja, o pessoal quando ouvir essa música, assim que ouvir essa frase, vai logo identificar como "A valsa do minuto". Então me caiu lá de cima, né, me deram um recado: Ó, faz o seguinte, você faz uma letra falando pro Chopin que você pediu emprestado um pedaço da música dele. Foi, foi justamente quando eu disse "Seu Chopin, desculpe".*

Johnny Alf se sentia inclinado à música popular brasileira e à americana desde menino. Em 1952, ele começou a trabalhar como músico profissional num restaurante em Copacabana, na Cantina do Cesar, e sua música começa a atrair muita gente: João Donato, Dolores Duran, João Gilberto. Depois, foi tocando de bar em bar – boate Monte Carlo, Mandarim, boate Posto 5, Clube de Paris (futuro Beco das Garrafas) e em 1954 no bar do Hotel Plaza. Johnny era *cult*: os músicos o adoravam, mas só as pessoas com um gosto musical mais requintado o conheciam. E, também, Alf sempre foi um rapaz discreto. Em 1955, foi convidado por um empresário paulista para inaugurar uma casa em São Paulo – a Baiuca. Johnny veio para São Paulo e ficou. E enquanto a bossa nova inundava o Rio, Johnny estava na Pauliceia, de bar em bar, fazendo a sua música e olhando de longe o desdobrar da onda daquele movimento que ele iniciou. Sem mágoa e sem rancor.

No célebre concerto da bossa nova no Carnegie Hall, em Nova York, em 1962, Johnny foi chamado para fazer parte da delegação. Ficou indeciso e sumiu na véspera do embarque, só apareceu depois que o *show* já tinha acontecido. Pois é, Johnny era original não só na sua música, mas no seu modo de ser, sua arte e sua vida de mãos dadas. Johnny não estava preocupado com o sucesso, estava entregue à sua arte.

Quando ele mostrou informalmente "Eu e a brisa" para a cantora paulistana Márcia, ela ficou encantada e quis defender a canção no III Festival de MPB da Record, em 1967. Ele concordou. Foi nesse festival que foram apresentadas "Alegria, alegria", de Caetano Veloso, "Domingo no parque", de Gilberto Gil, "Ponteio", de Edu Lobo e Capinan, e "Roda-viva", de Chico Buarque. "Eu e a brisa" não sensibilizou os jurados e a canção não ficou entre as finalistas, mas seguiu seu caminho, seu destino se cumpriu independentemente do festival e ela foi gravada pelos grandes intérpretes da MPB: além de Alf, João Gilberto, Alaíde Costa, Tim Maia, Caetano Veloso, Gilberto Gil, Agostinho dos Santos. Precisa mais?

Uma canção sussurra em nosso ouvido:

> *Olha, somente um dia longe dos teus olhos,*
> *trouxe a saudade do amor tão perto,*
> *e o mundo inteiro fez-se tão tristonho.*
> *Mas embora agora eu te tenha perto,*
> *eu acho graça do meu pensamento*
> *a conduzir o nosso amor discreto.*

Num tempo em que o amor virou espetáculo, em que a intimidade é devastada pela mídia, num tempo em que pretensos amados e amantes circulam sem identidade e sem coração, expostos e esvaziados em jornais, revistas, TVs, redes sociais, nesse tempo de celebridades instantâneas, há ainda uma legião de apaixonados silenciosos, sonhadores, que, como Johnny Alf, cultuam o amor discreto pela arte e pelas pessoas e se aprazem nessa ilusão à toa.

9/11/2012

A linda voz de Alaíde

Como a impressão digital, a voz humana é única e, talvez, esse seja o seu maior fascínio. É certo que ela pode imitar tudo: outras vozes, os pássaros, outros animais, o sussurro do vento, o barulho das ondas do mar, o som das máquinas do mundo, mas seu timbre é único. Dentre uma infinidade de timbres, há alguns que têm uma qualidade tão especial que, depois que o ouvimos, ficamos buscando aquele som, esteja ele onde estiver, com a mesma obstinação que um apaixonado persegue sua amada. A voz humana é um instrumento e pode ser classificada pela sua tessitura, mas quando pensamos no timbre, o que dizer? Que é único. Quem consegue esquecer a emoção de ouvir pela primeira vez Chet Baker cantando "You Don't Know What Love Is"? E aí então sentir a inquietação que só se acalma quando descobrimos de quem era aquela voz. Assim também quando ouvimos Billie Holiday, Alaíde Costa. Diferentes. Únicas.

Alaíde, quando canta, sempre provoca um grande silêncio ao seu redor. Começa a emitir as primeiras notas e deixa todos fascinados com sua linda voz. Desde o início, no tempo da bossa nova, quando ela se apresentava naqueles *shows* com tanta gente e tanto burburinho, já era assim. Este era o seu dom: ela extasiava todos, músicos e público e os silenciava. Eles eram só escuta. Ouvir Alaíde era algo assim como que sagrado.

Eu me lembro da primeira vez que a ouvi. Foi em 1964, estava em casa, assistindo à TV Record, programa *O Fino da Bossa*, apresentado por Elis Regina. Ele era gravado no Teatro Paramount, em São Paulo.

Quando Alaíde começou a cantar eu já não estava na sala ouvindo, estava sei lá onde, num lugar imenso, indefinido – seria o céu? –, sei lá, um lugar lindo e aquela voz me conduzindo e perguntando: "Onde está você?". Eu, sinceramente, não sabia onde estava. Só sabia que queria ficar lá, quem sabe, por toda a eternidade.

João Gilberto disse: "Quem canta deveria ser como quem reza". Alaíde é assim. Quando canta, silencia o mundo. Conta Ruy Castro que "seu maior sucesso seria em 1964, ao silenciar o Teatro Paramount com sua interpretação de 'Onde está você'". Nesse mesmo ano, ela participou de um *show* no teatro do XI de Agosto da Faculdade de Direito do Largo São Francisco, "onde Alaíde, como costumava fazer nos primeiros espetáculos da bossa nova em 1959, com 'Chora tua tristeza', 'parou' novamente o *show*, desta vez com sua interpretação do 'Onde está você'".

Alaíde Costa nasceu na cidade do Rio de Janeiro, em 8 de dezembro de 1935. Logo de início, participou do famoso programa de Ary Barroso, *Calouros em Desfile* (1950), e teve a nota máxima. Foi aluna do grande Moacir Santos. Foi João Gilberto quem a apresentou para o grupo de compositores da bossa nova em 1959 e, assim, ela passou a integrá-lo e a frequentar o apartamento do músico Bené Nunes, onde costumavam ir, além de João, Tom Jobim, Nara Leão, Sylvinha Telles, Carlos Lyra, Luiz Bonfá, Roberto Menescal, Ronaldo Bôscoli, Nana Caymmi, jovens artistas que naquele momento estavam fazendo uma música nova, uma bossa nova. Passou então a se apresentar nos diversos *shows* antológicos que aconteceram na cidade do Rio e, em seguida, em São Paulo. Em 1962, Alaíde casou-se e veio para São Paulo, onde está até hoje.

Dentre as canções que cantou e gravou, além de "Onde está você" e "Chora tua tristeza", de Oscar Castro Neves e Lucervy Fiorini, estão "Estrada branca" e "Insensatez", de Tom e Vinicius, "Primavera", de Carlinhos Lyra e Vinicius, "Ilusão à toa", de Johnny Alf, "Lobo bobo", de Carlos Lyra e Ronaldo Bôscoli, "Minha saudade", de João Donato e João Gilberto, "Solidão", de Dolores Duran, e muitas outras. Em 1972, gravou em dueto com Milton Nascimento a canção "Me deixa em paz", de Airton Amorim e Monsueto, incluída no LP de Milton *Clube da esquina*. Antológica. Em 2005, Alaíde recebeu o Prêmio Rival Petrobrás na categoria de melhor cantora. Depois lançou *Voz e piano*, acompanhada pelo pianista João Carlos Assis Brasil, gravou as composições de Milton Nascimento e seu trabalho mais recente é *Alaíde canta Johnny: em tom de canção*, com as composições de seu amigo e parceiro Johnny Alf (2011). Uma boa notícia é que sua biografia – *Faria tudo de novo* –, escrita por Ricardo Santhiago, será lançada em breve.

Alaíde continua seu caminho, seguindo sua vocação, fazendo um trabalho belíssimo e discreto, tal como fez o amigo e parceiro Johnny Alf. Com sua linda voz, ela vai interpretando canções que povoam nosso imaginário. Belezas. E, como um planeta de inconfundível luz, segue sua rota luminosa, no seu ritmo. E se, por acaso, alguém desavisado perguntar a ela: "Alaíde, onde está você?", ela calmamente responderá "Estou aqui", porque Alaíde sempre está aí, onde está a sua voz.

19/11/2012

"Não há nada no mundo de que eu goste mais do que de música"

Quem disse isso foi Manuel Bandeira, e meu amigo André Gardel foi quem me lembrou dessa frase, numa conversa, há alguns dias. Estávamos falando de como a poesia de Bandeira é musical e aí ele citou essa frase que ilumina a poética bandeiriana. "Onde está essa frase?", perguntei. E aí fomos procurar no livro, ele achou a página, que alegria, "Itinerário de Pasárgada", esse livro que eu não saberia viver sem. Rimos os dois porque temos a mesma edição da Nova Aguilar, *Poesia completa e prosa*, em papel-bíblia, anos 1970. Esse livro já andou comigo por tantos lugares. Sempre o levava em viagens, tão bom ler no avião, quando não há nada que interrompa a leitura, exceto um cafezinho, ou num quarto de hotel, no Arpoador, ouvindo o barulho do mar, sentindo o cheiro da maresia, e poder cismar à vontade com Manuel, essa alma boa e brasileira, terna e melancólica, esse grande poeta que se dizia menor, que desentranhava a poesia do cotidiano e encontrava o sublime nas coisas simples.

Nesse livro, Bandeira conta o segredo de seu itinerário poético: a fonte estava na infância, nas reminiscências vagas dessa época e na emoção particular que essas lembranças provocavam nele. Tudo isso ele identifica com outra emoção, a de natureza artística: "Verifiquei ainda que o conteúdo emocional daquelas reminiscências da primeira meninice era o mesmo de certos raros momentos em minha vida de adulto: num e noutro caso alguma coisa que resiste à análise da inteligência e da memória consciente, e que me enche de sobressalto ou me leva a uma atitude de apaixonada escuta".

"Infância"

Corrida de ciclistas.
Só me recordo de um bambual debruçado no rio.
Três anos?
Foi em Petrópolis.
Procuro mais longe em minhas reminiscências.
[...]
O urubu pousado no muro do quintal.
Fabrico uma trombeta de papel.
Comando...
O urubu obedece.
Fujo aterrado do meu primeiro gesto de magia.
[...]
Com dez anos vim para o Rio.
Conhecia a vida em suas verdades essenciais.
Estava maduro para o sofrimento
E para a poesia!

Seu primeiro contato com a poesia se deu nos contos infantis, como "A madrasta", em que há a impressionante cantiga da menina enterrada viva:

Capineiro de meu pai
Não me cortes meus cabelos
Minha mãe me penteou,
Minha madrasta me enterrou
Pelo figo da figueira
Que o passarinho bicou.
Xô passarinho!

"E esse 'Xô, passarinho!' me cortava o coração, me dava vontade de chorar", ele disse.

Bandeira é um dos poetas brasileiros mais musicados, os compositores gostavam dele e ora musicavam seus poemas, ora pediam para ele colocar letra em suas composições. A musicalidade de seus poemas está não só no fraseado poético, mas também nos temas que ele elege, como em "Letra para uma valsa romântica":

> *A tarde agoniza*
> *Ao santo acalanto*
> *Da noturna brisa.*
> *E eu, que também morro,*
> *Morro sem consolo,*
> *Se não vens, Elisa!*

O ritmo e as rimas do poema são marcados como valsa: os versos de seis sílabas são sentidos como um compasso ternário, cada tempo dividido em dois. Aliás, esse texto Bandeira escreveu a pedido de Radamés Gnattali, que queria criar uma composição musical a partir dele. Teria Radamés sugerido o tema? Não sei.

Talvez por a música se encontrar na origem da sua descoberta da poesia, amalgamada às lembranças infantis, nas cantigas, o limite entre sua poesia e a música às vezes parece se diluir. Mas não nos enganemos, uma coisa é a musicalidade do poema, outra é a música propriamente dita. Ele explica: "Foi vendo a 'musicalidade subentendida' dos meus poemas desentranhada em 'música propriamente dita' que compreendi não haver verdadeiramente música num poema, e que dizer que um verso canta é falar por imagem". Por mais que a letra e a melodia se integrem, não se pode dizer que a melodia existia antes que o compositor a tivesse escrito. Por isso, explica ele, é que é possível haver mais de uma melodia para um mesmo texto poético, e todas terem afinidade com ele, coisa que aconteceu, por exemplo, com "Azulão", que foi escrita para uma melodia de Jayme Ovalle. Depois disso, o poema foi também musicado por Camargo Guarnieri e por Radamés Gnattali. A musicalidade subentendida.

> *Vai*
> *Azulão,*

Azulão
Companheiro,
Vai!
Vai ver minha ingrata.

Alguns de seus poemas, ele conta, ganharam "indefinida ressonância" por serem textos de canções de Heitor Villa-Lobos, Francisco Mignone, Camargo Guarnieri, Radamés Gnattali, Jayme Ovalle, Lorenzo Fernandez. De três maneiras Bandeira trabalhou com os músicos: ou eles escolhiam um poema já escrito, ou davam melodias para que ele colocasse a letra ou então pediam uma letra especial para depois ser musicada, como no caso da "Letra para uma valsa romântica".

"Modinha" (Heitor Villa-Lobos, Manuel Bandeira)

Na solidão da minha vida
Morrerei querida
Do teu desamor

"O anjo da guarda" (Heitor Villa-Lobos, Manuel Bandeira)

Quando a minha irmã morreu
(Devia ter sido assim)
Um anjo moreno, violento e bom,
– brasileiro
Veio ficar ao pé de mim.

O texto de "A dança do martelo", que faz parte das "Bachianas nº 5" de Villa-Lobos, foi escrito para a melodia já criada por Villa. Começa assim: "Irerê meu passarinho/ Do sertão do Cariri".

Sobre escrever o texto para uma melodia já existente, Bandeira diz o seguinte: "Esta tarefa de escrever texto para melodia já composta, coisa que fiz duas vezes para Ovalle e muitas vezes para Villa-Lobos, é de amargar. Pode suceder que depois de pronto o trabalho o compositor ensaia a música e diz: 'Ah, você tem que mudar essa rima em i, porque a nota é agudíssima e fica muito difícil emiti-la nessa vogal'".

Bandeira não considerava o trabalho de colocar letra numa música um trabalho de "poeta propriamente, não: nesse ofício costumo pôr a poesia de lado e a única coisa que procuro é achar as palavras que caiam bem no compasso e no sentimento da melodia. Palavras que, de certo modo, façam corpo com a melodia. Lidas independentemente da música, não valem nada, tanto que nunca pude aproveitar nada delas".

"Não há nada no mundo de que eu goste mais do que de música", disse Manuel Bandeira, e esse amor foi feliz, correspondido. A música o envolveu por todos os lados e se apresentou a ele de diversas maneiras: nas deliciosas crônicas, como lembrança e fonte de inspiração poética nas reminiscências da infância, como tema e motivo de sua poesia, como sonoridade e ritmo dos poemas, como texto que inspirou grandes compositores a compor melodias e também como música, nua, só som, a solicitar do poeta que a vestisse com sua palavra, que cobrisse seu corpo diáfano com o tecido precioso do sentido.

23/11/2012

Na cadência bonita do samba de Ataulfo Alves

"Quero morrer numa batucada de bamba/ Na cadência bonita do samba": o desejo da boa morte, de morrer sambando, foi cantado por uma multidão de brasileiros. Esse canto começou no Rio de Janeiro e se espalhou por quase todo o Brasil, geográfica e temporalmente, pois persiste até hoje. Quase todo mundo conhece esse samba de Ataulfo Alves em parceria com Paulo Gesta.

A quantidade de sambas imortais que Ataulfo criou é impressionante. O motivo? Ele poderia, quem sabe, responder dizendo o nome de um de seus sambas: "É um quê que a gente tem". Pois é, Ataulfo tinha aquele quê, um modo de dizer e sentir as coisas que penetrava direto na alma popular. É certo que nem sempre seus sucessos foram espontâneos, mas isso não tira o valor e a grande força comunicativa da sua canção. E é preciso ressaltar a importância de seus parceiros, como Mário Lago, que foi quem criou a figura da Amélia. Para ilustrar e encurtar a história, depois do sucesso de "Ai, que saudades da Amélia", o nome de Amélia ganhou novo sentido, o de companheira fiel, que ficava ao lado de seu homem mesmo diante das dificuldades da vida, e foi parar no dicionário de Aurélio Buarque de Holanda como "mulher que aceita toda sorte de privações e/ou vexames sem reclamar, por amor a seu homem". É a canção popular criando um novo sentido para uma palavra: "Amélia não tinha a menor vaidade/ Amélia que era mulher de verdade".

Um dos elementos que caracteriza os sambas de Ataulfo é que eles estão repletos de ditos populares: "Morre o homem, fica a fama", "Atire a primeira pedra", "Perdão foi feito pra gente pedir", "Laranja madura, na beira da estrada/ Tá bichada, Zé,/ ou tem marimbondo no pé", "Eu era feliz e não sabia", "Quem é bom já nasce feito", "Pretensão e água benta, cada um toma o que quer", "Nessa vida tudo passa".

Ataulfo nasceu numa cidadezinha mineira, Miraí, a 2 de maio de 1909, e morreu na cidade do Rio de Janeiro, em 20 de abril de 1969. De família muito pobre, o pai, Severino de Souza, era trabalhador nas plantações de café em Minas e era também repentista, violeiro e sanfoneiro. Foi com ele que o menino Ataulfo aprendeu a versejar: "Mesmo quando colhia café, mostrava suas qualidades de repentista. E eu estava sempre ao lado dele", contou Ataulfo. Seu pai morreu quando ele tinha dez anos e sua mãe precisou trabalhar para sustentar e educar os sete filhos. Não demorou muito para que os filhos também fossem trabalhar. Ataulfo, quando não estava estudando, fazia de tudo um pouco: foi leiteiro, carregador de malas, engraxate, entregador de marmita, moleque de recado. Nas brincadeiras com seus amigos de infância, gostava de cantar e tocar as modinhas mineiras e, "quando não entendia os versos originais, inventava novos versos", contou em depoimento que gravou para o MIS. Parece que em 1927 foi morar no Rio, primeiro como auxiliar de médico e empregado doméstico, trabalho exaustivo, que ele abandonou logo, pois não lhe sobrava tempo para nada. Aí foi morar num quarto próximo ao largo do Estácio e, sem saber, foi se embalar no berço do samba carioca. Pulando de emprego em emprego, Ataulfo estudou um pouco de música e buscou se aproximar daqueles que estavam criando o novo gênero musical, o samba: Ismael Silva, Baiaco, Brancura e Bide, que viria a ser para ele uma espécie de padrinho musical. Ataulfo, um pouco tímido, ficava ouvindo e olhando de longe aquele pessoal que havia criado, em 1928, a Deixa Falar, considerada a primeira escola de samba. Começou a tocar cavaquinho e violão e ajudou a criar o bloco carnavalesco Fale Quem Quiser, visivelmente inspirado nos bambas do Estácio. Foi aí que Ataulfo se destacou como compositor, pois nada menos do que cinco sambas seus foram cantados pelo bloco.

Na histórica *Revista de Música Popular*, editada por Lúcio Rangel nos anos 1950, Paulo Mendes Campos, poeta e cronista, perguntou a Ary Barroso qual era o maior compositor brasileiro. Ary não pestanejou: "Ataulfo Alves", foi o que respondeu. Pois é, segundo o compositor de

"Aquarela do Brasil", Ataulfo era o maioral! Na mesma época, em 1953, a revista *Manchete* realizou uma enquete para saber quais seriam os dez maiores sambas de todos os tempos. Em primeiro lugar ficou Ary e sua "Aquarela" e em segundo Ataulfo e Mário Lago e sua "Amélia". Os sambas foram escolhidos por um time de especialistas e, entre eles, o maestro Radamés Gnattali, o cantor Sílvio Caldas e o poeta Vinicius de Moraes, que preferiam "Amélia"...

Ataulfo é considerado um grande estilista do samba, isso porque o samba que ele fazia era diferente do samba de Ismael Silva, Noel Rosa, João de Barro, Almirante. Uma das diferenças era que seu samba era mais arrastado, mais lento. Aracy Cortes, depois de ouvir alguns sambas de Ataulfo, disse o seguinte: "Parecem mineiro, andando, devagar, sem pressa, cheio de ginga, mas sempre chegando ao lugar certo". E o compositor Eduardo Gudin: "Ataulfo Alves era um sambista diferenciado. Na minha opinião, ele fazia um samba mais arrastado, mais chorado que os demais sambistas da época. Sua cadência é singular, de uma sutileza ímpar, às vezes quase não se percebe o quanto ele nos faz sambar por dentro. Suas melodias pertencem – ou quem sabe inauguram – as formas mais românticas do samba".

Alguns de seus sucessos: "Ai, que saudades da Amélia" e "Atire a primeira pedra", com Mário Lago, "Leva meu samba", "Mulata assanhada", "Vai, vai mesmo", "Pois é", "Laranja madura", "Meu pranto ninguém vê" e "Errei, erramos", com José Gonçalves, "O bonde de São Januário" e "Oh! Seu Oscar", com Wilson Batista.

É curiosa a parceria entre Ataulfo e Wilson Batista. O primeiro sucesso da dupla foi "Oh! Seu Oscar" (1940), sucesso estrondoso:

> *Ó seu Oscar,*
> *Tá fazendo meia hora*
> *Que sua mulher foi embora.*
> *Um bilhete lhe deixou*
> *(Meu Deus, que horror!)*
> *O bilhete assim dizia*
> *Não posso mais,*
> *Eu quero é viver na orgia!*

Em 1941, veio o "O bonde de São Januário" e levou embora o malandro, colocando em seu lugar o operário trabalhador. É surpreendente a mudança de visão de Wilson Batista, pois ele fazia o elogio da malandragem em sambas que alimentaram sua famosa polêmica com Noel Rosa. Noel representava o bom moço e Wilson, o malandro. Foi sob a influência da ideologia do Estado Novo, na qual era feita a apologia do trabalho, que Wilson deixou de fazer o elogio do ócio.

Quem trabalha é que tem razão
Eu digo não tenho medo de errar
O bonde de São Januário
Leva mais um operário
Sou eu que vou trabalhar.

Orlando Silva, "o cantor das multidões", gravou no final de 1943 o samba de Ataulfo Alves e Mário Lago "Atire a primeira pedra", dito popular, de origem bíblica, citação de São João Evangelista no Novo Testamento: "Aquele que dentre vós estiver sem pecado seja o primeiro que lhe atire a pedra". O sucesso se espalhou pelo ano seguinte, com os foliões cantando a máxima cristã no Carnaval:

Covarde sei que me podem chamar
Porque não calo no peito essa dor
Atire a primeira pedra, Iaiá,
Aquele que não sofreu por amor.

"Pois é" (1955) em poucos dias estava em primeiro lugar nas listas de discos mais vendidos. Surpreendeu a todos. Era o lado B do disco. Lúcio Rangel, na *Revista da Música Popular*, classificou o disco como o "disco do mês", dizendo que esse era um samba "com aquela característica do autor de 'Amélia', com as cantoras fazendo bela harmonização e o solista cantando muito bem".

> *Pois é,*
> *Falaram tanto,*
> *Que desta vez*
> *A morena foi embora.*

Essas cantoras que faziam belas harmonizações eram as pastoras. O nome "pastoras" tem sua origem nas festas religiosas tradicionais, nos pastoris, que aconteciam principalmente no Nordeste e foram incorporados ao Carnaval carioca significando a mulher que canta no coro, acompanhando o solista. Foi o compositor Pedro Caetano quem sugeriu a Ataulfo que chamasse suas cabrochas de pastoras. Ataulfo gostou e batizou seu conjunto de Ataulfo Alves e suas pastoras.

Em 1961, Ataulfo foi apontado pelo cronista social Ibrahim Sued, do jornal *O Globo* e da revista *Manchete*, como um dos dez homens mais elegantes do Brasil, ao lado do ex-presidente Juscelino Kubitschek. Ibrahim escreveu na *Manchete*: "E esse famoso sambista prova que a elegância não pode ser comprada a peso de ouro. É inata. E como! 'Não basta vestir bem', ele diz, 'é preciso saber vestir'". E continua Ibrahim: "Meu conceito de elegância é diferente do que muita gente pensa. Julgo o almofadinha desprezível. O verdadeiro elegante não é um dândi, e pouco se preocupa com detalhes de seu traje. Ele reúne uma mistura quase indefinível de educação, aprumo e distinção, tanto na vida profissional como na família. Os dez mais elegantes de 1961 são assim". E era assim Ataulfo. Depois de passado algum tempo, Ataulfo comentou esse fato contando que o terno mais novo que usava naquela época tinha ao menos dez anos...

Passado algum tempo, o público de Ataulfo se surpreenderia, em 1968, com um samba – "Você passa, eu acho graça" – que ele havia feito em parceria com Carlos Imperial: "O que surpreendeu mais as pessoas que acompanhavam de perto a música popular brasileira", explica Sérgio Cabral,

> *não foi exatamente o sucesso do samba, mas a parceria de Ataulfo*
> *Alves com Carlos Imperial, cujas biografias estavam tão distantes uma*
> *da outra que nem se imaginava que havia alguma relação pessoal entre*
> *eles. Um dos mais expressivos representantes do samba tradicional,*

na época preocupado com os rumos do samba, com um pioneiro da divulgação do rock and roll *no Brasil, marcado, na época, por um estilo musical que ele mesmo chamava de "pilantragem" e que os analistas de música nunca levaram a sério.*

Quem cantou o samba foi uma cantora até então desconhecida e que iria se tornar uma das maiores cantoras do Brasil: Clara Nunes.

O jornalista Hugo Sukman buscou uma resposta para a seguinte questão: como é que Ataulfo, um sambista que fez tanto sucesso em vida, depois de sua morte foi tão pouco lembrado? Diferente do que aconteceu com seus contemporâneos Noel Rosa, Cartola, Lupicínio Rodrigues, Geraldo Pereira. Uma das possíveis explicações que encontra é que Ataulfo foi um sambista, em certo sentido, atípico, pois esses grandes sambistas citados sofreram dificuldades de toda sorte na vida e fizeram mais sucesso depois da morte, ao passo que ele foi muito bem-sucedido: "Sucesso perene no samba, estabilidade financeira e familiar, biografia sem grandes sobressaltos eram coisas tão estranhas ao mundo do samba que tornaram Ataulfo distante demais do mito do sambista para ser cultuado".

Passaram-se anos. Em setembro de 1995, na cidade de São Paulo, meu amigo Itamar Assumpção gravaria o CD *Pra sempre agora*, só com músicas de Ataulfo Alves. Sobre esse trabalho, Hermínio Bello de Carvalho falou que Itamar "incorporou" Ataulfo "num curta-metragem de policromia exuberante, diálogos precisos, contraplanos delirantes".

Em nosso imaginário, Ataulfo continua elegantemente vestido, passeando em seu célebre Cadillac amarelo, rabo de peixe, que navega pelas ruas do Rio, numa batucada de bamba, numa cadência bonita, cantando os seus, ainda que não muito lembrados, inesquecíveis sambas. Ele, seus parceiros e suas belas pastoras, cumprindo a profecia do dito popular, que o seu nome ninguém vai jogar na lama. Morre o homem, fica a fama.

30/11/2012

Falar de música

Falar de música não é fácil. Quando perguntaram a Pixinguinha o que é o choro, ele respondeu: "Uma coisa sacudida e gostosa". Pois é, é mesmo, mas quando a gente ouve isso, só entende se conhecer e gostar de choro. Quando perguntei ao Paulinho da Viola o que é ser sambista, ele me respondeu contando essa história do Pixinguinha e completou:

> Eu poderia dizer isto. Mas o choro, o samba, isto é uma coisa mais complexa, apesar do Pixinguinha fazer choro e, quando você ouve, parecer muito simples a forma como ele compunha o motivo, como tocava. Aparentemente muito simples. Mas não é simples porque envolve a vida e a vida envolve a história muito complexa de muita gente durante muito tempo. O samba, como o choro, é a expressão de grande força do povo negro, expressão da vida das pessoas que viveram durante grande parte do tempo, e ainda vivem, marginalizadas. É a expressão mais verdadeira, expressão mais forte desta forma, deste ritmo e desse povo marginalizado. É uma coisa muito ampla e, como toda obra, é direta, mas, como toda expressão artística, encerra nela algum segredo. Se fosse explícito demais, não seria obra. Há coisas que não são bem apreendidas por nós. O samba e também o choro não é só fraseado, nem ritmo, nem melodia sincopada. É uma coisa multifacetada.

É difícil falar do samba porque, na sua simplicidade, ele é muito complexo, porque é uma coisa que abrange não só a música, mas a cultura do povo negro, entendendo por cultura a expressão e a vida de uma comunidade, seus valores, modo de viver, seus sonhos e costumes, seu jeito de ser e estar no mundo. Por ser algo tão amplo, a palavra não consegue exprimir, porque a palavra, para significar, tem que fazer vários recortes de sentido, criar limites, contornos. Daí o paradoxo da linguagem, que querendo significar algo, acaba por ser redutora.

Esta aporia – falar do indizível – está presente em várias canções de Paulinho da Viola. Em "Sei lá, Mangueira", ele canta a impossibilidade de o poeta falar sobre o que é a vida, pois

> *A vida não é só isso que se vê*
> *É um pouco mais*
> *Que os olhos não conseguem perceber*
> *As mãos, não ousam tocar*
> *Os pés, recusam pisar.*

Em "Coisas do mundo minha nega", o poeta quer fazer um samba de puro amor e para isso precisa recusar a linguagem musical e poética, pois, diz ele,

> *Hoje eu vim minha nega*
> *Andar contigo no espaço*
> *tentar fazer em teus braços*
> *um samba puro de amor*
> *sem melodia ou palavra*
> *pra não perder o valor.*

E em "Para ver as meninas", o poeta pede silêncio para fazer um samba sobre o infinito. Então, entre o poeta e a palavra se interpõe a impossibilidade de tradução quer do mundo social, quer do mundo dos afetos, quer do mundo natural, porque ele sabe que a palavra fica sempre aquém.

O limite da palavra para expressar a arte é um *tópos* recorrente nos escritos sobre arte. E é um tema que artistas, intelectuais, críticos e todas as pessoas do mundo enfrentam, diariamente, quando querem expressar algo que viram, sentiram, experimentaram: como traduzir em palavra uma música, um quadro, um sentimento? Já Noel sentenciou, quando o cinema falado começou a mudar os costumes da sociedade carioca da época e a trazer para a linguagem cotidiana palavras em francês, em inglês, que o samba não tem tradução no idioma francês, variação desse tema, o da dificuldade de traduzir as coisas em palavras, agora numa outra modulação, a dificuldade de traduzir uma palavra de um idioma a outro, pois o idioma é forjado na vida e vem carregado de sentido do mundo em que nasceu e se esvazia quando dele se desgarra. Os tradutores que digam suas aventuras na travessia da linguagem!

Já disse Sartre que o significado de uma melodia é a própria melodia, diferentemente das ideias, que podem ser traduzidas de diversas maneiras. A gente pode dizer que tal música sugere essa ou aquela coisa, sentimento, sensação, mas é sua natureza abstrata e indefinível que nos permite essas divagações acerca de seu possível sentido, porque ela mesma não tem, em si, sentido algum. O som não tem nenhum sentido preciso: nós podemos associar certas sensações e emoções que um som nos causa a certos sentimentos, como alegria, tristeza, esperança, desconsolo; a certos estados de ânimo como introspecção, extroversão; a certas imagens, como flor, cidade, fogo, céu. Mas essa associação do som ao sentido é mais uma sugestão do que uma significação: "Diga que a melodia é alegre ou sombria; ela estará sempre além ou aquém de tudo que se possa dizer a seu respeito", disse Sartre.

Manuel Bandeira conta que "embatucou" quando certa vez quis definir poesia. Aí recorreu a vários poetas e pensadores, entre eles Paul Valéry, para quem a poesia é "a tentativa de representar ou de restituir por meio da linguagem articulada aquelas coisas ou aquela coisa que os gestos, as lágrimas, as carícias, os beijos, os suspiros buscam obscuramente exprimir". Para Valéry, podemos dizer que a poesia é uma espécie de iluminação, iluminação profana, que tira da obscuridade nosso desejo de expressão. A poesia é para ele, portanto, tentativa de exprimir o inexprimível, de iluminar o que estava obscuro.

Estou aqui falando da poesia como falaria da canção, de um quadro, de uma foto, de uma forma de expressão. Bachelard, em seu livro *O ar e os sonhos*, já disse que o poeta não é um tradutor, mas sim alguém que nos convida a sonhar, que desperta esse impulso em nós: "O poeta não tem que traduzir-nos uma cor, mas fazer-nos sonhar a cor". Um belo poema, diz ele, é um ópio ou um álcool e a poesia é criação, e não tradução de algo; é criação da imaginação e, aqui, a imaginação não é a combinação de imagens, mas sim um movimento criador de imagens. A poesia é um movimento de criação de imagens que inspira o leitor a imaginar, que desperta nele o poeta que habita em todos nós: "A primeira tarefa do poeta é libertar em nós uma matéria que quer sonhar".

Todas essas reflexões acerca da arte têm sua verdade: elas se complementam, assim como as faces multifacetadas do samba, no dizer de Paulinho da Viola. Isso ajuda a entender, espero, o cancionista, o músico, o poeta, o pintor, o fotógrafo, o ator, o dançarino, o cineasta. Quando falo poeta, estou falando artista, aquele que cria formas de expressão com a palavra, com o som, com as cores e formas, com as imagens, com as imagens em movimento, com o corpo em movimento. Curiosidade: conta Manuel Bandeira que Villa-Lobos, numa entrevista, disse que não era músico, que apenas se servia dos sons, como um pintor das cores e o escultor dos volumes para exprimir pensamentos e emoções. Disse Bandeira: "Isso, com licença é tapeação. Villa-Lobos para mim é músico e nada mais. Pensamento? Nunca vi mentalidade mais confusa. Temperamento? Ouvido? Isso sim. A música de Villa-Lobos é uma festa de timbres, uma golfada de ritmos, onde os motivos selvagens constituem o substrato de humanidade profunda que sustenta o edifício sonoro".

Falar de arte não é fácil e, no entanto, é preciso falar e correr todos os riscos que disso advêm. Quero contar um caso: uma vez, depois de uma apresentação que fiz pelo interior de São Paulo, de *Canção brasileira, a nossa bela alma* – trabalho em que fiz uma garimpagem do que achei de mais bonito na canção popular brasileira –, uma menina ainda jovem, com os olhinhos brilhantes de emoção e ávida de saber, me perguntou: "Aquela canção", e cantarolou baixinho um trecho de "Feitio de oração", "Quem acha, vive se perdendo, é tão linda! É sua?". Que assombro! Que choque de realidade! Pensei: as pessoas que estão me ouvindo não fazem ideia do que significam essas canções que estou cantando. Sentem, mas desconhecem as canções, os compositores, toda essa parte tão vital, bela e gostosa da nossa cultura. Não temos memória musical e um mundo pode se perder no esquecimento. Não vou salvar ninguém, mas posso fazer minha parte e manter acesa a chama das canções, cantando ou escrevendo sobre elas. Apesar de difícil, é preciso falar. Sei que meus leitores não estão na condição dessa menina, mas acho que esse acontecimento serve como uma alegoria do que acontece no Brasil, o descaso e a falta de informação das nossas coisas, das coisas nossas.

Para terminar, quero citar o que a Nara Leão disse sobre a canção popular, na contracapa do disco *Opinião de Nara*: "Este disco nasceu de uma descoberta importante para mim: a de que a canção popular pode dar às pessoas algo mais que a distração e o deleite. A canção popular pode ajudá-las a compreender melhor o mundo onde vivem e a se identificarem num nível mais alto de compreensão". Os compositores como Zé Kéti, João do Vale e Sérgio Ricardo, diz ela, "revelam que além do amor e da saudade, pode o samba cantar a solidariedade, a vontade de uma vida nova, a paz e a liberdade".

E é por tudo isso, e ainda mais, que é preciso cantar, que é preciso falar de música, de canção: poesia no papel, poesia no ar.

* * *

Teatro: Entrou em cartaz a nova e genial peça do autor, diretor e ator Elias Andreato (Teatro Eva Herz, quintas-feiras, 21h). Acompanho o trabalho do Elias há tempos e a cada trabalho vou vendo como ele aperfeiçoa sua arte de interpretar, os textos que cria ou escolhe, e ele é tão bom que sempre penso: bem, agora ele chegou ao seu limite. Essa é a perfeição. Nada além. Pura bobagem! Não sei como, mas ele vai sempre além e consegue superar o que parecia insuperável. O and@nte é o monólogo de um carroceiro, um catador de pensamentos, que sai pelo mundo virtual e visível buscando conhecimento: "Palavras, palavras, palavras, quero morar num livro, a ignorância é um insulto, miséria é miséria em qualquer canto, o homem não foi feito pra imundície, a miséria não pode ser uma mercadoria, sou catador de pensamento, palavra puxa palavra, a memória não tem caminho, eu preciso das palavras escritas, quem não vê bem uma palavra não pode ver bem uma alma". Conversei com Elias sobre a peça.

Eliete: Elias, o que te fez escrever sobre esse personagem, o andante?

Elias Andreato: Como artista eu me sinto muito carente de um passado mais acadêmico, onde a palavra, o verbo vem definir pro intérprete, pro ator, esse estado cênico que transcende a comunicação momentânea do discurso político, social. A minha geração começou a se manifestar no final do período da ditadura brasileira, e o que eu ouvia, ainda garoto, nas assembleias da classe teatral na década de 70, era que daqui a trinta anos nós iríamos entender o que fizeram com a cultura brasileira, o assassinato. Então, eu me formei como artista nesse vácuo, nessa ausência de um conteúdo literário. O teatro foi se tornando extremamente digestivo, preocupado com o entretenimento, não exigindo de nós, artistas, uma postura diante do mundo em que vivíamos, como cidadãos. Como o teatro entrou na minha vida de uma forma arrebatadora, transformadora, eu me sinto no dever de me dedicar e tentar passar esse movimento, essa inquietação, essa necessidade dessas palavras escritas, bem ditas, bem articuladas, como se fosse meu dever perpetuar o que esses poetas e pensadores deixaram registrado.

Novembro de 2012

Eu canto samba

> *O samba é pai do prazer*
> *O samba é filho da dor*
> *O grande poder transformador*
> *Desde que o samba é samba*
>
> Caetano Veloso

O samba nasceu no início do século XX, criado pelos negros escravos que vieram da África, viveram e nasceram no Brasil e que, mesmo depois de finda a escravidão, ainda vivem em condições de pobreza e marginalidade. Bom, são eles os criadores de grande parte de nossa exuberante cultura popular, principalmente da dança e da música. Sérgio Cabral, em *As escolas de samba do Rio de Janeiro*, chama a atenção para o fato de "que a comunidade negra, instalada no centro da cidade do Rio de Janeiro, criava, mais do que um gênero musical, uma cultura musical". Isso quer dizer que

> *o samba é uma expressão complexa, que o seu sentido não se resume nem à sua estrutura musical, nem a um determinado estilo de letra de música, mas que é uma expressão ancorada dentro de um universo sociocultural, onde música, dança, religião, vida e valores se entrelaçam e se iluminam, criando uma teia de significações; onde cada expressão singular é constituída pelos elementos que compõem esse tecido cultural, a cultura afro-brasileira.*

Nesse mesmo livro, *Ensaiando a canção: Paulinho da Viola e outros escritos*, há uma entrevista com Paulinho em que ele diz o seguinte:

> *O samba, como o choro, é a expressão de grande força do povo negro, expressão da vida das pessoas que viveram durante grande parte do tempo e, ainda vivem, marginalizadas. É a expressão mais verdadeira, expressão mais forte (desta forma, deste ritmo e) desse povo*

marginalizado. É uma coisa muito ampla e, como toda obra, é direta, mas, como toda expressão artística, encerra nela algum segredo. Se fosse explícito demais, não seria obra. Há coisas que não são bem apreendidas por nós. O samba, e também o choro, não é só fraseado, nem ritmo, nem melodia sincopada. É uma coisa multifacetada. O samba mais primitivo vem influenciando e servindo de suporte a várias manifestações não só do povo negro, mas de outras camadas da sociedade.

*Samba,
Quando vens aos meus ouvidos
Embriagas meus sentidos
Trazes inspiração
("Apoteose do samba", Silas de Oliveira e Mano Décio da Viola)*

O samba, na sua origem, foi muito perseguido. O compositor Donga, em 1963, num depoimento prestado a Hermínio Bello de Carvalho, conta o seguinte: "O fulano da polícia pegava o outro tocando violão, esse sujeito estava perdido. Perdido! Pior que comunista, muito pior. Isso que estou lhe contando é verdade. Não era brincadeira, não. O castigo era seríssimo. O delegado botava lá umas 24 horas".

Samba era sinônimo de vagabundagem, de malandragem. Passado tanto tempo, há gente que ainda tem preconceito. Numa entrevista ao jornal *Folha de S.Paulo*, em 1994, Chico Buarque disse: "Outro dia, num jornal, um sujeito para falar mal de mim me chamou de sambista, como se fosse um insulto. E eu sou um sambista. Quando eu morrer, quero que digam: 'morreu um sambista que escrevia livros'".

Para muitos, o início oficial do samba foi a gravação de "Pelo telefone" pelo cantor Baiano, em 1917. Foi aí que apareceu pela primeira vez a designação "samba carnavalesco". Foi registrado como sendo de autoria de Donga. Seria de Donga ou de Sinhô? Ou de nenhum dos dois? Houve muita discussão. Donga registrou em seu nome, Sinhô brigou por ela, outros fizeram outros versos, reivindicando a autoria. Uma confusão. "Pelo telefone" nasceu nas rodas de samba da casa da Tia Ciata, baiana que vivia no centro da cidade do Rio de Janeiro. Sua casa era um reduto de sambistas e chorões. Esse samba já era muito conhecido pelos frequentadores de lá, Pixinguinha, Donga, João da Baiana, Sinhô, Caninha, Heitor dos Prazeres, habituados a improvisar versos, a partir do seu refrão. É por esse motivo que muitos atribuem sua criação a essas noitadas. Seria uma criação coletiva. O próprio Donga confessa não ser autor da canção: "Recolhi um tema melódico que não pertencia a ninguém e o desenvolvi". Isso tudo reflete um momento de transição em que a música vai deixando de ser criação anônima e coletiva e passando a ter autoria. Inclusive se revela um bom negócio, um jeito de ganhar algum dinheirinho para sobreviver. Edigar de Alencar, no livro *Nosso Sinhô do Samba*, diz o seguinte: "geralmente se fazia dono da composição musical o mais esperto, que andasse mais ligeiro. Era corrente o conceito atribuído a Sinhô: 'Samba é como passarinho, é de quem pegar'".

Na crônica "Sambistas", Manuel Bandeira conta uma história engraçada. Certa noite, Sinhô apareceu numa reunião de amigos. Muito falante e também tossindo muito, mal de saúde. Contou que tinha passado a noite em claro, numa farra, e que quando chegou em casa sua mulher não o recebeu bem. Então, foi para o piano e compôs um samba. Sinhô cantou a toada "com as hesitações das coisas inacabadas" e todos gostaram muitíssimo e pediram a ele para cantar mais e mais. Passado algum tempo, Bandeira, lendo uma antologia de liras, encontrou os mesmos versos, que haviam sido feitos algum tempo antes de Sinhô cantá-los. Abaixo do título da canção vinha escrito "Letra e música de seu Candu". Diz Bandeira: "Ainda não pude descobrir quem conhecesse a toada do choro de seu Candu. Em todo caso está claro que Sinhô avançou no refrão de seu Candu". E continua:

> *Isso tudo me fez refletir como é difícil apurar afinal de contas a autoria desses sambas cariocas que brotam não se sabe donde. Muitas vezes a gente está certo que vem de um Sinhô, que é majestade, mas a verdade é que o autor é seu Candu, que ninguém conhece. E afinal quem sabe lá se é mesmo de seu Candu? Possivelmente atrás de seu Candu estará o que não deixou vestígio de nome no samba que toda a cidade vai cantar. E o mais acertado é dizer que quem fez esses choros*

tão gostosos não é A nem B, nem Sinhô nem Donga: é o carioca, isto é, um sujeito nascido no Espírito Santo ou em Belém do Pará.

Em *Crônicas da Província do Brasil* há três textos em que Manuel Bandeira fala do "popular Sinhô dos mais deliciosos sambas cariocas": "Na câmara-ardente de José do Patrocínio Filho", "O enterro de Sinhô" e "Sambistas". Em "O enterro de Sinhô", Bandeira descreve Sinhô como um sujeito franzino, "descarnado", com aparência doentia, mas sempre pronto pra uma farra; vaidoso, com uma língua ferina que "espinafrava tudo quanto era músico e poeta", mas não era possível não gostar dele:

> O que há de mais povo e de mais carioca tinha em Sinhô a sua personificação mais típica, mais genuína e mais profunda. De quando em quando, no meio de uma porção de toadas que todas eram camaradas e frescas como as manhãs nos nossos suburbiozinhos humildes, vinha de Sinhô um samba definitivo, um "*Claudionor*", um "*Jura*", com um "beijo puro na catedral do amor", enfim uma dessas coisas incríveis que parecem descer dos morros lendários da cidade, Favela, Salgueiro, Mangueira, São Carlos, fina flor extrema da malandragem carioca mais inteligente e mais heroica... Sinhô!

> Gosto que me enrosco de ouvir dizer
> Que a parte mais fraca é a mulher
> Mas o homem com toda a fortaleza
> Desce da nobreza e faz o que ela quer
> ("Gosto que me enrosco", Sinhô)

Nosso Sinhô do samba é essa figura mítica, lendária e real que, juntamente com Donga, João da Baiana, Ismael Silva e outros, criou o samba, "madeleine nacional", no feliz dizer de Nuno Ramos, sem o qual nós, brasileiros, não poderíamos viver e sequer saber quem somos.

7/12/2012

Porque tudo no mundo acontece

Descobri Cartola no anos 1970. Não só eu, mas toda a minha geração. Primeiro, foi no LP de Paulinho da Viola, um dos mais belos da música popular brasileira, *A dança da solidão* (1972), onde ouvi "Acontece". Claro, para Paulinho da Viola, Cartola estava presente desde sempre, mas pra minha geração não. Depois vieram, ao mesmo tempo, o primeiro LP de Cartola, pela Marcus Pereira, e a gravação de "Acontece" por Gal Costa no LP *Temporada de verão*, ambos em 1974. Ficamos todos deslumbrados com aquele samba lindo – que melodia! – e com aquela poesia, aquela sinceridade, aquela franqueza e delicadeza ao tratar do difícil tema do fim de uma história de amor. Diante dessa situação desconcertante em que a gente não sabe o que dizer, o que pensar, vem Cartola com aquela simplicidade poética e diz: "Esquece nosso amor, vê se esquece,/ porque tudo no mundo acontece,/ e acontece que já não sei mais te amar". A partir de então, essa canção seria um dos pilares da nossa educação sentimental.

Cartola por muitos é chamado de filósofo do samba. A canção popular brasileira ocupa um lugar muito importante na nossa formação, é uma espécie de filosofia moral que nos ajuda a compreender a nossa complexidade e a do mundo e a enfrentar os reveses da vida. Nesse sentido, é esclarecedor o ensaio de Olgária Matos, "*Theatrum Mundi*: filosofia e canção", em que ela fala da presença da filosofia moral nas canções brasileiras e da sua importância: "A filosofia moral ensina a lidar com os prazeres e dissabores, pois se apenas o impulso bastasse para desfrutar de todos os deleites e fugir das dores, ela perderia sua razão de ser".

Em "Acontece", temos uma variação da máxima de Pascal (1623--1662), "o coração tem razões que a razão desconhece", máxima que aparece literalmente em "Aos pés da santa cruz" (Marino Pinto, Zé Gonçalves). Cartola ensina que tudo no mundo acontece e acontece independentemente de nossa vontade: "Se eu ainda pudesse fingir que te amo,/ Ah! Se eu pudesse/ Mas não posso, não devo fazê-lo,/ Isso não acontece". A canção ensina que não temos controle sobre nossos sentimentos, eles mudam, o coração é inconstante, está sempre em movimento e eu não posso saber nem decidir o que vou sentir amanhã. Sobre a inconstância do eu, diz Montaigne: "Se minha alma pudesse fixar-se, eu não seria hesitante [...]. Mas ela não para e se agita sempre à procura do caminho certo". "Acontece que o meu coração ficou frio/ E o nosso ninho de amor está vazio. Pois o coração faz promessas e juras, depois esquece." Como diz Olgária: "A promessa promete o impossível".

A canção "O mundo é um moinho" colocava o dedo na ferida: Será que os sonhos, sonhos são? Será que Calderón tinha razão? Estaríamos envoltos em quimeras? Ilusões perdidas? "Ouça-me bem, amor,/ Preste atenção, o mundo é um moinho/ Vai triturar teus sonhos tão mesquinhos/ Vai reduzir as ilusões a pó".

Naqueles anos 1970, a gente buscava quebrar a casca da aparência, encontrar alguma verdade, algo que para nós fizesse sentido. Aí, quando vem Cartola, com simplicidade e franqueza, falando de seus sentimentos e pensamentos, do mundo, ouvir isso era uma iluminação, uma iluminação profana. "Acontece" era um hino de franqueza amorosa. Sinceridade, poesia, amizade. Cartola falava pela gente. "O mundo é um moinho" era o conselho de alguém experiente para um jovem que sai em busca de seu sonho, um alerta sobre os perigos do mundo. E tudo isso ele dizia sobre aquela melodia linda, suas melodias, mais um dos traços inconfundíveis do nosso grande poeta do samba, com aquela voz de terna sabedoria. Mestre Cartola.

Cartola era também a "Alvorada" (Cartola, Carlos Cachaça, Hermínio Bello de Carvalho), a alegria, nos acordava para a beleza das coisas simples da vida, como em "Corra e olhe o céu" (Cartola, Dalmo Castello): "Linda,/ Te sinto mais bela" – e para a beleza da natureza – "Vai, corra e olha o céu,/ Que o sol vem trazer bom dia!".

Em algumas canções, Cartola trazia a esperança possível, aquela que vê a transformação das coisas, como em "O sol nascerá", parceria com Elton Medeiros e imortalizada na voz de Nara Leão: "A sorrir eu pretendo levar a vida/ Pois chorando/ Eu vi a mocidade perdida".

Angenor de Oliveira, Cartola, nasceu na cidade do Rio de Janeiro, em 11 de outubro de 1906, e morreu nessa mesma cidade, em 30 de novembro de 1980. Aos 11 anos foi morar no morro de Mangueira. Desde então, precisou trabalhar para ajudar a família e, ao mesmo tempo, foi conhecendo e fazendo parte da vida do morro. Seu inseparável amigo e parceiro Carlos Cachaça conta: "O Cartola era pequeno, mas esperto. Quando nos conhecemos, ele tinha 11 anos e eu 17. Começamos logo a andar nas bocas. [...] Minha afinidade com Cartola foi desde o começo. [...] Como eu já disse, bem cedo ele começou a andar nas bocas. Das bocas para o samba, foi um pulo". Esse depoimento de Carlos Cachaça foi dado em 1981 e está no belo livro de Marilia Barbosa e Arthur de Oliveira, *Cartola: os tempos idos*.

Cartola não parava nos empregos: era outra a sua inclinação. Foi tipógrafo, pedreiro e outras coisas também. Foi trabalhando como pedreiro que recebeu seu apelido. Na construção, para evitar que o cimento caísse em seus cabelos, usava um chapéu-coco. Aí, começou a usar o chapéu mesmo fora do serviço e ganhou esse apelido, Cartola, que se tornou seu nome. Pouca gente sabe que ele se chamava Angenor.

Com seus amigos, criou um bloco: "Estavam dispostos a brigar, ser presos, bater, apanhar. O Bloco dos Arengueiros e seus componentes, no entanto, também eram bons de samba. Não demorou muito para que sete deles decidissem fundar uma escola de samba", conta o jornalista Sérgio de Oliveira. Em 28 de abril de 1928 foi fundada a Estação Primeira de Mangueira. E Cartola fez esse samba, em parceria com Carlos Cachaça: "Chega de demanda, chega,/ Com esse time temos que ganhar,/ Somos da Estação Primeira,/ Salve o Morro de Mangueira".

Cartola começou compondo sambas para sua escola, mas logo sua música chegou aos ouvidos de Mário Reis, que, juntamente com Francisco Alves, era o cantor mais famoso do Rio. Numa prática comum na época, essa gente famosa ia atrás dos sambistas para "comprar" sambas, isto é, em troca de seu nome na parceria, pagavam uma boa quantia em dinheiro para os compositores. Como os sambistas eram pobres, era difícil resistir à tentação e essa prática se difundiu muito. Quando Mário Reis procurou Cartola para comprar um samba dele, Cartola no início relutou. Mas, depois, acabou vendendo. Os sambas do mestre fizeram sucesso nas vozes de Francisco Alves, Mário Reis, Sílvio Caldas, Carmen Miranda, isso entre 1923 e 1933. Assim, Cartola vai se tornando conhecido, ampliando seu círculo de relações. Conheceu Noel Rosa, que durante certa época passou praticamente a morar na casa dele.

Heitor Villa-Lobos era grande admirador da música de Cartola. Quando foi visitar a Mangueira, Cartola preparou uma bela recepção e mostrou ao maestro alguns de seus sambas. Ao ouvir, o maestro exclamou: "Isso está tudo errado. Mas que beleza!". Foi através de Villa que Cartola participou da antológica gravação de música brasileira que aconteceu no navio Uruguai (1937) e para a qual o maestro Stokowski pediu que Villa reunisse a fina flor da música, os chorões e os sambistas, Pixinguinha, Donga, João da Baiana, Cartola. Numa sessão musical que virou a noite, gravaram cerca de quarenta fonogramas. Entre eles, "Quem me vê sorrindo", de Cartola e Carlos Cachaça, na voz de Cartola. Foi sua primeira gravação: "Quem me vê sorrindo pensa que sou alegre/ O meu sorriso é por consolação/ Porque sei conter para ninguém ver/ O pranto do meu coração".

O final dos anos 1940 foi muito triste para Cartola: desencantou-se com sua escola, pois seu samba perdeu para o samba de Nelson Sargento. A questão não era ter perdido, era o motivo. O presidente da Mangueira chamou um professor para a escolha do samba daquele ano (1949). Diz Nelson Sargento: "O professor explicou: pela beleza, pela perfeição, por tudo, ele daria 10 para o de Cartola, e 6 para o meu. Agora, para o desfile, o meu era mais fácil, era melhor [...]

A música dele era muito elaborada, a linha melódica, muito difícil [...]". Quer dizer, Cartola perdeu porque o seu samba era muito bonito, era muito bom, era melhor... Antes disso, em 1946, ele ficou doente, com meningite, à beira da morte. Quando se recuperou, compôs o clássico "Grande Deus". Depois disso, perdeu sua primeira companheira, Deolinda, que havia cuidado dele todo esse tempo. Foi demais. Cartola deixou o morro, parou de tocar e compor. Desapareceu.

> Deus, grande Deus,
> Meu destino bem sei foi traçado pelos dedos teus,
> Grande Deus,
> De joelhos aqui eu voltei para te implorar,
> Perdoai-me, sei que errei um dia,
> Oh! Oh! Perdoai-me pelo nome de Maria
> Que nunca mais direi o que não devia.

Foi num encontro na casa do sempre amigo e parceiro Carlos Cachaça que Cartola conheceu Zica, que viria a ser sua mulher. Cartola estava fraco, física e emocionalmente, bebendo demais. Zica, irmã da mulher de Cachaça, da Menina, começou a cuidar dele, e lentamente Cartola começou a renascer. Zica o convenceu a voltar pra Mangueira, procurou seus amigos e admiradores, que naquela altura o julgavam morto. Foi num dos empregos que conseguiu arranjar, o de lavador de carros, que aconteceu mais um grande encontro que mudaria sua vida. Numa madrugada, Cartola foi a um bar beber um pouco e encontrou Sérgio Porto, famoso colunista de jornal do Rio de Janeiro e apaixonado pelo samba. Stanislaw Ponte Preta, pseudônimo do jornalista, saudou-o em sua coluna, denunciou a falta de interesse dos artistas e das gravadoras pela obra do grande mestre. Levou-o para a Rádio Mayrink Veiga. Amigos tentavam ajudá-lo a conseguir colocação. Até que o casal ficou sendo zelador de um prédio desapropriado, no centro da cidade. No segundo andar, fizeram sua moradia. Zica começou a fazer comida para vender e a casa veio a se tornar um ponto de encontro dos amigos Nelson Cavaquinho, Zé Kéti,

Nelson Sargento, Elton Medeiros. Os amigos dos sambistas passaram também a frequentar as rodas de samba e estava nascendo aquela que seria a casa de samba mais prestigiada do Rio, no início dos anos 1960: o Zicartola, nome inventado pelo compositor, o sobrado da rua da Carioca, 53. Um reduto do melhor samba carioca. Zé Kéti divulgava na imprensa, Hermínio Bello de Carvalho inventou a Ordem da Cartola Dourada, que era entregue a grandes nomes da música popular brasileira. O grupo da casa reunia Cartola, Nelson Cavaquinho, João do Valle, Zé Kéti, Ismael Silva, Pandeirinho e um garoto que se tornaria um grande sambista: Paulinho da Viola, que, nas palavras do próprio Cartola, seria seu sucessor. Sobre isso, Paulinho diz num depoimento, logo após a morte do mestre: "Soube que o mestre disse que eu era seu herdeiro. Cartola não tem sucessor, que ele me perdoe lá em cima. Seu trabalho é único". Nara Leão frequentava também o Zicartola. Em seu LP *Nara*, ela gravou "Diz que fui por aí", de Zé Kéti, "Luz negra", de Nelson Cavaquinho e Amâncio Cardoso, e "O sol nascerá", de Cartola e Elton Medeiros, sambas que eram tocados e cantados nas noites do Zicartola.

Cartola só veio a ter um LP gravado, cantando suas composições, em 1974. Que país é este? Pois é. E isso não é um fato isolado. A cultura brasileira parece sobreviver por milagre. Ou pela aparição de certas figuras que resolvem ter uma atitude e fazer o que deve ser feito. No caso de Cartola, essa figura foi Marcus Pereira, que resolveu gravar seu disco. Cartola mesmo conta:

> *Quando a ideia do elepê surgiu, achei impossível o Marcus Pereira topar. As fábricas não queriam nada comigo. Eu já tinha tentado e sempre diziam: "Cartola não vende". Aí o Marcus Pereira fechou os olhos e disse: "Vamos gravar!". Foi emocionante. Uma coisa de louco. O dia que ele telefonou e disse: "Depois de amanhã vamos gravar", eu pensei: "Não é possível". E, mesmo depois de gravado, eu não acreditava. Precisei ter o disco na mão. Precisei ver ele sendo vendido nas lojas, pra acreditar. E me senti muito emocionado, quando ouvi a minha voz no disco. Tava até perdendo*

a vontade de compor, vendo que tanta gente gravava e só não chegava a minha vez. Quando o disco saiu, voltei a fazer música correndo.

E foi nessa época do ressurgimento de Cartola que ele passou a fazer parte da vida da minha geração. Anos 1970. Como contei no começo. A partir de então, gravou outros LPs, fez muito sucesso, viajou pelo Brasil, conseguiu um modesto equilíbrio financeiro e povoou nossa vida de beleza, de poesia com seus sambas. Sobre ele, Nelson Sargento disse: "Cartola não existiu. Foi um sonho que a gente teve...".

E, nesse sonho, vibravam suas canções, "O mundo é um moinho", "Minha", "Sala de recepção", "Peito vazio" (com Elton Medeiros), "As rosas não falam", "Ensaboa mulata", "Cordas de aço", "Autonomia", "Tempos idos", "Disfarça e chora" (com Delmo Castelo).

No dia 27 de novembro de 1980, três dias antes de Cartola morrer, Carlos Drummond de Andrade, seu velho amigo e admirador, escreveu na coluna que tinha no *Jornal do Brasil*: "o nobre, o simples, não direi divino, mas o humano Cartola, que se apaixonou pelo samba e fez do samba o mensageiro de sua alma delicada". Drummond conta nesta crônica que estava andando pela rua e esqueceu de tudo quando ouviu um samba de Cartola. Depois de escutá-lo, seguiu seu caminho: "O som calou-se e 'fui à vida', como ele gostava de dizer, isto é, à obrigação daquele dia. Mas levava uma companhia, uma amizade de espírito, o jeito de Cartola botar em lirismo a sua vida, os seus amores, o seu sentimento do mundo, esse moinho, e da poesia, essa iluminação".

14/12/2012

E o mundo não se acabou

Dia 21 de dezembro de 2012: anunciaram e garantiram que o mundo ia se acabar, mas, como já cantava Assis Valente, o tal do mundo não se acabou.
Era menina. Papai, um amante da cultura, da literatura, do samba. E eu fascinada por tudo isso, esse mundo que eu só podia imaginar ou ver um pedacinho pela janela de nossa casa ou quando íamos passear no centro da cidade, num velho "nashão" azul, largo São Bento, onde era o escritório de advocacia de papai, no edifício Martinelli, naquela época o mais alto da cidade. Papai percebia o meu encanto pelo mundo lá fora e sempre que podia me pegava pela mão e me levava com ele ou então me mostrava músicas que falavam de uma vida que eu, desde aquela época, queria para mim. Tínhamos em casa, entre nossos discos, dois LPs, duas joias raras, que escutávamos muito. Um era Aracy de Almeida cantando Noel Rosa, com aquela capa do Di Cavalcanti. Foi assim que conheci Noel e Aracy, "Feitiço da Vila", "Pra que mentir?", "Palpite infeliz", "Conversa de botequim", "O X do problema". O outro, que eu adorava, era *Marlene apresenta sucessos de Assis Valente*. Na capa, Marlene com pinta de malandra, lenço no pescoço. Aí conheci "E o mundo não se acabou", "Boas festas", "Uva de caminhão", "Maria Boa", "Recenseamento", que adorava cantar e contar aquela história que parecia notícia de jornal ou de telejornal, "Em 1940 lá no morro começava o recenseamento e o agente recenseador...", agente recenseador, que palavra difícil! E eu caprichava para articular direitinho, como a Marlene. Cantávamos o disco inteirinho, do começo ao fim, eu e minha mana Bete.

Com Carmen Miranda, Assis Valente conheceu o primeiro de seus muitos sucessos, a marchinha de Carnaval "Good-bye, boy", em 1933. Mas o primeiro samba que Assis Valente compôs foi "Tem francesa no morro", também em 1933, e gravado por Aracy Cortes. Diz Assis Valente:

> Muita gente pensa que minha primeira música foi "Good-bye, boy", mas não é verdade. Essa foi a terceira. Lembro-me do trabalho que tive para conseguir que Aracy Cortes gravasse minha primeira composição. Quando eu componho, aliás, já penso no artista que irá cantar a música. Isso aconteceu com "Tem francesa no morro", que fiz especialmente para Aracy – a quem, por sinal, eu nunca havia sido apresentado. Quando consegui encontrá-la, depois de muita luta, ela pediu que eu cantasse o samba. Em seguida, pediu que o passasse no piano. Aí, mesmo sem olhar para mim, Aracy começou a rir com a letra e eu percebi que a coisa estava caminhando bem.

> Donê muá si vu plê
> Lonér de dancê aveque muá
> Dance Ioiô
> Dance Iaiá
> Si vu frequenté macumbe
> Entre na virada e fini por sambá.

Nesse mesmo ano, Assis Valente conheceu Carmen Miranda, que iria impulsionar sua carreira de sambista e transformá-lo rapidamente num compositor muito cantado e procurado. Ele a viu pela primeira vez cantando "Sorriso falso", de Cícero Almeida, e ficou encantado, imaginando como faria para se aproximar da cantora. Aí resolveu fazer um samba para ela e fez "Etc.", samba-exaltação, falando da Bahia. Um trecho da letra: "Bahia,/ Que é terra do meu samba/ Quem nasce na Bahia é bamba./ Bahia, terra do poeta,/ Terra do doutor e etc". Carmen ouviu, gostou e gravou. A partir daí, estava selada uma parceria musical responsável por grandes sucessos da música popular brasileira.

Estimulado pelo entusiasmo que Carmen demonstrou pela sua canção, Assis fez outro samba para ela, "Good-bye, boy". Nela, Assis faz uma crítica bem-humorada da mania do brasileiro de querer usar palavras em inglês: "Good-bye, good-bye, boy/ Deixa a mania do inglês/ Fica tão feio pra você, moreno frajola/ Que nunca frequentou as aulas da escola".

"Tem francesa no morro" é ainda mais bem-humorada, uma aula de antropofagismo, pois, usando um francês abrasileirado – "Donê muá si vu plê,/ lonér de dancé aveque muá/ Dance Iôiô/ Dance Iaiá" –, Assis devora o francês (e como era gostoso o seu francês!) e debocha e despreza a francesa que vai ao morro mas não sabe sambar: "Si vu nê pá dancé/ pardon mon cherri, adiê,/ je me vá". Assis critica e goza do brasileiro que quer falar inglês, da francesa que quer sambar e não consegue, e do americano, em "Brasil pandeiro", desafiando-o a tocar samba: "Eu quero ver o Tio Sam tocar pandeiro para o mundo sambar". A crônica bem-humorada é um dos traços do seu estilo, que está presente também em "E o mundo não se acabou", "Uva de caminhão" e "Camisa listrada".

Já me disseram que você
Andou pintando o sete
Andou chupando muita uva
Até de caminhão
E agora anda dizendo
Que está de apendicite,
Vai entrar no canivete,
Vai fazer operação.
("Uva de caminhão")

Vestiu uma camisa listrada
E saiu por aí
Em vez de tomar chá com torrada

Ele bebeu parati
Levava um canivete no bolso
E um pandeiro na mão
E sorria quando o povo dizia
– Sossega, Leão!
– Sossega, Leão!
("Camisa listrada")

José de Assis Valente teve uma existência conturbada e trágica desde seu nascimento, o que faz pensar nas armadilhas do destino, nos caprichos da fortuna que, a seu bel-prazer, elege os felizes e os infelizes. Nascido na Bahia em 19 de maio de 1911, há dúvida quanto ao local exato de seu nascimento: foi em Salvador, no Campo da Pólvora? "Por isso é que tenho a pele queimada", diria ele brincando numa entrevista. Ou "em plena areia quente, no caminho de Bom Jardim a Pateoba", no município de Santo Amaro da Purificação? As duas versões são dele. Assim, sobre a sua infância e sobre toda a sua vida paira muito mistério, pois ele é o narrador da própria história e, com humor e ironia, mistura os fatos reais com os da imaginação. Quando tinha seis anos de idade, um tal de Laurindo o tirou de sua família e o entregou para ser criado por uma família de classe média de Alagoinhas: "Eu trabalhava como um condenado durante a semana e, aos sábados, ia à tarde fazer a feira com a minha 'patroa'. Ela colocava um enorme cesto vazio em minha cabeça e enchia com tudo que comprava, até eu ficar esmagado embaixo. Quando eu estava quase achatado, ela mandava despejar em casa e voltar para encher de novo". Na verdade, ele não foi criado por essa família, mas foi um criado dela. Mais tarde, os pais adotivos foram morar em Salvador e queriam deixar o pequeno pra trás: "Eu chorei e me peguei com meu avô", e o menino foi com eles para a capital baiana. Mas, logo em seguida, o casal se mudaria para o Rio de Janeiro e deixaria o pequeno José para trás. Então, ele foi trabalhar num hospital como "lavador de frascos", estudou desenho e escultura e fez um curso de prótese dentária. Mas Assis queria mudar de vida: sozinho, rejeitado, não resistiu quando certa vez o Circo Brasileiro chegou à cidade. Numa noite, ele entrou no picadeiro e declamou esses versos de sua autoria: "Essa gente que é de circo/ é tal e qual passarinho/ que arma e desarma o ninho/ sem ter onde construir". Acho que era assim que ele se sentia. E deve ter se identificado com aqueles artistas nômades. Quando o circo deixou a cidade, foi com eles, como orador e comediante. Isso duraria um ano.

Provavelmente em 1927, foi para o Rio de Janeiro. Sempre muito talentoso, sensível e inteligente, seus desenhos foram publicados nas revistas *Fon-Fon* e *Shimmy*. Como protético, ele era ótimo: "O Assis não era um protético como eu e os outros. Era um artista. Tinha o dom", disse um amigo.

Dois encontros seriam fundamentais para a vida do futuro grande sambista. O primeiro foi em 1932, quando conheceu Heitor dos Prazeres, pintor e sambista, que ficou impressionado com a facilidade de Assis para fazer versos, o incentivou e o aproximou do mundo do samba. O segundo foi com Carmen Miranda, que viria a ser sua intérprete favorita.

Durante a década de 1930 e o início dos anos 1940, Assis Valente torna-se um dos maiores compositores brasileiros, gravado por grandes intérpretes, além de Carmen Miranda, Orlando Silva, Marlene, Carlos Galhardo, Bando da Lua. Em 1935, foi a vez do sucesso de "Minha embaixada chegou", gravado por Carmen Miranda, e que, tempos depois, fez parte da trilha sonora do filme de Cacá Diegues *Quando o Carnaval chegar* (1972), com Nara Leão, Maria Bethânia e Chico Buarque. "Minha embaixada chegou,/ Deixa o meu povo passar,/ Meu povo pede licença/ Pra na batucada desacatar".

"Alegria", em parceria com Durval Maia, composta em 1937, foi gravada por Carmen Miranda e Orlando Silva. A primeira parte da canção foi citada na introdução de "Festa imodesta", de Chico Buarque:

Alegria
Pra cantar a batucada
As morenas vão sambar

> *Quem samba tem alegria*
> *Minha gente*
> *Era triste e amargurada*
> *Inventou a batucada*
> *Pra deixar de padecer*
> *Salve o prazer!*
> *Salve o prazer!*

Como disse Jairo Severiano em *Uma história da música popular brasileira*,

> Assis mostra-se na maioria de suas 154 composições gravadas um comentarista irônico e espirituoso de fatos e costumes. Em "Camisa listrada", por exemplo, o focalizado é um doutor que no Carnaval livra-se do anel e das preocupações para cair na brincadeira vestido de mulher. Outra de suas personagens pitorescas é a moça retratada em "E o mundo não se acabou", que, ouvindo dizer que o mundo ia se acabar, foi tratando de aproveitar os últimos momentos, beijando a boca de quem não devia, pegando na mão de quem não conhecia e dançando um samba em trajes de maiô. Mas, paralelamente ao cronista bem-humorado, ele era também um exaltado propagandista de seu país. Prova isso o original "Brasil pandeiro", um samba ufanista e, de certa forma, diferente de outras composições do gênero: "Salve o morro do Vintém/ pendura a saia, eu quero ver/ eu quero ver o Tio Sam tocar pandeiro para o mundo sambar".

No início de 1941, Assis Valente casou-se, mas seu casamento não durou muito. No entanto, teve uma filha, Nara Nadili.

Se a década de 1930 marca o esplendor de Assis Valente, a de 1940 marca o início de sua queda, que será vertiginosa. Quando seus sambas e marchas deixaram de ser procurados, Assis se desesperou. Contraiu dívidas, foi mais uma vez abandonado, agora pelos intérpretes e público, entristeceu. E acabou por tentar o suicídio.

Em 13 de maio de 1941, atira-se do Corcovado, mas fica preso a um galho e é resgatado pelos bombeiros. Em 10 de março de 1958, ele tenta outra vez e dessa vez perdemos nosso grande artista. Em um de seus últimos sambas – "Lamento" –, ele profetizara: "Felicidade afogada morreu/ A esperança foi ao fundo e voltou/ Foi ao fundo e ficou".

No seu bolso, foi encontrada uma carta que terminava assim: "Vou parar de escrever, pois estou chorando de saudade de todos e de tudo".

Assis Valente partiu e nos deixou suas canções geniais. Ele soube, como ninguém, retratar o espírito folião do brasileiro. Criou personagens inesquecíveis, foi um comentarista irônico dos costumes da sociedade da época e também um poeta universal, falando de temas que ainda hoje são atuais. Criou uma triste canção brasileira de Natal – "Boas festas", em que canta o Natal dos excluídos:

> *Já faz tempo que pedi*
> *Mas o meu Papai Noel não vem*
> *Com certeza já morreu*
> *Ou então felicidade*
> *É brinquedo que não tem.*

Por uma de suas obras-primas, "Uva de caminhão", Assis Valente pode ser considerado como precursor do tropicalismo. Nessa canção, impera o *nonsense* bem-humorado. Ele usa um procedimento tão caro aos tropicalistas: a colagem, a montagem de fragmentos diferentes, compondo um mosaico carnavalizante, uma geleia geral de termos, personagens, lugares e músicas: "'Uva de caminhão' é o poeta inventariando uma realidade caótica, onde de repente surgem Branca de Neve e os sete anões, farreando na pensão de Dona Estela...". Não foi à toa que Caetano cantou e gravou essa canção.

Bom, e por falar na atualidade de Assis Valente, vamos chegando ao fim do ano, mas não ao fim do mundo, como muita gente por aí andava anunciando. E o mundo não se acabou. Nem o mundo da vida real, nem o mundo das canções de Assis e de tantos outros grandes compositores populares que formam nosso imaginário brasileiro.

Boas festas a todos! Até 2013!

20/12/2012

Luiz Gonzaga e a linguagem dos pássaros

"Eu vou mostrar pra vocês, como se dança o baião", canta Luiz Gonzaga. Luiz ou Lua, como é chamado, nasceu no povoado de Exu, na chapada do Araripe, em 13 de dezembro de 1912, dia de Santa Luzia. Sua música continua vigorosa e seu centenário é celebrado em tudo que é canto do Brasil. Seu pai, mestre Januário, era tocador, consertador e afinador de sanfona, famoso na região, e ganhava a vida tocando nas festas do sertão, que são muitas: reisados, pastores, festas juninas, batizados, casamentos, procissões, forrós. Em casa, Luiz já tinha um mestre. O povoado de Exu era uma espécie de oásis no meio daquela aridez, tinha mata verdejante, lá chovia: "Acho que Exu nunca sofreu uma seca como se escuta falar em certas regiões, onde morre gente. Isso nunca ouvi por aqui. O pé de serra tem sempre essas matas, essas montanhas que atraem as chuvas". Talvez por isso o sertão de Luiz seja tão mais ameno do que o sertão de outro brasileiro, o cineasta Glauber Rocha, caatinga sem sombra de sombra, tamanha tristeza da natureza e desmando dos homens, violência desenfreada, desespero e revolta, Deus e o Diabo.

O sertão de Luiz é diferente, é de outro modo. Luiz cresceu cercado de música por tudo que é lado. Em sua casa, era essa a diversão. Sua mãe, Santana, era cantadeira de igreja e puxadora de reza. Havia a música das festas, as vozes agudas das rezadeiras, o som das bandas de pífanos, os cegos que cantavam nas feiras, os seresteiros, os repentistas e seus desafios. Havia a música do mundo, o aboio dos vaqueiros, o ranger da roda do carro de boi. E, ainda, a música da natureza, o som do vento e o som dos pássaros, o arrulho da asa branca, o canto triste do assum preto e o canto agourento de acauã.

Como disse Gilberto Gil, o baião é um gênero musical criado a partir da música folclórica do Nordeste. No caminho entre a cidade e o campo, na "bagagem do êxodo rural", vieram vários modos folclóricos que iriam se misturar e plasmar a música popular brasileira. Dentre os gêneros criados assim está o baião e toda a sua família, como o xote e o xaxado. E, dessa família, o pai é Luiz Gonzaga:

> Seu nome se inscreve na galeria dos grandes inventores da música popular brasileira, como aquele que, graças a uma imaginativa e inteligente utilização de células rítmicas extraídas do pipocar dos fogos, de moléculas melódicas tiradas da cantoria lúdica ou religiosa do povo caatingueiro, de corpos narrativos vislumbrados na paisagem natural, biológica ou psicológica do seu meio, e, sobretudo, da alquímica associação com o talento poético e musical de alguns nativos nordestinos emigrantes como ele, veio a inventar um gênero musical, o baião.

Por isso Luiz canta confiante e sorridente: "Eu vou mostrar pra vocês como se dança o baião". Alguém duvida?

Gonzaga chegou à cidade do Rio de Janeiro em 1939, 27 anos, uma sanfona e todos os sonhos do mundo. No início, tocava nas ruas ou em bares, na região do Mangue, lugar de magia e sedução para aquele moço que chegava do sertão: boêmios, soldados, marinheiros, malandros, mendigos, ladrões, prostitutas, bares enfumaçados e lotados de gente. Em apenas cinco anos, ele não só conquistou a cidade, mas todo o Brasil, e sua música ecoava país afora e lá no sertão era ouvida no rádio pelos seus parentes e amigos e pelo povo do Nordeste. Luiz era a voz do Nordeste, materializava sua gente, sua cultura. Numa belíssima crônica, José Lins do Rêgo escreveu: "Gonzaga trouxe uma novidade à música brasileira. Trouxe o sentimento melódico das extensões sertanejas, das léguas tiranas, das asas brancas, do gemer dos aboios. As tristezas dos violeiros se passaram para sua sanfona". Foi também ele quem criou a instrumentação que a partir de então passou a ser característica do baião: o trio sanfona, zabumba e triângulo. Seus dois parceiros mais importantes e constantes foram Humberto Teixeira e Zé Dantas. Com Humberto fez "Asa branca", "Baião", "Respeita Januário", "Assum preto", "Juazeiro", "Que nem jiló", "Paraíba"; com Zé Dantas, "O xote das meninas", "Cintura fina", "Riacho do navio", "A volta da asa branca", "ABC do sertão". Deles, Luiz dizia: "Humberto era um poeta versátil, que versejava sobre qualquer tema, Zé Dantas aprofundava o sertão". Humberto, por ter saído muito menino do Nordeste, falava das coisas do sertão com um certo distanciamento, ao passo que Zé vivia o Nordeste de modo intenso, ele era o Nordeste, era "a voz que completa as coisas que eu quero dizer do sertão", era isso o que Luiz achava. A música de Luiz canta também a alegria e a sensualidade da gente do Nordeste, sua dança, suas festas, a pele morena, o chamego:

> *Minha morena venha cá*
> *Pra dançar xote se deite em meu cangote e pode cochilar*
> *Tu és muié pra home nenhum botá defeito*
> *Por isso satisfeito com você vou dançar*
> *Vem cá, cintura fina, cintura de pilão,*
> *Cintura de menina, vem cá meu coração.*

No sertão de Luiz Gonzaga há desolação, não revolta. No seu canto e na sua forma de ver o mundo não há um apelo para a necessidade de uma transformação social, como a gente vê no sertão glauberiano, onde o cantador clama por uma atitude de transformação radical deste mundo, como na canção "Corisco", de Sérgio Ricardo e Glauber Rocha: "E assim mal dividido esse mundo anda errado,/ A terra é do homem, não é de Deus nem do Diabo" e profetiza que "O sertão vai virar mar/ e o mar vai virar sertão". O sertanejo de Gonzaga é resignado, não quer mudar o mundo, ajuda seus semelhantes e reza a Deus para que as coisas melhorem.

No imaginário do cancioneiro brasileiro, o mundo que Gonzaga materializa é um mundo em que o homem está integrado à natureza, fala com as árvores: "Juazeiro, Juazeiro, me arresponda por favor,/ Juazeiro, velho amigo, onde anda o meu amor?", e entende os sinais do canto dos pássaros. Quando asa branca bate asas e avoa, é a seca chegando ao sertão; quando ela volta, a chuva vem fertilizar a terra e os amores. Já o canto de acauã é agourento, traz maus presságios: "acauã vive cantando durante o tempo do verão,/ no silêncio das tarde agourando, chamando a seca no sertão,/ ai acauã, teu canto é penoso e faz medo,/ se cala, acauã, que é pra chuva volta cedo", enquanto que o de vem-vem traz boa notícia "porque quando o vem-vem começa a cantar, o povo diz 'olha, vem boas notícias aí'". O canto melancólico do assum preto fala da brutalidade humana, "talvez por ignorância, ou maldade das pior,/ furaram os zóio do assum preto/ pra ele assim, ai!, cantar mió". Sabiá pode trazer notícia de um amor perdido: "tu que tanto anda no mundo, sabiá,/ onde anda o meu amor? Sabiá". A natureza é ao mesmo tempo livro aberto e enigma: o homem do sertão de Luiz decifra o mundo, se espelha e conversa com a natureza, mas a maldade do mundo é incompreensível para ele. Diante da seca, lamenta e canta: "eu perguntei a Deus do céu, ai!,/ pra que tamanha judiação?". Sua música – doce utopia? – fala de um mundo em que o homem vivia em comunhão com a natureza, sabia ouvir e decifrar a misteriosa linguagem dos pássaros.

Dezembro de 2012

Wilson Batista:
"Meu mundo é hoje"

Ouvi pela primeira vez "Meu mundo é hoje", composição de Wilson Batista e José Batista, no LP de Paulinho da Viola, *A dança da solidão* (1972): "Eu sou assim,/ Quem quiser gostar de mim/ Eu sou assim".

Nesse samba, o poeta, numa linguagem simples e direta, põe a nu um dos mecanismos da alienação tão presente neste nosso malformado mundo: agradar para ser aceito, "parecer" e não "ser" – mecanismo tão acionado na máquina do mundo moderno, reino da aparência, onde o ser humano muitas vezes se reduz ao triste papel de um mero bajulador para conseguir um emprego, um afeto, um reconhecimento, para, enfim, sobreviver. É tão forte a pressão deste "querer ser aceito" que chega a parecer natural que a aparência impere a tal ponto que a pessoa se identifique com aquilo que os outros esperam dela. E a sua interioridade, onde é mesmo que fica? E ela, onde estará? Encolhida debaixo das camadas impermeáveis de seu disfarce?

Descolado da trama da farsa do mundo e ancorado na verdade de seu íntimo e na máxima da brevidade da vida, o sambista declara: "Eu sou assim,/ quem quiser gostar de mim,/ eu sou assim". Tão simples. E, com isso, subverte a ordem deste mundo, no momento em que não almeja fazer parte do coro dos contentes, em que desdenha o prêmio de consolação, dinheiro ou posição, que é dado, mas nem sempre, a quem vender sua alma. Ele segue livre, cantando e tocando, sem se importar com o que os demais pensam dele. "Eu sou assim,/ quem quiser gostar de mim,/ eu sou assim." Quanto aos títeres do teatro do mundo, deles sente pena: humilham-se, degradam-se para serem reconhecidos, anulam-se e, assim, morrem antes mesmo de morrer. De que serve dinheiro e posição se para isso é preciso morrer, deixar de ser?

> *Tenho pena daqueles*
> *Que se agacham até o chão*
> *Enganando a si mesmos*
> *Com dinheiro ou posição*
> *Nunca tomei parte*
> *Neste enorme batalhão*
> *Pois sei que além de flores*
> *Nada mais vai no caixão*

Em 1992, no CD *Canção brasileira – a nossa bela alma*, que é uma pequena antologia do lirismo na canção popular, cujo arco vai de Chiquinha Gonzaga ("Lua branca", 1912) a Arrigo Barnabé ("Cidade oculta", 1985, Arrigo, Eduardo Gudin e Roberto Riberti), "Meu mundo é hoje" foi uma das canções que escolhi.

"Wilson Batista é um dos maiores compositores de samba de todos os tempos. Paulinho da Viola e João Gilberto também dizem isso. É uma injustiça que um sambista, tão atual ainda hoje, seja pouco conhecido", disse Cristina Buarque, cantora, compositora e profunda conhecedora do samba e dos sambistas.

Wilson Batista nasceu na cidade de Campos, estado do Rio de Janeiro, em 3 de julho de 1913, e morreu em 7 de julho de 1968, na mesma cidade. De família humilde, ainda criança ficou órfão de mãe e foi criado pela irmã de seu pai, tia Rosinha. Wilson não gostava da escola, vivia fugindo, e seu pai, preocupado com isso, matriculou-o no Liceu de Artes e Ofícios, para que ele tivesse alguma profissão e aprendesse o ofício de marceneiro. Mas o menino não dava para a coisa. Por algum tempo, trabalhou como acendedor de lampiões. Se ele não tinha jeito nem pra escola, nem pro trabalho, quando o assunto era música ele mostrava muito talento e entusiasmo. Pequeno, tocava triângulo numa banda e já compunha algumas músicas para o bloco Corbeille de Flores, do qual era integrante.

Em casa, sua família fazia muita pressão por conta do seu modo de viver, da sua "vagabundagem". O destino era um só: ir para o Rio de Janeiro. Chegando lá, conseguiu alguns trabalhos eventuais para sobreviver. Querendo fazer da música seu ofício, começou, no final dos anos 1920, a frequentar a praça Tiradentes e o Café Nice.

No entanto, seu primeiro sonho foi se tornar um sapateador! Ficava horas a fio nas salas de cinema, aprendendo com os dançarinos de filmes norte-americanos os passos, as coreografias.

"Todo homem carrega sua cruz/ Na estrada da vida/ Que é longa e sem luz": assim rezava o samba de Wilson Batista "Na estrada da vida", que foi cantado pela vedete Aracy Cortes em 1929, numa revista musical.

Wilson Batista não tocava nenhum instrumento, era semialfabetizado e, no entanto, foi um dos maiores sambistas brasileiros, criador de belas melodias e letras, que tinham uma qualidade que impressionou os grandes mestres da música brasileira, contemporâneos seus ou não, pois "ele tinha uma inspiração divina", tentava explicar Nássara, um de seus parceiros. Foi chamado de "o compositor da caixa de fósforos" por Custódio Mesquita, pois Wilson compunha batucando numa caixinha de fósforos, com uma facilidade que causava espanto aos seus parceiros. Não foi à toa que, na gravação que Paulinho da Viola fez de "Meu mundo é hoje", a caixa de fósforos, tocada por Elton Medeiros, soou como um elemento essencial no arranjo do samba (isso sem falar no duo de sopros, original, delicado). Mesmo sem saber dessa história, nem deste epíteto – "compositor da caixa de fósforos"–, quando fui gravar esse samba também tive a certeza intuitiva de que era preciso uma caixinha de fósforos.

Dentre seus lindos e emocionantes sambas está "Louco" (Wilson Batista, Henrique de Almeida), que foi gravado por Orlando Silva (1943) e por Aracy de Almeida (1946). A canção fala da loucura causada por um amor desmesurado e pela perda desse amor: "Louco,/ Para ele a vida não valia nada,/ Para ele a mulher amada/ Era seu mundo".

"Preconceito" (Wilson Batista, Marino Pinto), gravado originalmente por Orlando Silva (1941) e, mais recentemente, por João Gilberto, diz assim: "Eu nasci num clima quente/ Você diz a toda gente/ Que eu sou moreno demais". O preconceito complica em vão as coisas do amor, em vão, pois, ensina o sambista, o coração não tem cor.

Sobre a facilidade de Wilson para compor baseado nos acontecimentos do cotidiano – pois ele era um exímio cronista, só que suas crônicas eram musicais –, conta um de seus parceiros, Antônio Almeida:

> *Wilson era flamenguista doente. Fomos ver um Flamengo x Botafogo, em General Severiano. O Mengo perdeu o jogo e ele saiu angustiado do estádio. Pegamos o bonde pra voltar pro Nice e Wilson criou um caso com o motorneiro, dizendo que não pagaria a passagem, tão aborrecido que se encontrava com a derrota do seu "mais querido". Eu pedi calma e ele reagiu assim: "Eu tiro o domingo pra descansar e vou ao futebol me aporrinhar". Fizemos ali mesmo, de parceria, o samba "E o juiz apitou": "Eu tiro o domingo/ Pra descansar". Wilson era assim.*

O samba foi gravado originalmente por Vassourinha e, bem depois, por Chico Buarque.

Wilson tinha alma boêmia, casou-se três vezes, mas preferia os amigos, os bares e a rua à vida de casado. Quando conheceu sua segunda mulher, Marina da Silva, ele ainda vivia com a primeira, Floripes. Marina, que não sabia disso, começou a pressioná-lo para casar. Ele mudava de conversa, ela voltava a falar do assunto, até que um dia brigaram: "Eu saía do trabalho e pegava o bonde 56 até a central do Brasil, onde ele estava me esperando. No dia seguinte à briga, apanhei outro bonde, o 58, e fui direto para casa, deixando ele lá, esperando. Ele ficou uma fera comigo e fez aquela música do bonde que não veio", conta Marina.

Eu ontem esperei às sete em ponto,
Ainda dei uma hora de desconto,
Os ponteiros do relógio
Pareciam me dizer
– Vai embora, meu amigo,
Ela não vai aparecer.

("E o 56 não veio", Wilson Batista e Haroldo Lobo)

Mesmo depois de ter sido reconhecido pelo público e pelos compositores de sua época, Wilson continuava a ser discriminado como marginal, como alguém que frequentava "baixos ambientes" e retratava em seus sambas o modo de ser de malandros conhecidos e temidos, como Madame Satã, que era seu fã incondicional. Não só isso, ele também se vestia como eles, usando terno branco ou azul-marinho, camisa de seda pura, "chinelo cara de gato", lenço no pescoço, navalha no bolso, como descreveu no polêmico "Lenço no pescoço":

Meu chapéu de lado
Tamanco arrastando
Lenço no pescoço
Navalha no bolso
Eu passo gingando
Provoco desafio
Eu tenho orgulho
Em ser tão vadio.

Esse samba, elogio da malandragem, causou indignação em muita gente. Foi com ele que Wilson Batista desencadeou uma das mais famosas e inventivas polêmicas da história da música popular brasileira, sua polêmica com Noel Rosa. Noel contesta "Lenço no pescoço" com "Rapaz Folgado":

Deixa de arrastar o teu tamanco
Pois tamanco nunca foi sandália

> *E tira do pescoço o lenço branco*
> *Compra sapato e gravata*
> *Joga fora essa navalha que te atrapalha.*

Embora essa resposta de Noel só tenha sido gravada por Aracy de Almeida em 1938 (portanto após a morte de Noel, que foi em 1937), Noel já havia cantado a canção no rádio durante o ano de 1933 – e Wilson ficou com ela "entalada na garganta". E, então, em 1934, Wilson lança "Mocinho da Vila", e Noel seu "Feitiço da Vila", em que diz que:

> *A Vila tem um feitiço sem farofa*
> *Sem vela e sem vintém*
> *Que nos faz bem*
> *Tendo nome de princesa*
> *Transformou o samba*
> *Num feitiço decente que prende a gente.*

Wilson responde com "Conversa fiada", gravada pelos Anjos do Inferno:

> *É conversa fiada dizerem que o samba*
> *Na Vila tem feitiço*
> *Eu fui ver pra crer*
> *E não vi nada disso.*

E aí, Noel responde com "Palpite infeliz":

> *Quem é você que não sabe o que diz?*
> *Meu Deus do céu, que palpite infeliz!*
> *[...]*
> *Fazer poema lá na Vila é um brinquedo*
> *Ao som do samba dança até o arvoredo*
> *Eu já chamei você pra ver*

Você não viu porque não quis,
Quem é você que não sabe o que diz.

A querela já estava no seu final. Mas, depois disso, Wilson lançou ainda "Frankenstein da Vila":

Boa impressão nunca se tem
Quando se encontra um certo alguém
Que até parece o Frankenstein
E Terra de Cego:
És o abafa da Vila,
Eu bem sei,
Mas em terra de cego
Quem tem um olho é rei.

Almirante conta o final da polêmica: "Num encontro casual em um café na rua Evaristo Veiga, os compositores conversaram alegremente sobre as faladas 'brigas'. Riram muito, e até Noel, completamente desinteressado de tais quizilas, atirou a 'pá de cal' definitiva na falsa inimizade".

Quanto aos parceiros de Wilson Batista, muitos eram "comproristores", isto é, compravam o samba, pagavam para ter seu nome como parceiro. Em troca disso, ele ganhava algum dinheiro para sobreviver. Apesar de ter muitos sambas gravados, apesar do sucesso, Wilson quase não recebia o pagamento por seus direitos autorais, que quando eram pagos, o que nem sempre acontecia, chegavam atrasados. Dentre os compradores de Wilson, destacou-se o malandro e bicheiro China. Mas nem todas suas parcerias eram assim. Ele teve parceiros ilustres e brilhantes, como Ataulfo Alves, Haroldo Lobo, Marino Pinto, Nássara. Com Ataulfo, por exemplo, fez "Oh! Seu Oscar" e também "O bonde de São Januário":

Quem trabalha é que tem razão
Eu digo e não tenho medo de errar

> *O bonde São Januário*
> *Leva mais um operário*
> *Sou eu que vou trabalhar.*

Essa música é curiosa: com a ideologia do Estado Novo, que fazia a apologia do trabalho, Wilson deixou de lado o tema da malandragem e fez essa música que faz o elogio do trabalhador.

Eis algumas de suas composições antológicas: "Acertei no milhar", "Balzaquiana", "Emília", "Louco", "Lealdade", "Preconceito", "Meu mundo é hoje", "Chico Brito", "Nega Luzia", "Mulato calado".

Wilson Batista, um dos maiores sambistas brasileiros, morreu doente e sem recursos. Deixou com sua filha uma fita gravada com alguns sambas. Entre eles, um dizia assim:

> *Todo mundo cantou*
> *Numa louca alegria*
> *Só sei a verdade*
> *Eu sonhei a sorte nua*
> *O verdadeiro autor da melodia*
> *Eu conheci Tião*
> *Um sambista legal*
> *Não teve sorte de ver seu sucesso*
> *Morreu antes do Carnaval.*

Wilson viu seu sucesso, teve suas músicas gravadas, tocadas, mas se viu também excluído de sua própria glória, por viver sempre em dificuldade, sem dinheiro. Uma triste história que se repete com nossos grandes sambistas, que se tornam imortais pela força e valor de sua obra, mas que vivem sempre assim, na pobreza, no abandono, como é que pode?

4/1/2013

Capinan e o movimento dos barcos

Algumas músicas causam tal impacto na vida da gente que se tornam um marco em nossa existência, talvez pela capacidade que têm de expressar de modo poético o espírito de uma época ou o alumbramento de um instante ou alguma verdade que estava ali, dispersa, ansiando um dia ser dita ou encontrada. Quase como magia, muitas canções são, assim, a expressão de uma infinidade de sentimentos, emoções, impulsos, pensamentos, uma iluminação interior, ordem sutil no caos que se move dentro da gente e que busca encontrar uma forma que o contenha e o apazigue e que lhe dê sentido. José Carlos Capinan, quando compôs "Movimento dos barcos", deu voz a uma geração, ao estado de espírito de uma época, que assumia a mudança e a transformação como filosofia de vida. E era a minha geração. Ansiávamos por mudanças na estrutura familiar, na sociedade, no modo de ser e de estar no mundo. Queríamos abrir a boca e falar aquilo que se passava conosco, em nosso interior, quebrar a casca da aparência que estava sufocando a exuberância da nossa juventude. Queríamos um mundo mais fraterno, mais justo. Tanta miséria, tanta desigualdade, tanta opressão. Deveria haver um outro modo de o mundo e a gente ser. Anos 1970. Fizemos dos amigos nossa família. Misturamos política e existencialismo e vivemos todos os conflitos que disso resultou. Queríamos abraçar o movimento, passar junto com o tempo:

> *as coisas passando eu quero*
> *passar com elas, eu quero*

> *e não deixar nada mais*
> *do que as cinzas de um cigarro*
> *e a marca de um abraço no seu corpo, não.*

Transitoriedade, transformação, impermanência, descoberta de si, do outro, do mundo, mudança de costumes. "É impossível levar um barco sem temporais/ e suportar a vida como um momento além do cais." Antropofagicamente, nos apropriamos do lema da Revolução Francesa: liberdade, igualdade, fraternidade, sob um outro ângulo, sob o sol dos trópicos, *terra brasilis*. "Não sou eu quem vai ficar no porto chorando, não,/ lamentando o eterno movimento,/ movimento dos barcos, movimento." Como cantei e toquei essa canção, incontáveis vezes. Por um tempo foi minha voz, a voz do meu ser, foi o meu hino, ou melhor, meu mantra. Chegava em casa, pegava o violão e ficava cantando. Uma oração. E também como a escutei com Bethânia e Macalé. Jards Macalé e Capinan. Nosso poeta Capinan e sua sabedoria. E eu também não queria "ficar no porto chorando, não,/ lamentando o eterno movimento,/ movimento dos barcos, movimento". Queria celebrar a passagem dos dias e das horas, "as coisas passando, eu quero/ passar com elas, eu quero".

A poética de Capinan é multifacetada, tanto na temática quanto na forma. Há canções com temas regionais, que falam do Nordeste, como "Ponteio", "Viola fora de moda", com influência da literatura de cordel – "Disso eu me encarrego/ Moda de viola/ Não dá luz a cego, ah, ah" – e outras de um lirismo puro de histórias encantadas que lembram as brincadeiras da infância no sertão, como "Cirandeiro": "Ó cirandeiro,/ ó cirandeiro, ó,/ a pedra do seu anel/ brilha mais do que o sol".

Sobre isso, Capinan falou a Torquato Neto numa entrevista (1967):

> *Torquato: Sente-se forte influência temática e formal de literatura de cordel em suas letras. Por quê?*
> *Capinan: Na linguagem, na estrutura e também na escolha de personagens como em "Viramundo", há, realmente, essa influência. A literatura de cordel, as rodas infantis, aboios, sambas de roda, etc.,*

fazem parte de minha infância – e eu conservo ainda, com emoção, muitas das coisas que aprendi e me comoveram, nos primeiros momentos.

Outras canções são de profunda reflexão sobre a vida, o amor, a morte, letras de uma beleza estranha e estonteante, como a valsa "Vinhos finos... cristais", em parceria com Paulinho da Viola, que me impressionou tanto, com seu eco baudelairiano – "o amor doente entre os dentes da saudade [...] chão, caixão, escada/ apenas um jogo de palavras entre tudo e nada/ entre os dentes podres da canção" –, como "Orgulho", também em parceria com Paulinho da Viola, poesia surpreendentemente moderna e barroca ao mesmo tempo – "não se usam mais os pés dourados/ nem as promessas de um amor/ ornamentado e vazio" – e que termina com uma das mais belas frases sobre a natureza do tempo – "O tempo é um pássaro/ de natureza vaga" –, e que me fez lembrar Santo Agostinho, que se pergunta, em *Confissões*: "O que é, por conseguinte, o tempo? Se ninguém me perguntar, eu sei; se o quiser explicar a quem me fizer a pergunta, já não sei". O tempo é um pássaro de natureza vaga: explicar não explicando, assim faz Capinan e, assim, chegamos mais perto do mistério do tempo, tocamos a sua margem invisível, sedutora e volátil. Nós nos atreveríamos a mergulhar?

Que letras deslumbrantes! Eu conhecia essas canções sem me dar conta de que quem falava através delas era Capinan. Aos poucos fui reconhecendo a face do poeta, que já estava ali, revelada e oculta, naqueles versos. O grande poeta e letrista José Carlos Capinan nasceu em Esplanada, na Bahia, em 19 de fevereiro de 1941. Em 1960, foi para Salvador, onde fez Faculdade de Direito e curso de teatro no Centro Popular de Cultura. Em 1963, escreveu a peça *Bumba meu boi*, musicada por Tom Zé. Em 1964, com o golpe militar, precisou deixar Salvador e veio pra São Paulo. Aqui, conheceu Geraldo Vandré, Gianfrancesco Guarnieri e Augusto Boal, novos amigos que o apresentaram para o meio musical paulistano. Na sequência, conheceu Edu Lobo, que viria a ser um de seus grandes parceiros, ao lado de Paulinho da Viola, Gilberto Gil, Jards Macalé, Caetano Veloso e outros. Capinan participou ativamente dos movimentos culturais que agitavam o Brasil na década de 1960, o Centro Popular de Cultura (CPC), a Feira de Música, juntamente com Paulinho da Viola, Caetano Veloso, Torquato Neto e Gilberto Gil, e o tropicalismo, com Caetano, Gil, Torquato, Tom Zé, Mutantes, Nara Leão, Rogério Duarte, Rogério Duprat e Gal Costa. Em 1965, compôs em parceria com Caetano a trilha sonora do filme *Viramundo*, de Geraldo Sarno. Na música-título, seu parceiro é Gilberto Gil: "Sou viramundo virado,/ Na ronda das maravilhas,/ Cortando a faca e facão/ Os desatinos da vida".

Foi em 1965 que Capinan teve sua primeira música gravada, "Ladainha", parceria com Gil: "Festa de morto é ladainha/ Medo de vivo é solidão/ Luto por amor e morro/ De facas no coração".

No ano seguinte, concorreu no II Festival de Música Popular da Record, com "Canção para Maria", em parceria com Paulinho da Viola e interpretada por Jair Rodrigues.

Em 1967, "Ponteio", composição sua e de Edu Lobo, seria a vencedora de um dos mais agitados e importantes festivais de música do país, o III Festival de Música Popular Brasileira da TV Record. Dentre as músicas que concorriam estavam "Alegria, alegria" (Caetano Veloso), "Domingo no parque" (Gilberto Gil), "Roda-viva" (Chico Buarque), "Eu e a brisa" (Johnny Alf), "A estrada e o violeiro" (Sidney Miller). Foi nesse festival que Sérgio Ricardo perdeu o controle diante de uma plateia ensandecida que não parava de vaiar e não o deixava cantar "Beto bom de bola" e quebrou seu violão, arremessando-o ao público.

"Ponteio" foi interpretada por Marília Medalha, Edu Lobo, grupo vocal Momento Quatro e o Quarteto Novo, que era formado por nada mais nada menos que Hermeto Paschoal, Heraldo do Monte, Airto Moreira e Théo de Barros.

Zuza Homem de Mello, em *A era dos festivais*, faz uma análise da composição de Capinan e Edu Lobo:

*[...] dividida em três segmentos, A-A-B-C-C, sendo B ("Parado no meio do mundo...") menos um arremate à primeira parte, A, do que um preparatório para o refrão, C ("Quem me dera agora..."), o qual é muito bem explorado à medida que a música avança. A letra de Capinan, de raiz sertaneja, tinha uma interação política bem ao gosto da plateia mais politizada, com alusões certeiras ao desejo de mudança: "Certo dia que sei por inteiro/ eu espero, não vá demorar/ este dia estou certo que vem/ digo logo o que vim pra buscar (...) vou ver o tempo mudado/ e um novo lugar pra cantar". Era o bordão contra a ditadura militar, o mesmo que havia em "Arrastão" e em "Disparada" e que fazia a plateia inflamar-se. Ao mesmo tempo, o arranjo, magnificamente elaborado, teria o destino de empolgar o mais indiferente dos ouvintes. Após uma introdução de viola e violão com percussão e flauta, Edu e Marília cantam em uníssono a canção completa, sendo que, na terceira vez do refrão, Théo troca o violão pelo contrabaixo, dando mais peso ao acompanhamento. Na primeira repetição da música, com outra letra, a flauta de Hermeto faz um comentário que lembra uma banda de pífanos, iniciando um crescendo com outros componentes: a entrada do grupo vocal no refrão, os "ponteio!" ecoando nas brechas e um longo "ponteá" harmonizado que substitui a introdução.
Na terceira repetição, a contagiante percussão de Airto é ainda mais ressaltada, o quarteto vocal faz uma cama para o casal de solistas e entram palmas no refrão que, após um "láá-la-iáá", é repetido modulado, com mais palmas e escalas eficazes bem nordestinas da viola de Heraldo. O ritmo de baião é acelerado até a culminante frase final, "Quem me dera agora/ eu tivesse a viola pra cantar".*

Também em 1967, Maria Bethânia grava "Cirandeiro" (Edu Lobo e Capinan) e Edu Lobo, "Corrida de jangada" (Edu Lobo e Capinan), gravada depois por Elis Regina:

> *Meu mestre deu a partida,*
> *É hora vamos embora*
> *Pros rumos do litoral*
> *Vamos embora*
> *Na volta eu venho ligeiro*
> *É hora vamos embora*
> *Eu venho primeiro*
> *Pra tomar seu coração.*

Gilberto Gil, no LP *Louvação*, grava "Água de meninos" e "Viramundo" (Gilberto Gil, Capinan).

> *Na minha terra, Bahia,*
> *Entre o mar e a poesia*
> *Tem um porto, Salvador,*
> *As ladeiras da cidade*
> *Descem das nuvens pro mar*
> *E num tempo que passou*
> *Toda a cidade descia*
> *Vinha pra feira comprar*
> ("Água de meninos")

Em 1968, Caetano, no LP *Caetano Veloso*, grava "Clarice" (Caetano Veloso, Capinan):

> *Clarice era morena*
> *Como as manhãs são morenas*
> *Era pequena no jeito*
> *De não ser quase ninguém*
> *[...]*
> *Que mistério tem Clarice?*
> *Que mistério tem Clarice?*
> *Pra guardar-se assim tão firme no coração?*

E grava também "Soy loco por ti América" (Gilberto Gil, Capinan), sendo essa última escrita pouco depois da morte do guerrilheiro Che Guevara:

> *Soy loco por ti, América,*
> *Soy loco por ti de amores.*
>
> *El nombre del hombre muerto*
> *Ya no se puede decirlo, quién sabe?*
> *Antes que o dia arrebente,*
> *Antes que o dia arrebente,*
> *El nombre del hombre muerto.*
> *Antes que a definitiva noite se espalhe em Latinoamérica*
> *El nombre del hombre es Pueblo,*
> *El nombre del hombre es Pueblo.*

Neste mesmo ano, Capinan participa da gravação do antológico LP manifesto da tropicália *Panis et Circensis*, com "*Miserere nobis*" (Gilberto Gil, Capinan): "*Miserere-re nobis/ Ora, ora pro nobis/ É no sempre será, ô, iaiá,/ É no sempre, sempre serão*".

Em 1969, Capinan, em parceria com Jards Macalé, participa do IV Festival Internacional da Canção (TV Globo) com a irreverente "Gotham City". A plateia conservadora se escandalizou. Conta o jornalista e crítico musical Carlos Calado, em seu livro *Tropicália: a história de uma revolução musical*: "Na melhor tradição tropicalista, usando uma longa bata colorida, para cantar a provocadora 'Gotham City', que fez em parceria com Capinan, Macalé já entrou no palco do Maracanãzinho aos gritos: 'Cuidado! Há um morcego na porta principal! Cuidado! Há um abismo na porta principal!'".

O grande encontro de Capinan e Jards Macalé será celebrado na gravação do antológico LP *Jards Macalé*, 1972, disco que foi cultuado e escutado até a exaustão na época da ditadura militar por uma geração que se sentia oprimida, sufocada num mundo sem horizontes, buscando alguma saída, disco de tom desesperado, desiludido, diário sentimental e existencial da geração dos anos 1970, de nossas ilusões perdidas. Em minha casa na rua Cardeal Arcoverde, 845, região em que moravam muitos artistas, estudantes e intelectuais, a maioria ligada à Universidade de São Paulo, região que chamávamos de nosso Quartier Latin, ouvimos muito esse disco, eu e meus amigos Arrigo Barnabé e Itamar Assumpção. Eu cantava "Movimento dos barcos" e "Meu amor me agarra & geme & treme & chora & mata": "Meu amor é um tigre de papel/ Range, ruge, morde, mas não passa/ De um tigre de papel".

Deslumbrantes canções nasceram entre os anos 1970 e 1980 do encontro de Capinan e Paulinho da Viola. Em 1971, Paulinho da Viola grava "Vinhos finos...cristais" e "O acaso não tem pressa". Em 1972, no LP *A dança da solidão*, mais duas joias dessa parceria: "Coração imprudente" e "Orgulho".

O que pode fazer
Um coração imprudente
Se não fugir um pouquinho
De seu bater descuidado
E depois de cair no chorinho
Sofrer de novo o espinho
Deixar doer novamente
("Coração imprudente")

Em 1978, "Sofrer":

Sofrer
Não faço outra coisa na vida
A minha alma sofrida
Quer descansar sem saber
Como abandonar de vez
Esta pele ferida
Maltratada e curtida
Tudo que a vida me fez

Em 1983, no LP *Prisma luminoso*, Paulinho da Viola grava mais duas parcerias com ele: "Mais que a lei da gravidade" e "Prisma luminoso":

> *O grão do desejo quando cresce*
> *É arvoredo, floresce,*
> *Não tem serra que derrube*
> *Não tem guerra que desmate*
> *Ele pesa sobre a terra*
> *Mais que a lei da gravidade*
> ("Mais que a lei da gravidade")

> *Arrepender-se nunca mais,*
> *Amar nunca é demais,*
> *Sofrer faz parte deste jogo,*
> *Amor é fogo,*
> *Pode queimar,*
> *O choro é um prisma luminoso,*
> *Meu coração não tem mais medo de chorar*
> ("Prisma luminoso")

Bom, para terminar este mergulho na obra de Capinan, quero apontar a presença marcante em sua poética do elemento água e toda a simbologia que daí advém. Água do mar, água do rio, Iemanjá e Oxum, lágrima e origem da vida, lição de constante transformação, imagem líquida do tempo, heraclitinana, que percorre o corpo diáfano das letras das canções de Capinan que, dialeticamente, passam e permanecem em nossa vida: "O tempo é como o rio/ Onde molhei o cabelo de minha amada/ Água limpa que não volta/ Como não volta aquela antiga madrugada" ("O tempo e o rio", Edu Lobo e Capinan).

10/1/2013

Luiz Melodia, pérola negra

Tente passar pelo que estou passando,
Tente apagar esse seu novo engano,
Tente me amar porque estou te amando,
Baby te amo, nem sei se te amo

Anos 1970. Estava guiando meu fusquinha branco, passando em frente à Faap, radinho ligado baixinho, quando ouvi a Gal cantando essa canção que me atingiu inesperadamente. Flecha certeira. Procurei um lugar para encostar o carro, aumentei o som do rádio e fiquei ouvindo. Ela dizia tudo que eu sentia e não sabia dizer. Foi como uma breve iluminação. Bela e profana. Como disse o meu amigo Luiz Tatit: o que pode uma canção...

"Pérola Negra", de Luiz Melodia, é uma espantosa canção de amor, no dizer de Tárik de Souza. Canção que confessa a incerteza e o dilema desse sentimento no mundo contemporâneo. Quando Torquato Neto e Waly Salomão ouviram Luiz Melodia cantar esses versos, foram logo mostrar a canção para Gal Costa, que a gravou em seguida, em seu LP *Gal a todo vapor* (1971). Foi dessa forma inquietante e sincera que o Brasil conheceu "Pérola negra", a canção e o compositor Luiz Melodia, que, embora tenha nascido no morro do Estácio, berço do samba carioca, de Ismael Silva, era bamba, mas não era sambista.

"Pérola Negra" é uma confissão espantosa de amor e dúvida, tecida de sentimentos conflitantes – "Baby, te amo, nem sei se te amo" –; dramáticos – "Arranje algum sangue, escreva num pano" –; exaltados e incertos, inquietude que vem de não se saber mais o que é o amor; obsessivos – "Escreva num quadro em palavras gigantes/ Pérola Negra, te amo, te amo". Obsessão, franqueza, drama, dúvida: isto está no centro das transformações existenciais por que passa a geração de 1970. A liberação sexual veio trazer um novo olhar sobre a relação amorosa, sobre a relação entre amor e sexo, entre prazer e afeto e o amor romântico – o desejo, a ânsia de ser correspondido, a obsessão pelo ser amado, a instabilidade da paixão – vai ganhar uma coloração carnal, sanguínea, sexual, revelada pela presença do sangue, usado como tinta para escrever uma declaração de amor. A gravação de Melodia é mais blues, enquanto a de Gal, com a presença da incrível guitarra de Lanny Gordin, dialogando com o canto, é mais rock and roll, evocando a presença de Janis Joplin e seu canto emotivo e rasgado.

Luiz Melodia nasceu no Rio de Janeiro, em 7 de janeiro de 1951. Seu pai era tocador de viola em bares da redondeza, era, como ele disse, um "musiquim", um amador de música e Melodia descobriu a música ao ver o pai tocando em casa: "fui pegando a viola dele, tirando uns acordes, observando". Estudou um pouco, até a sexta série (da sua época), mas para ele, "escola é abertura de cuca, e só". Nem é preciso falar que era músico autodidata. Ouviu muito Louis Armstrong e Elvis Presley, jazz, blues, balada, rock. Quando uma vez começou a cantar no show *A fina flor do samba*, as pessoas estranharam: "Toquei as músicas 'Estácio, eu e você' e 'Farrapo humano', entre o samba-canção e o blues. Notei, assim, na plateia, um certo clima de surpresa. Ali só se apresentava sambista, samba. Mas logo o pessoal entendeu e aplaudiu".

Maria Bethânia gravou "Estácio, Holly Estácio", em 1972, no LP *Drama – Anjo exterminado*. Sucesso. Somado ao sucesso do disco de Gal, isso abre alas para que Melodia grave, em 1973, seu primeiro LP, *Pérola Negra*, no qual canta suas composições. "Estácio, Holly Estácio" foi feita para uma namorada, ainda adolescente. É um samba-canção que tem como tema um amor que não deu certo e como cenário o largo do Estácio. Começa desta forma tão bela e dramática: "Se alguém quer matar-me de amor, que me mate no Estácio". Ninguém a esqueceria:

> *Se alguém quer matar-me de amor*
> *Que me mate no Estácio*
> *Bem no compasso*

Bem junto ao passo
Do passista da escola de samba
No largo do Estácio

De seu primeiro LP também fazem parte "Magrelinha" – "O sol não acredita/ Baby é magrelinha" – e "Farrapo humano" (gravada depois por Jards Macalé) – "Eu choro tanto/ Escondo e não digo/ Viro farrapo/ Tento suicídio/ Com caco de telha e caco de vidro". As duas primeiras, blues; e "Estácio, eu e você", um samba-choro.

Sobre as letras de suas músicas, Melodia explica que elas não visavam explicar nada, que elas sugerem muitas coisas: "As pessoas têm que estar abertas para entender os toques. Não é assim, eu pisei numa pedra e aí nasceu essa frase. É um toque ingênuo, uma coisa poética, das vivências que eu observei". Daí as frases cortantes, que se unem numa sintaxe própria, pelo fio da emoção e do choque, metáforas carregadas de sentimento – farrapo humano – e de ambiguidade – peregrino sábio dos enganos –, uma sintaxe sensível que indica a presença do blues na alma e nas canções de Melodia. Como no blues, as letras de Melodia não têm uma narrativa linear, elas exprimem, através de fortes imagens, de metáforas e frases cortantes, de *flashes* e fragmentos, os sentimentos do poeta diante do mundo, de si e do amor, com a cidade e seus anúncios luminosos, como ele canta em "Onde o sol bate e se firma" (LP *Mico de circo*, 1978), sua poética, letreiros luminosos da alma:

Estou em torno da cidade
Frases elegantes sobre mim
Vejo vitrines
Vejo boutiques
Só não vejo quem eu quis

Zuza Homem de Mello e Jairo Severiano dizem que Melodia faz uma música diferente "que reflete influências de blues, rock, soul e até samba-canção, enfim de um universo habitado por Billie Holiday,

B.B. King, o tecladista e arranjador Taj Mahal, os Beatles. Jorge Ben e Maria Bethânia, artistas que ele curte e admira. Um pouco disso tudo, misturado à sua maneira, deu composições como 'Pérola Negra'". Acrescento a isso a presença do choro também ("Estácio, eu e você", "Fadas").

Em 1975, Melodia apresenta, no festival Abertura, "Ébano", o novo peregrino sábio dos enganos, com letra instigante e sintaxe fragmentária, como é de seu estilo: "o couro que me cobre a carne não tem planos/ a sombra da neurose te persegue há tantos anos", frases que provocam, sugerem associações, têm sentido impreciso. O júri não entendeu, desclassificou. O públicou gostou e aplaudiu.

Em 1976, "Juventude transviada" faz muito sucesso ao ser trilha da novela *Pecado capital* e foi gravada no LP *Maravilhas contemporâneas*: "o título quer dizer que o disco reúne todas as maravilhas contemporâneas, jazz, rock, samba-canção, soul...", explica Melodia.

> *Eu entendo a juventude transviada*
> *E o auxílio luxuoso de um pandeiro*
> *Até sonhar de madrugada,*
> *Uma moça sem mancada,*
> *Uma mulher não deve vacilar*
> ("Juventude transviada")

"Juventude transviada" também é uma canção com versos soltos, sem preocupação com a lógica, texto enigmático. Nesse LP, ele gravou "Congênito". Gosto demais dessa música. Nela, o poeta faz uma crítica da palavra e do mundo do consumo e do entretenimento: "Se a gente falasse menos/ Talvez compreendesse mais/ Teatro, boate, cinema,/ Qualquer prazer não satisfaz". E da falta de sentido, do vazio da alma neste mundo reificado: "Mas o tudo que se tem não representa nada./ Tá na cara que o jovem tem seu automóvel./ O tudo que se tem não representa tudo/ O puro conteúdo é consideração".

Vou me limitar a falar sobre as músicas presentes nos seus três primeiros LPs. Fazem parte dessa trilogia: *Pérola Negra* (1971), *Maravilhas contemporâneas* (1976) e *Mico de circo* (1978).

Luiz Melodia abre o LP *Mico de circo* (1978) com a emblemática canção de Zé Kéti "A voz do morro". Pois é, as pessoas comentavam o fato de Luiz ser do morro e não ser sambista e ele abre seu terceiro disco dessa forma provocante, como a afirmar sua identidade com o samba, sua origem, sem, no entanto, abrir mão do universo pop, afirmando uma identidade plural, o samba, a música norte-americana e a latina.

Em "Onde o sol bate e se firma", Melodia é o poeta da cidade, andando sem rumo entre a multidão: "Os transeuntes me agitam/ me perco entre a multidão", cantando a alucinação da cidade moderna, e "vejo através das lentes negras/ lindo seu corpo, lindo" e "giro a cidade sem juízo", procurando o rosto de seu amor perdido, "Vejo vitrines, vejo boutiques/ Só não vejo quem eu quis". Cidade moderna, solidão na multidão, não sei se Melodia conhece Baudelaire ou não, mas não posso deixar de pensar no poeta das flores do mal e seu possível-impossível amor, perdido após um breve olhar, no poema "A uma passante".

"Presente cotidiano" foi composta especialmente para Gal Costa, que a gravou em 1973, no seu LP *Índia*. Melodia só gravaria essa canção em 1978, no LP *Mico de circo*:

> *Tá tudo solto na plataforma do ar,*
> *Tá tudo aí, tá tudo aí.*
> *Quem vai querer comprar banana?*
> *Quem vai querer comprar a lama?*
> *Quem vai querer comprar a grana?*

Nesse disco também está "Giros de sonho", "Falando de pobreza" (de Tureko) e "Fadas", que viria a se tornar um grande sucesso.

Não bastasse a beleza inconfundível de suas canções, a voz de Luiz Melodia é uma das mais belas da música popular brasileira, timbre único, aveludado e com aquele vibrato metálico, que o coloca na linha direta de grandes cantores como Jamelão. Luiz Melodia está aí, cantando, gravando, lotando os teatros do Brasil com suas músicas, que agora são clássicos, e seu timbre e seu jeito original de compor. Coloriu e segue colorindo nossa música com outros tons, como o de sua bela e inesquecível pérola que é negra.

18/1/2013

Antonio Carlos Brasileiro Jobim

"Um cantinho, um violão,/ este amor, uma canção,/ pra fazer feliz a quem se ama." A música de Antonio Carlos Jobim continua cada vez mais viva. Tom é essa maravilha de ser humano que deixa a gente sem ter o que falar: querendo falar dele e de sua música, tudo soa fora do lugar e pequeno. Não foi à toa que, quando Helena Jobim, irmã de Tom, pediu a Chico Buarque que escrevesse o prefácio de seu belo livro *Antonio Carlos Jobim: um homem iluminado*, Chico mandou a ela uma fita gravada, ele e Tom, Tom mostrando algumas músicas para Chico, entre as quais a que viria a ser "Anos dourados". O maestro soberano celebrou com sua arte o que há de melhor no Brasil, na natureza e no ser humano. A vida vale a pena quando a alma não é pequena. Ninguém como ele cantou a natureza brasileira com tanto maravilhamento: quando ouvimos sua música, pássaros, peixes, plantas, matas, mares, rios, montanhas, lendas brasileiras, lindas e sensíveis mulheres povoam nosso imaginário: "Na praia de dentro tem areia/ Na praia de fora tem o mar/ Um boto casado com sereia/ Navega no rio pelo mar".

Jobim adorava Vinicius, Caymmi, Ary Barroso, Radamés Gnattali, João Gilberto, Pixinguinha, Villa-Lobos, Debussy, Chopin, sambas, marchinhas, serestas, valsas, modinhas, choro e era a partir de tudo isso e de sua visão iluminada do mundo que ele criava sua música. Tudo começou assim: "Tinha um tio que tocava violão popular e outro que tocava violão clássico – os espanhóis, Bach e Chopin – e fazia aquelas transcrições para a guitarra... Foi aí que fui me apaixonando pela música. Lá em casa não tinha piano, nada disso! Foi através desses tios que fui me aproximando da música". Mais tarde, sua mãe "alugou um piano velho, alemão, convidou o maestro Hans-Joachim Koellreutter para dar as primeiras aulas de música. Quem devia estudar piano era minha irmã, mas Helena não queria saber daquilo, e eu sim. Quando chegava da praia, ficava mexendo no piano, experimentando os sons...". Com Koellreutter aprendeu as noções básicas de harmonia e de contraponto clássicos, "quer dizer, modal e tonal, algo mais funcional, Debussy e coisas assim", contaria o professor.

Em 1949 casou-se com Thereza Hermanny. Jobim havia entrado na faculdade de arquitetura, mas abandonou o curso e se dedicou ao estudo da música. No final dos anos 1940 e início dos anos 1950, começou a tocar nas boates cariocas e foi assim que conheceu um de seus grandes parceiros – Newton Mendonça –, com quem faria mais tarde algumas das canções mais emblemáticas da bossa nova: "Meditação", "Desafinado", "Samba de uma nota só", verdadeiras canções-manifesto da nova estética que estava nascendo. Newton Mendonça foi o único parceiro que compunha com Tom as letras e as músicas.

Se você insiste em classificar
Meu comportamento de antimusical
Eu mesmo mentindo devo argumentar
Que isso é bossa nova
Que isso é muito natural.
("Desafinado")

Quem acreditou
No amor, no sorriso e na flor
Então sonhou, sonhou
E perdeu a paz
O amor, o sorriso e a flor
Se transformam depressa demais.
("Meditação")

> *Eis aqui esse sambinha*
> *Feito de uma nota só*
> *Outras notas vão entrar*
> *Mas a base é uma só.*
> ("Samba de uma nota só")

"O Newton era um sujeito incrível. A gente convivia na praia, tocando gaita aqui e ali, tinha sempre um violão no meio daquilo. O Newton não era apenas um letrista. Fazia música também. [...] A gente ia trabalhando junto a parte musical. Era tudo misturado. Ele ficava com o lápis e o caderno, e eu sentado ao piano. A gente fazia tudo junto", conta Tom, em entrevista a Almir Chediak.

Jobim começou a trabalhar para editoras musicais, transpondo para a partitura sambas dos compositores talentosos e intuitivos. Foi também diretor artístico de algumas gravadoras e, quando trabalhou na Continental, fazia, no início, o mesmo que na Editora Euterpe: passar para a pauta as composições dos que não sabiam escrever música. Mas o que mais lhe agradava era dar assistência ao maestro Radamés Gnattali, que fazia grande parte dos arranjos das músicas gravadas lá. Conta Sérgio Cabral, seu biógrafo e amigo:

> *Radamés via nele um candidato sério a orquestrador e sabia que ele se preparava para isso. E ia passando para Jobim todas as soluções que adotava na distribuição das partes para a orquestra, o timbre obtido mediante a utilização de determinada instrumentação, etc. Na Continental, Radamés cuidava das músicas que seriam gravadas e escrevia os inúmeros arranjos para os programas musicais da Rádio Nacional. E Tom Jobim ao lado dele, muitas vezes passando para o papel as ideias do mestre, fazendo o mesmo que, 30 anos depois, atribuiria ao seu filho Paulo Jobim e ao violoncelista Jacques Morelenbaum. Era uma relação tão útil quanto a do mestre e o aluno e tão doce quanto a do pai e o filho. Por essas e por tantas outras coisas que faria depois, Radamés passaria a ser um dos seres humanos a quem Tom mais amou na vida. "Os filhos*

da gente não são somente os filhos da carne. São também os filhos das ideias", diria anos depois para justificar porque considerava Radamés Gnattali "*o pai musical de muita gente*".

O primeiro sucesso de Tom foi uma parceria com Billy Blanco, "Tereza da praia" (1954), cantada em dueto por Dick Farney e Lúcio Alves. Os dois cantores conversam sobre uma linda morena que era de todos e de ninguém:

> Lúcio: É a minha Teresa da praia.
> Dick: Se ela é sua, ela é minha também.
> Lúcio: O verão, passou todo comigo.
> Dick: O inverno, pergunta com quem.

Em 1956 aconteceu o grande encontro de Antonio Carlos Jobim e Vinicius de Moraes, uma das mais brilhantes parcerias da música popular brasileira. Vinicius, diplomata e poeta já conhecido, começava a fazer letras de canções e tinha acabado de escrever a peça *Orfeu da Conceição*. Procurava um parceiro para fazer a parte musical. O primeiro convidado foi Vadico, que, por motivo de saúde, não aceitou. Foi então que Lúcio Rangel o apresentou a Tom Jobim, no bar Villarino, ponto de encontro da boemia carioca. Vinicius falou para Tom da peça que tinha escrito e na mesma hora o convidou para fazer a música. Foi quando Tom fez aquela famosa pergunta: "Tem um dinheirinho nisso?". Desse encontro, nasceram tantas eternas e lindas canções. Para *Orfeu da Conceição*, eles compuseram "Lamento no morro", "Um nome de mulher", "Mulher, sempre mulher", "Eu e o meu amor" e "Se todos fossem iguais a você", que termina com esses versos: "Existiria a verdade/ Verdade que ninguém vê/ Se todos fossem no mundo iguais a você".

Sobre o início da parceria, conta Tom: "No princípio, ficamos meio assim, ele não me conhecia direito, e fizemos dois sambas meio cerimoniosos um com o outro. Mas o poeta trouxe, em seguida, uma garrafa de uísque e começamos a compor seriamente.

E nasceram as músicas de *Orfeu*. Depois a parceria continuou e fizemos uma série de sucessos".

A peça de Vinicius foi adaptada para o cinema pelo francês Marcel Camus, *Orfeu negro* (1959), e ganhou a Palma de Ouro do Festival de Cannes de 1959. Mas Vinicius não gostou nada da visão estereotipada da cultura brasileira que Marcel Camus mostrou na tela. No entanto, a trilha sonora é belíssima e foi composta não só por Jobim, mas também por Luiz Bonfá (a linda canção "Manhã de Carnaval" é de Luiz Bonfá e Antônio Maria). Para o filme, Jobim compôs, em parceria com Vinicius, "A felicidade", "Frevo de Orfeu" e "O nosso amor".

> *Tristeza não tem fim*
> *Felicidade sim*
> *A felicidade é como a gota*
> *De orvalho numa pétala de flor*
> *Brilha tranquila*
> *Depois de leve oscila*
> *E cai como uma lágrima de amor.*
> ("A felicidade")

Sobre o estilo de Tom Jobim, Lorenzo Mammì escreveu, no "Prefácio" de *Cancioneiro Jobim*:

> *A segunda parte de "A felicidade", uma das primeiras parcerias de Tom Jobim com Vinicius de Moraes, consta de uma única frase longuíssima, que se inicia no registro grave ("A felicidade do pobre parece..."), sobe gradualmente até a região mediana ("Por um momento de sonho"), e recai ainda mais lentamente para o grave ("E tudo se acabar na quarta-feira"). Quase não há repetições nesse percurso, e o ápice do arco melódico corresponde ao momento de maior tensão harmônica: um acorde de Fá sustenido menor que ilumina por um instante a oscilação um tanto obsessiva em volta do centro tonal de Dó maior. O movimento da música corresponde sutil mas perfeitamente ao texto – a preparação de uma felicidade momentânea, o brilho rápido*

e ilusório, a volta à melancolia cotidiana. Esse tipo de frase musical – que pressupõe uma longa preparação e um esvaziamento igualmente longo, tendo no centro um acorde ou uma nota inesperada, quase uma revelação – é uma constante no estilo do autor. De fato, as melodias de Jobim são profundamente originais. Tortuosas e assimétricas, alternam momentos de serenidade e de angústia, imobilidade hipnótica e desvios surpreendentes, concluindo muitas vezes de maneira inesperada, com um acorde estranho à tonalidade. Como num conto, grande parte do fascínio delas deriva do aparecimento de peripécias que não podemos prever e que no entanto, uma vez ouvidas, parecem perfeitamente lógicas.

Em 1957, Jobim compõe em parceria com Dolores Duran: "Se é por falta de adeus", "Estrada do sol" e "Por causa de você". Tom dizia que Dolores Duran era "um cometa musical, desses que só aparecem de cem em cem anos".

É de manhã vem o sol
Mas os pingos da chuva
Que ontem caiu
Ainda estão a brilhar
Ainda estão a dançar
Ao vento alegre que me traz essa canção.
("Estrada do sol")

A nossa casa querido
Já estava acostumada guardando você,
As flores da janela sorriam, cantavam,
Por causa de você
("Por causa de você")

Em 1958, Tom assinou a direção musical e os arranjos do LP *Canção do amor demais*, só com composições suas e de Vinicius de Moraes, cantadas por Elisete Cardoso, e no qual apareceria, pela primeira vez, a batida do violão de João Gilberto. Fazem parte desse disco as canções antológicas de sua parceria com Vinicius: "Chega de saudade", "Eu não existo sem você", "Janelas abertas", "Estrada branca", "Modinha" e "Canção do amor demais".

> *Chega de saudade*
> *A realidade é que sem ela*
> *Não há paz, não há beleza,*
> *É só tristeza e a melancolia*
> *Que não sai de mim,*
> *Não sai de mim, não sai.*
> ("Chega de saudade")

> *Eu sei e você sabe que a distância não existe*
> *Que todo grande amor só é bem grande se for triste*
> *Por isso meu amor não tenha medo de sofrer*
> *Que todos os caminhos me encaminham pra você.*
> ("Eu não existo sem você")

Lorenzo Mammì, no prefácio já citado, diz que

> *Todas as músicas de Jobim parecem fadadas a carregar letras, mesmo quando foram escritas como peças instrumentais. O fato de se ter cercado de letristas de musicalidade excepcional, e de ter sido ele próprio um excelente letrista, não é apenas um ponto de força, mas uma necessidade de sua obra. Suas canções contêm frases que são pinturas sonoras, verdadeiros madrigalismos: a pluma que oscila ao vento, em "A felicidade"; o soft evasive mist de "Bonita"; "Chovendo na roseira", do começo ao fim. Mas não é essa, a meu ver, a questão principal. O que aproxima essas linhas melódicas da fala são, muito mais, seus perfis irregulares, soltos, que evitam enfatizar os centros harmônicos, acentuando quase sempre notas estranhas ao acorde. São evitados saltos grandes, que afastariam o canto da prosa. A melodia procede passo a passo por longos trechos.*

Em 1959, *Chega de saudade* seria o título do LP de João Gilberto, divisor de águas na música popular brasileira, pois iria causar um grande impacto e renovação ao fazer a síntese dos elementos desse novo jeito de fazer música, a bossa nova. No disco estavam também duas parcerias de Tom e Vinicius: "Chega de saudade" e "Brigas nunca mais".

Em 1960, a pedido do então presidente Juscelino Kubitschek, Tom e Vinicius compuseram *Brasília, sinfonia da Alvorada*.

Sobre "O planalto deserto", trecho dessa sinfonia, Tom escreveu:

> *A música começa com duas trompas em quintas que evocam as "antigas solidões sem mágoa", de que nos fala Vinicius de Moraes, e a majestade dos campos sem arestas que há milênios se arquitetaram. O espírito do lugar prevalece. Duas flautas comentam liricamente as infinitas cores das auroras e dos poentes, sobre um fundo harmônico de cordas em trêmulo. O mistério das coisas anteriores ao homem é exposto numa luz clara e transparente. "Onde se ouvia nos campos gerais do fim do dia o grito da perdiz, a quem respondia o pio melancólico do jaó." Às vezes, à beira d'água, surge a trama vegetal dos galhos e lianas. O timbre da orquestra escurece. O infinito horizonte se enche de cores do crepúsculo e se escuta uma vez o tema do planalto.*

Em 1962, juntamente com Vinicius, Jobim compôs uma das músicas mais gravadas em todo o mundo, "Garota de Ipanema", que com seu doce balanço, a caminho do mar, seduziu todo o planeta.

Em 1968, Tom Jobim e Chico Buarque apresentaram "Sabiá" no III FIC. A música originalmente chamava-se "Gaivota" e tinha sido feita para a soprano Maria Lúcia Godoy. Tom detestava festival, mas acabou aceitando o convite e, como só tinha essa música, pediu ao Chico que colocasse uma letra. Jobim não tinha nenhuma pretensão, achava que não era uma música própria para festival. Era delicada demais para isso. Por isso, apostou com Vinicius que não ganharia e a aposta foi uma caixa de uísque. Ganhou! Na fase nacional, o público não gostou nada, não se sensibilizou nem percebeu que se tratava de uma moderna canção de exílio. Nada disso. Vaiaram, queriam que a vencedora fosse a panfletária música de Geraldo Vandré, "Caminhando". Tom teve que pagar a aposta... Na fase internacional, "Sabiá" venceu outra vez.

> *Vou voltar*
> *Sei que ainda vou voltar*
> *Para o meu lugar*
> *Foi lá e é ainda lá*
> *Que eu hei de ouvir cantar uma sabiá*
> *Cantar uma sabiá.*

Essa história já foi diversas vezes contada, mas vale a pena contar de novo. Em 1972, Tom Jobim estava em seu sítio no Passo Fundo, compondo *Matita Perê*, sua "suíte mateira" (que teria depois a parceria de Paulo César Pinheiro). No final de um dia de trabalho, vieram à sua cabeça palavras e uma melodia que ele começou a cantarolar: "É pau, é pedra". Teresa, sua mulher, achou bonito e Tom foi escrevendo no papel de embrulhar pão, ali mesmo, versos e mais versos, e acabou deixando de lado *Matita Perê* até terminar a nova canção. "Águas de março" seria gravada por ele ainda naquele ano, no "disco de bolso" do *Pasquim*. Ela faz parte das canções em que Tom fala da natureza, suas canções ecológicas como "Chovendo na roseira", "Correnteza", "Passarim", "O boto". Como disseram Zuza Homem de Mello e Jairo Severiano, no livro *A canção no tempo*, "Águas de março" esconde sob sua aparente simplicidade uma estrutura sofisticada e complexa:

> *Essa estrutura apoia uma melodia caracterizada pela obstinada repetição de uma pequena célula rítmico-melódica, construída basicamente com duas notas (a terceira e a fundamental do acorde de tônica), harmonizada por um encadeamento de quatro acordes, com o uso de inversões e outras diferenças sutis - e é neste ponto que se situa a parte mais rica da criação de Jobim – que se resolve*

invariavelmente no acorde de tônica a cada final de frase, ou seja, de quatro em quatro compassos, nada menos que 18 vezes durante toda a peça. Com a troca de acordes, as mesmas notas, sempre repetidas, vão adquirindo colorido renovado, soando como se fossem notas diferentes, enquanto os referidos acordes acabam por se fixar de tal maneira que, ao se cantarolar "Águas de março", eles vêm intuitivamente à imaginação, por meio de nosso ouvido interno. Essa sofisticação se estende à letra, talvez a melhor entre todas que Jobim escreveu. Em dezenas de versos incisivos, diretos, quase sem adjetivação, o poema passa impressões sobre um final de verão no campo, enunciando minuciosamente os componentes da paisagem, encharcada pelas águas de março.

Esse é talvez o samba mais bonito do mundo, disse Chico Buarque.

Nara Leão, musa da bossa nova, gravaria, em 1986, um disco só com bossa nova: "Garota de Ipanema" (Tom e Vinicius), "Desafinado" (com Newton Mendonça), "Wave" (Tom), "Corcovado" (Tom), "Águas de março" (Tom).

Em 1992, Tom foi homenageado pela Estação Primeira de Mangueira, sendo o tema do samba-enredo da escola. Depois faria, em parceria com Chico Buarque, "Piano na Mangueira": "Mangueira/ Estou aqui na plataforma da estação/ Primeira/ O morro veio me chamar".

Tom era um homem simples, emotivo, adorava sua família, seus amigos, beber, comer e prosear, adorava sua "vidinha" carioca. Não gostava de viajar. Se viajava, era porque seu trabalho exigia. Passou muito tempo indo e vindo para os Estados Unidos, principalmente Nova York, e o que mais gostava de fazer quando estava lá era andar pela rua sem ser reconhecido. No Rio, muitas vezes, fazia o seguinte: quando alguém o reconhecia na rua e lhe perguntava se ele era o Tom Jobim, ele respondia: "Não sou ele. Sou muito parecido com ele. Muita gente faz confusão".

Sérgio Cabral conta que, depois que Vinicius de Moraes morreu (1980), Tom passou a dizer: "Foi a morte do Vinicius que me deu a convicção de que não somos imortais". Quando Jaguar lhe perguntou se pensava na morte, Tom respondeu: "Bastante, numa boa. Tenho lido muito os poetas que falam da morte. Manuel Bandeira é um craque nisso: 'O aeroporto de todas as manhãs me dá lições de partir'". Numa outra entrevista, ele disse:

> O que deve preocupar as pessoas é o medo de morrer sem ter feito nada. Agora, esse negócio de ter medo da morte, claro que tenho. Todo mundo tem. Tenho medo de ônibus, de ficar impotente, de comer chocolate. Uma coisa é certa: Deus não criaria o homem para, de repente, destruí-lo. Há alguma coisa aí que não está bem explicada. Eu, por mim, curto esse lindo planetinha. Enquanto me deixarem ficar por aqui, fico. Afinal, se Deus deixa que destruam dois milhões de árvores na Amazônia, sem mais nem menos, é porque as faz nascer em outro lugar, onde deve haver macacos, flores e águas altas. É para lá que eu vou, quando eu morrer. Mas, no restinho de vida, vou aproveitar para cantar, denunciar a depredação e proteger a ecologia.

25/1/2013

Lamartine Babo, o rei do Carnaval

"No dia 10 de janeiro de 1904 nasci num berço todo doirado e na rua mais bonita do Rio de Janeiro. Daí, comecei a engatinhar, a caminhar para frente. Com intuição da música, de tão precoce que eu era, nem maestro Pixinguinha, com seus lindos choros de flauta, poderia competir comigo...Eu chorava demais." Era assim que Lamartine contava sua vida em alguns dos muitos programas de rádio que fazia, sempre com muita alegria e com um humor inconfundível. Desde a infância, vivia rodeado por música. Décimo segundo filho de uma família de classe média, em sua casa, a mãe e as irmãs tocavam aquelas valsas plangentes que inundavam a atmosfera do Rio daqueles tempos. Vez por outra, os chorões Ernesto Nazareth e Catulo da Paixão Cearense apareciam por lá e o menino Lamartine ficava ouvindo aquela música bonita, chorinhos e canções, sonoridade que ia formando seu mundo musical. Afora isso, ouvia os discos de foxtrote americano, novidade que inundava a sociedade carioca naquele início do século XX. No Colégio São Bento, já começava a compor: um foxtrote, uma valsa e uma Ave Maria. Desde o começo era eclético. Bacharelou-se em Letras no Colégio Pedro II e começou a trabalhar como *office-boy* na Light. Nessa época, juntava um dinheirinho e ia ao Teatro Municipal, ao Lírico ou ao São Pedro de Alcântara (hoje João Caetano) para ouvir alegres operetas vienenses. Saía do teatro assobiando trechos das melodias. E, assim, sem saber música, compôs uma opereta, *Cibele*, em 1920. Nunca foi encenada. Compôs mais outras duas que tiverem a mesma sina...

Lamartine foi despedido do emprego, arrumou outro e foi despedido também. Ele queria outra vida. Começou a frequentar a boemia, a se aproximar do pessoal de música e de teatro. Era amigo de Eduardo Souto, que, além de compositor, era dono de uma editora de partituras, a Casa Carlos Gomes. Com uma figura engraçada, que parecia uma caricatura, magrinho, inquieto e com um bigodinho fininho e preto, Lamartine se destacava pelo humor e a facilidade em fazer trocadilhos e, assim, se tornou colaborador de algumas revistas, como *Dom Quixote*, que era especializada em humor e sátira dos costumes da época, *Para Todos* e *Shymmy*. Nas revistas, usava pseudônimos: Frei Caneca, Poeta Cinzento.

Começou então a compor para teatro, pois o teatro de revista e as peças musicadas estavam muito em voga naquele momento, década de 1920. Mas ainda não seria assim que se tornaria conhecido. Seu amigo, o compositor Eduardo Souto, costumava financiar a saída dos blocos de Carnaval e as batalhas de confete que antecediam o Carnaval, para divulgar suas músicas. Em 1924, Lamartine saiu num desses blocos, o Tatu Subiu no Pau, cantando a marchinha de Souto "Não sei dizê". Gostou tanto que se animou e começou a compor músicas de Carnaval. A partir de 1928, compôs para os ranchos da época e conseguiu certo destaque com a marchinha "Foi você". Em 1927, Lalá foi para o bloco de um compositor de sucessos carnavalescos, Luís Nunes Sampaio, o Careca. Em 1928, compôs "Os calças-largas", uma sátira à moda das calças boca de sino:

> *Vem, meu bem*
> *Que os calças-largas*
> *Não te podem sustentar*
> *Sem vintém*
> *Almoçam brisas*
> *E à noite vão dançar.*

Esse foi o primeiro sucesso de Lamartine, sua primeira música gravada. Mas o que estava ganhando com a música não garantia seu sustento: Lalá foi então para os clubes, dar aulas de dança de salão.

Lamartine sempre esteve ligado ao Carnaval. Começou desfilando com as canções de Souto e depois se tornaria o centro da festa, tendo suas músicas cantadas em todo o Brasil: ele se tornaria "o rei do Carnaval".

A década de 1930 marca o início de uma nova fase da música popular brasileira, a chamada "época de ouro". Em 1931, morre o "rei do samba", Sinhô. O jornalista e crítico musical Lúcio Rangel escreveu:

> *A geração que então surgiu apresentou, de cara, uma turma nova, embora alguns viessem de tempos quase vizinhos – Lamartine Babo, Noel Rosa, Ary Barroso. Era a época de ouro, o esplendor da música popular brasileira. Ao mesmo tempo surgiram nos morros um Cartola, um Nelson Cavaquinho. Os poucos cantores que existiam chamavam-se Francisco Alves, Mário Reis, Sílvio Narciso de Figueiredo Caldas. Carmen Miranda dava baile e Aracy Cortes cantava "Ai Ioiô". O páreo era duro. Mas surgiu um homem magrinho cheio de bossa e musicalidade. Fazia samba, fazia marchinha. Sabia de cor todas as operetas vienenses. O meu Lalá. O nosso Lamartine Babo.*

Com a nova década, vieram grandes mudanças e uma delas foi o cinema falado, que era o grande culpado da transformação, como cantaria Noel Rosa em "Não tem tradução". A música do cinema já não seria mais tocada por Ernesto Nazareth e Pixinguinha. Com o cinema falado, a língua e a música americana passaram a tomar conta das salas de cinema, fazendo que o brasileiro começasse a conviver com a cultura americana, o que seria satiricamente contado por compositores populares como Noel Rosa, em "Não tem tradução" (1933), Assis Valente, em "Good-bye, boy" (1933), e Lamartine Babo, em "Canção para inglês ver" (1931).

As emissoras de rádio também causaram uma revolução na divulgação das músicas, pois agora não era mais preciso financiar blocos para divulgá-las: o sucesso era "fabricado" em estúdios e divulgado pelas rádios por todo o Brasil. Imaginem o impacto que isso causou na música popular, que massificação vertiginosa! Assim, os cantores e compositores começaram a ficar tão famosos quanto os artistas de cinema.

A composição de músicas destinadas ao Carnaval já era um costume brasileiro. A pioneira dessa tradição foi Chiquinha Gonzaga, com sua famosa e profética marchinha "Abre-alas". Na década de 1920, a forma da marchinha de Carnaval já estava estruturada e vieram os sucessos "Pé de anjo", de Sinhô, e "Pois não", de Eduardo Souto. Mas foi a partir de 1930 que a marchinha alcançou seu apogeu. E, para isso, teve a contribuição fundamental de Lamartine Babo. Suas marchinhas marcaram sucessivos carnavais e algumas delas não se limitaram ao ano de lançamento, mas passaram a fazer parte do repertório dos foliões nos anos seguintes e entraram para a história do Carnaval. Em 1930, venceu um concurso da revista *O Cruzeiro* com a marchinha "Bota o feijão no fogo"; em 1931, ganhou o concurso da Casa Edson com "Bonde errado" e fez sucesso com "Lua cor de prata", "Minha cabrocha" e "O Barbado foi-se". Mas seu grande ano seria 1932, com "Só dando com uma pedra nela", gravada por Mário Reis, "AEIOU", em parceria com Noel Rosa, e o sucesso estrondoso daquela que seria considerada um hino do Carnaval carioca: "O teu cabelo não nega".

"Linda morena, morena, morena que me faz penar/ A lua cheia, que tanto brilha/ Não brilha tanto quanto o teu olhar", cantavam os foliões românticos em 1934, ano também da malandragem de "Moleque indigesto", da filosofia de "A tua vida é um segredo", do recado de "Aí, hein?,/ pensas que eu não sei?/ Toma cuidado, pois um dia/ eu fiz o mesmo e me estrepei" e da versão carnavalizante da história do Brasil, que vai de Peri e Ceci à Ioiô e Iaiá, do guarani ao guaraná:

> *Depois*
> *Ceci amou Peri*
> *Peri beijou Ceci*
> *Ao som...*
> *Ao som do "Guarani"!*
> *Do Guarani ao guaraná*

> *Surgiu a feijoada*
> *E mais tarde o Paraty.*

"Linda morena" é uma marchinha ingênua, alegre, lírica, que fez muito sucesso e com sua popularidade inspirou várias paródias.

A filósofa Olgária Matos, no ensaio "*Theatrum Mundi*: filosofia e canção", no qual mostra como na canção popular brasileira se encontra, muitas vezes, uma filosofia moral, analisando os versos de "A tua vida é um segredo", aponta para ressonâncias do pessimismo de Schopenhauer, pois a canção diz que a vida é um acaso incompreensível:

> *A tua vida é*
> *É um segredo*
> *É um romance e tem*
> *E tem enredo*
> *[...]*
> *A tua vida foi sonho e foi ventura*
> *Foi lágrima caída*
> *No caminho da amargura*
> *São nossas vidas*
> *Romances sempre iguais*
> *Três atos de mentira*
> *Cai o pano e nada mais.*

Diz Olgária: "Além do tema do *Theatrum Mundi*, a vida como três atos de mentira não significa que a vida seja absurda porque contraditória ou ilusória, mas porque incausada. A única certeza, nesta trama de enganos, é a morte: 'Três atos de mentira/ Cai o pano e nada mais'".

Em 1934, Lamartine compôs também "Ride, palhaço", em parceria com João de Barro, e "Uma andorinha não faz verão". Em 1935, "Grau dez", em parceria com Ary Barroso, e "Rasguei a minha fantasia". Esta e "Ride, palhaço" têm um tom melancólico, triste.

Em 1936, foi a vez da "Marchinha do grande galo", em parceria com Paulo Barbosa, maior sucesso de Carnaval daquele ano.

Mas, em 1937, a grande vitoriosa do Carnaval não foi uma marchinha de Lalá, foi "Mamãe eu quero", de Vicente Paiva e Jararaca. Lamartine já não estava mais no centro da festa, nem a festa era a mesma, pois o espírito carnavalesco parecia eclipsar-se diante do terror do fascismo que se espalhara pela Europa e que já era sentido no Brasil: no final desse ano seria implantada a ditadura do Estado Novo. Ao mesmo tempo, a disputa carnavalesca perdia seu aspecto lúdico e gozador e ia se tornando uma competição sob a batuta não do talento, mas do capitalismo: o dinheiro entra em cena para garantir a divulgação e a execução das músicas, em vez do talento, do humor. O espírito do Carnaval vai perdendo sua beleza... Lamartine foi se afastando desse cenário, que nada tinha a ver com ele. Retraiu-se. Vez por outra, compunha alguma marchinha, mas só esporadicamente. Numa entrevista, ele disse: "Eu me achava um colosso. Mas um dia, olhando-me no espelho, vi que não tinha colo, só osso". Diante da adversidade, Lalá continuava um gozador, um brilhante fazedor de trocadilhos.

Lamartine era um compositor eclético, desde o início. Fez músicas para festas religiosas, São João e Natal. Em 1933, Mário Reis e Carmen Miranda gravaram em dupla a linda canção junina "Chegou a hora da fogueira", que é até hoje cantada nas festas de São João. Linda e graciosa canção, que começa muito alegre e acaba de modo nostálgico e amargo com esses versos:

> *Hoje em dia o meu destino*
> *Não vive em paz,*
> *O balão de papel fino*
> *Já não sobe mais,*
> *O balão da ilusão*
> *Levou pedra e foi ao chão.*

E Lalá compôs também canções mais langorosas, samba-canção e valsas, as antológicas "No rancho fundo", "Serra da Boa Esperança" e "Eu sonhei que tu estavas tão linda", canções líricas, brasileiras, ingênuas, o outro lado da face da malícia gostosa e humorística de Lamartine.

No rancho fundo, bem pra lá do fim do mundo,
Onde a dor e a saudade contam coisas da cidade.
No rancho fundo, de olhar triste e profundo
Um moreno canta as mágoas
Tendo os olhos rasos d'água.
("No rancho fundo", Lamartine Babo e Ary Barroso)

Serra da Boa Esperança
Esperança que encerra
No coração do Brasil
Um punhado de terra
No coração de quem vai
No coração de quem vem
Serra da Boa Esperança,
Meu último bem.
("Serra da Boa Esperança", Lamartine Babo)

Eu sonhei que tu estavas tão linda
Numa festa de raro esplendor
Teu vestido de baile, lembro ainda
Era branco, todo branco, meu amor.
("Eu sonhei que tu estavas tão linda",
 Lamartine Babo e Francisco Matoso)

Perguntei à minha amiga Maria Luiza Kfouri – pesquisadora de música brasileira, ex-diretora da Rádio Cultura AM de São Paulo e criadora do *site* www.discosdobrasil.com.br.

– Maria Luiza, e as marchinhas do Lalá? O que você me diz delas?
Eis a resposta:

Achei graça, Eliete, do fato de você me perguntar exatamente sobre o Lamartine. Minha memória musical mais antiga vem dele. É "A tua vida é um segredo" que meu pai cantava andando pela casa, comigo no colo, com a cabeça no ombro dele. Evidentemente, eu não entendia a letra nem tinha a mais pálida ideia sobre quem teria composto aquela música: "A tua vida é/ é um segredo/ é um romance e tem/ e tem enredo/ [...] São nossas vidas comédias sempre iguais/ três atos de mentiras, cai o pano e nada mais". Mas, sabia de cor.

Um pouco maior, nas matinês de Carnaval a que era levada, ouvia "Linda morena", "O teu cabelo não nega", "AEIOU". Adorava, mas ainda não me preocupava em saber quem as criava. Sem se falar nas músicas de São João, que eu cantava na escola e nos "arraiá" que eram organizados na minha vizinhança: "Chegou a hora da fogueira, é noite de São João/ o céu fica todo iluminado/ fica o céu todo estrelado/ pintadinho de balão...".

Quando a música brasileira passou a ser o centro dos meus interesses, fui descobrindo de quem eram aquelas marchinhas tão bem escritas, de um humor às vezes leve, às vezes crítico e, muitas outras vezes, com humor e leveza que não excluíam o lirismo, como em "Linda morena": "a lua cheia, que tanto brilha, não brilha tanto quanto teu olhar".

E foi então que descobri outro lado daquele compositor que não tocava nenhum instrumento, mas era capaz de criar valsas maravilhosas, quase sempre melancólicas. "Eu sonhei que tu estavas tão linda", "Só nós dois no salão e esta valsa" e "Mais uma valsa, mais uma saudade". E capaz, também, de um verso dolorido como este, de "Serra da Boa Esperança": "Nós, os poetas, erramos/ Porque rimamos também/ Os nossos olhos nos olhos/ De alguém que não vem".

Enfim, dizendo o óbvio, Lamartine Babo era um compositor de várias facetas que retratou muito bem e precisamente a sua época. Como só os gênios são capazes.

Para finalizar, as palavras de um grande amigo de Lamartine, o jornalista e crítico musical Lúcio Rangel:

> *[Lamartine Babo] Foi o maior compositor carnavalesco. Não. Foi também um grande compositor de samba e valsa. Falar do homem Lamartine torna-se, com toda razão, muito difícil para mim. Não consigo separar o homem Lamartine, o amigo Lamartine, daquela figura inesquecível que eu encontrava diariamente por aí. Cuidado, Lúcio, não vá derramar prantos pelo nosso Lamartine Babo, o compositor-poeta que é hoje um imortal da música popular brasileira.*

1/2/2013

Os sambistas cantam o amor por suas escolas

Pois é, é Carnaval. Como são lindas as canções que Paulinho da Viola, Cartola e Nelson Cavaquinho fizeram pra suas escolas. Quanta inspiração! É sobre isso que vou escrever. Pra começar, vou contar brevemente como nasceram as escolas de samba que cativaram meu coração paulistano. Como não se render à beleza de "Pranto de poeta"? E de "Foi um rio que passou em minha vida"?

Mário de Andrade, em 1923, escreveu o poema "Carnaval carioca", dedicado a Manuel Bandeira:

> *A fornalha estrala em mascarados cheiros silvos*
> *Bulhas de cor bruta aos trambolhões*
> *Setins sedas cassas fundidas no riso febril...*
> *Brasil!*
> *Rio de Janeiro!*
> *Queimadas de verão!*
> *E ao longe, do tição do Corcovado a fumarada das nuvens pelo céu Carnaval...*
> *Minha frieza de paulista,*
> *[...]*

Acho esse poema estranho. Fico com a impressão de que é um estrangeiro que está olhando para o Carnaval do Rio, ele deve ter se sentido assim, engraçado, Mário que era tão brasileiro... Gosto da sonoridade ruidosa do poema, da sua brasilidade, apesar desse olhar quase estrangeiro, um paulistano que escreve sobre o Carnaval carioca e dedica o poema a um recifense, Brasil.

Foi na primeira metade do século XIX que surgiu o cordão carnavalesco e o carioca começou a brincar o Carnaval em grupo. Os cordões eram agrupamentos democráticos nos quais brincavam aristocratas e escravos, gente dos bairros elegantes e gente dos bairros pobres. O grande cronista carioca João do Rio escreveu: "Os cordões são os núcleos irredutíveis da folia carioca, brotam como um fulgor mais vivo e são antes de tudo bem do povo, bem da terra, bem da alma encantadora e bárbara do Rio".

"Ô abre-alas que eu quero passar!/ Ô abre-alas que eu quero passar!/ Eu sou da Lira, não posso negar!/ Eu sou da Lira, não posso negar!" ("Abre-alas", Chiquinha Gonzaga).

Sérgio Cabral, em *As escolas de samba do Rio de Janeiro*, cita a descrição que Renato de Almeida faz dos cordões carnavalescos:

> Eram grupos de mascarados, velhos, palhaços,
> diabos, rei, rainha, sargento, baianas, índios, morcegos,
> mortes etc. Vinham conduzidos por um mestre a cujo apito
> de comando obedeciam todos. O conjunto instrumental
> era de percussão: adufos, cuícas, reco-reco etc. Os "velhos"
> fazendo os seus passos que se chamavam letras, cantavam
> marchas lentas e ritmadas, do tipo "ó raio, ó sol/ suspende
> a lua", enquanto os palhaços cantavam chulas em
> ritmo acelerado como o "Qué qué querê, ó Ganga". E assim
> atravessavam as ruas, nos dias e noites do Carnaval.

Dos cordões surgiria outra forma de brincadeira em grupo, um pouco mais organizada, os ranchos, isso no final do século XIX. Ilustre frequentador da casa da Tia Ciata, ao lado de Pixinguinha, Donga, Sinhô, João da Baiana, Heitor dos Prazeres, o tenente Hilário Jovino Ferreira foi um dos maiores animadores do Carnaval carioca. Em 1893, fundou o Rancho Rei de Ouros. Entrevistado pelo cronista carnavalesco Vagalume, ele conta: "O Rei de Ouros, meu caro

Vagalume, quando se apresentou, com perfeita organização de rancho, foi um sucesso. Nunca se tinha visto aquilo no Rio de Janeiro: porta-estandarte, porta-machado, batedores etc.". Os ranchos se espalharam e em breve dominariam o Carnaval. Os cordões mais os ranchos viriam a formar as escolas de samba.

Conta Cabral que a primeira escola de samba não era uma escola de samba. Paradoxo engraçado. O fato é que a Deixa Falar era um bloco carnavalesco criado no bairro do Estácio, berço de sambistas bambas como Ismael Silva e, "por ter sido fundado pelos sambistas considerados professores do novo tipo de samba, ganhou o título de escola de samba". Além disso, sua sede improvisada era próxima a uma escola normal: "Esta formava professores para a rede escolar; o Deixa Falar, também escola, formava professores de samba".

Foi a partir do polêmico "Pelo telefone" que o samba passou a imperar no Carnaval carioca. Isso, no entanto, não excluiu outros gêneros musicais, como a marchinha, que teve seu apogeu com Lamartine Babo, nos anos 1930. Alguns dos compositores que se destacaram na década de 1920 foram Sinhô, Caninha, Donga, Pixinguinha. Sinhô, "o rei do samba", reinou absoluto nessa época. Essa foi a primeira geração do samba. Viria em seguida o pessoal do Estácio – Ismael Silva, Bide, Barcelos –, a segunda geração, que criou um novo samba, com rítmica diferente, mais fluente, propícia para os foliões dançarem nas ruas e clubes. Era esse o samba do bloco Deixa Falar, que também inovou na percussão, inventando instrumentos fundamentais para a bateria das futuras escolas de samba: Alcebíades Barcelos, o Bide, inventou o surdo, e seria considerado um dos maiores ritmistas da época, além de consagrado compositor; João Nina inventou a cuíca.

De todos os compositores desse bloco, entre os quais Bide e Buci, o mais bem-sucedido foi, sem dúvida, o grande Ismael Silva. "Se você jurar" foi um grande sucesso no Carnaval de 1931. Linda melodia. A letra trata do tema da regeneração do malandro, um motivo recorrente nos sambas da época, a promessa de abandonar a malandragem em troca de uma jura de amor:

Se você jurar
Que me tem amor
Eu posso me regenerar
Mas se é para fingir mulher
A orgia assim não vou deixar.
("Se você jurar", Ismael Silva e Nilton Bastos)

Luiz Melodia cantou o Estácio nos anos 1970, "Estácio, Holly Estácio", lindo e pungente samba-canção, quase um bolero:

Se alguém quer matar-me de amor
Que me mate no Estácio
Bem no compasso
Bem junto ao passo
Do passista da Escola de Samba
Do Largo do Estácio.

A Escola de Samba Estação Primeira de Mangueira era, assim como o Deixa Falar, um bloco: como ensinava samba, era chamada escola. Entre seus bambas estão Cartola, Carlos Cachaça, Nelson Cavaquinho, Nelson Sargento. Fundada em 28 de abril de 1929, é considerada a segunda escola de samba a ser criada. Tanto o nome como as cores, o verde e rosa, foram dados por Cartola. O nome surgiu porque a Mangueira é a primeira estação dos trens que vinham de Francisco de Sá ou Barão de Mauá. As cores eram as do Rancho dos Arrepiados, do qual Cartola fez parte. Seu nome já aparece num samba que Cartola fez para o bloco dos Arengueiros, do qual fez parte: "Chega de demanda/ Com esse time temos que ganhar/ Somos a Estação Primeira/ Salve o Morro de Mangueira".

Mestre Cartola, Nelson Cavaquinho, Chico Buarque, cantaram o seu grande amor à Mangueira. Na mais que inspirada "Sala de recepção" (1977), Cartola nos fala da beleza da vida simples – "Pois então saiba que não desejamos mais nada/ A noite e a lua prateada, silenciosa/ Ouvindo as nossas canções" –, e da paz e da concórdia que ali reina, pois "aqui se abraça o inimigo/ como se fosse um irmão". "Habitada por gente simples e tão pobre/ Que só tem o sol que a todos cobre/ Como podes Mangueira cantar?".

Em "Folhas secas" e "Pranto de poeta", Nelson Cavaquinho cantou sua escola:

> *Quando eu piso em folhas secas*
> *Caídas de uma mangueira*
> *Penso na minha escola*
> *E nos poetas da minha Estação Primeira.*
> ("Folhas secas", Nelson Cavaquinho e Guilherme de Brito)

> *Em Mangueira quando morre*
> *Um poeta, todos choram.*
> *Vivo tranquilo em Mangueira porque*
> *Sei que alguém há de chorar quando eu morrer.*
> ("Pranto de poeta", Nelson Cavaquinho e Guilherme de Brito).

Chico Buarque cantou a Mangueira em "Estação derradeira" e "Piano na Mangueira", esta em parceria com Tom, feita em 1992, quando Tom foi homenageado pela escola.

> *Quero ver a Mangueira*
> *Derradeira estação*
> *Quero ouvir sua batucada, ai, ai!*
> ("Estação derradeira", Chico Buarque)

> *Mangueira*
> *Estou aqui na plataforma da estação*
> *Primeira*
> *O morro veio me chamar.*
> ("Piano na Mangueira", Tom Jobim e Chico Buarque)

Pode-se dizer que Paulo Benjamin de Oliveira, o Paulo da Portela (1901-1949), tornou-se um mito. Carioca, ainda jovem foi morar no subúrbio de Oswaldo Cruz. Foi ele que, em 1926, juntamente com Rufino e Antonio Caetano, fundou o Conjunto Carnavalesco Escola de Samba Oswaldo Cruz, semente da futura Portela, segundo relatam João Baptista M. Vargens e Carlos Monte no livro *A velha guarda da Portela*:

> *Paulo imprimiu seu modo de ser, polido e educado, aos companheiros, que se aproximavam e somavam esforços para dar corpo à ideia dos três pioneiros. Era um líder natural e seus métodos de comandar a turma eram bem diferentes dos utilizados pelos sambistas do centro da cidade. Primava pela elegância e pela fidalguia e cunhou a frase que até hoje é lembrada por seus discípulos da Portela: "Quero todo mundo com os pés e o pescoço ocupados!". Paulo fazia questão de que os componentes da Portela não desprezassem o uso do sapato e da gravata.*

Dentre os bambas da Portela, estão Paulinho da Viola, Candeia e Zé Kéti, Alvaiade e Argemiro, Casquinha e Monarco, Jair do Cavaquinho e Mijinha.

> *Antigamente era Paulo da Portela,*
> *Agora é Paulinho da Viola.*
> *Antigamente era Paulo da Portela*
> *Agora é Paulinho da Viola*
> *Paulo da Portela nosso professor*
> *Paulinho da Viola o seu sucessor*
> *Vejam que coisa tão bela*
> *O passado e o presente da nossa querida Portela*
> *Vejam que coisa tão bela*
> *O passado e o presente da nossa querida Portela.*
> ("De Paulo da Portela a Paulinho da Viola", Monarco e Francisco Santana)

Em teus livros têm
Tantas páginas belas
Se for falar da Portela
Hoje eu não vou terminar.
("Passado de glória", Monarco)

Quem é que não se lembra da jaqueira
Da jaqueira da Portela
Velha jaqueira amiga e companheira
Eu sinto saudades dela.
("Jaqueira da Portela", Zé Kéti)

    Esse modo elegante de ser continua existindo entre os portelenses. Basta lembrar Paulinho da Viola. Mais não se pode dizer. O amor imenso de Paulinho da Viola pela Portela foi cantado no antológico samba "Foi um rio que passou em minha vida": "Não posso definir aquele azul, não era do céu, nem era do mar/ Foi um rio que passou em minha vida/ E meu coração se deixou levar". Este ano (2013), a Portela homenageia Paulinho da Viola, sucessor de Paulo da Portela, sambista genial que soube, como ninguém, conciliar tradição – a Velha Guarda da Portela – com inovação. Num de seus sambas, ele explica seu modo de ser e compor: "Quando penso no futuro/ Não esqueço meu passado".

8/2/2013

Orlando Silva,
o cantor das multidões

"Nada além, nada além de uma ilusão." "Lábios que beijei, mãos que eu afaguei, numa noite de luar assim. O mar na solidão bramia. E o vento a soluçar pedia que fosses sincera para mim." "Meu coração, não sei por quê..." Quem me mostrou a beleza do canto de Orlando Silva foi meu amigo Arrigo Barnabé. Minha família é muito musical, na infância eu vivia rodeada pela música, mas não me lembro de ter ouvido Orlando Silva e acho mesmo que não ouvi, porque seu canto é algo que não se esquece. Lembro de ter ouvido Sílvio Caldas cantando "Chão de estrelas"; Vicente Celestino, "Ébrio"; Carlos Gardel, "Rechiflao en mi tristeza", mas Orlando não lembro não. Nos anos 1970, quando conheci o Arrigo, ele falava muito do Orlando Silva e me mostrou algumas gravações. Eu me encantei e fui atrás dos LPs, que tenho até hoje: *Quando a saudade apertar*, *Orlando Silva nos anos 40*, e outro intitulado *Orlando Silva*, de 1937, seu disco mais importante, porque nele gravou "Carinhoso" e "Rosa". Em *Outros sons* (1982), meu primeiro disco, gravei "Febre de amor", de Lauro Maia, "A felicidade perdeu seu endereço", de Claudionor Cruz e Pedro Caetano, e a versão de Haroldo Barbosa para "Begin the Beguine", de Cole Porter. Todas as três conheci e aprendi ouvindo Orlando Silva.

Orlando Silva (1915-1978), "o cantor das multidões", nasceu no Rio de Janeiro e teve uma infância pobre e sofrida. Seu pai era funcionário de uma ferrovia e morreu muito cedo, vitimado pela gripe espanhola, quando Orlando tinha apenas três anos de idade.

O menino não pôde estudar por muito tempo, precisou logo trabalhar. Entregava marmitas nas redondezas do bairro em que morava, e fazia isso descalço, porque não tinha sapatos.

Era na casa de sua vizinha, dona Noêmia, que passava suas horas felizes: com ela ficava ouvindo no rádio os grandes cantores. Adorava Francisco Alves e gostava de brincar subindo numa amoreira e imitando, lá de cima, o cantor. Dona Noêmia ficava espantada com a voz do menino e a facilidade que ele tinha para cantar aquelas notas tão agudas... Impressionante. Orlando, para se escutar melhor, inventou de fazer o seguinte: projetava sua voz numa lata de manteiga e tampava os ouvidos com algodão.

Aos 16 anos, Orlando Silva sofreu um grave acidente, caindo do bonde em movimento, num fim de tarde, quando voltava do trabalho. Perdeu um quarto de seu pé esquerdo e ficou internado por alguns meses, com muitas dores. Para suportar a dor, precisou tomar altas doses de morfina. Por conta dessa internação longa, perdeu seu emprego de balconista, mas logo foi trabalhar como cobrador numa empresa de ônibus. Num final de tarde, na garagem da empresa em que trabalhava, Orlando começou a cantarolar e logo os funcionários pararam para ouvir. Todos ficaram encantados ao ver aquele rapaz de 18 anos cantando como os grandes cantores da época. A voz de Orlando Silva tinha um timbre lindo e uma tessitura privilegiada, mais de duas oitavas. Depois disso, ele passou a cantar todos os dias após o expediente.

Um amigo disse a ele que já estava na hora de se tornar cantor profissional. Para isso, ele precisaria ser contratado por uma rádio e foi Luiz Barboza, produtor da Rádio Cajuti, quem o recebeu para um teste. Muito tímido, Orlando entrou no estúdio e cantou a valsa "Céu moreno", de Uriel Lourival. Sua linda voz preencheu toda a pequenina sala do estúdio e foi ouvida por um famoso boêmio e descobridor de talentos, o compositor Bororó, que ficou deslumbrado. Bororó levou o garoto para ser ouvido por, nada mais nada menos, que "o rei da voz", Francisco Alves. O encontro foi na avenida Rio Branco, em frente ao cabaré mais famoso da cidade, o Sirius. Chico Alves parou o carro em frente ao cabaré e pretendia ouvir o rapaz ali mesmo, na rua. Quando viu aquele menino acanhado e franzino foi tomado por um sentimento de compaixão. Chico levou o menino para dentro do carro. Orlando estava em pânico e só conseguiu cantar algum tempo depois. Cantou a valsa "Lágrimas", de Cândido das Neves. "O rei da voz" não podia crer no que estava ouvindo, aquela voz... que beleza! Mas o que era aquilo? Chico Alves sentiu certa insegurança na presença daquele garoto tímido que em breve seria "o cantor das multidões".

Chico levou Orlando para cantar em seu programa de estreia na Rádio Guanabara. Passado seu batismo de fogo, Orlando dessa vez cantou como se estivesse em casa, mostrando toda a beleza de sua voz, o timbre, a agilidade, a extensão. Que interpretação! Em dois anos, o sucesso de Orlando Silva seria estrondoso, a ponto de suplantar o de seu padrinho.

Em 1937, Orlando Silva já era uma das maiores estrelas da RCA Victor, gravadora de artistas como Carmen Miranda, Sílvio Caldas e Chico Alves. Além disso, era uma das principais atrações da Rádio Nacional, cujo sucesso ajudou a fazer e a consolidar. Era disputado pelos grandes compositores da época e muito cuidadoso não só na escolha de seu repertório como também na dos arranjadores. Nesse mesmo ano gravou duas faixas memoráveis, uma de cada lado do LP: "Lábios que eu beijei", de J. Cascata e Leonel Azevedo, e "Juramento falso", de Pedro Caetano, e ambas tiveram arranjo do grande maestro Radamés Gnattali.

Ainda em 1937, gravou o LP antológico que tinha, no lado A, "Carinhoso", de Pixinguinha, com letra de Braguinha, e, no lado B, "Rosa", de Pixinguinha e Otávio Souza. Os arranjos também eram de Radamés. Nem é preciso dizer que joia rara é esse disco! O sucesso foi estrondoso e nem a gravadora nem Orlando imaginavam que o disco iria ter essa dimensão. Foi nessa época que o cantor se assustou quando, numa apresentação no centro de São Paulo, quase foi literalmente morto por suas alucinadas fãs. Assim nascia o epíteto que o acompanharia para sempre: Orlando Silva, "o cantor das multidões".

Meu coração
Não sei por que
Bate feliz
Quando te vê.
("Carinhoso", Pixinguinha e Braguinha)

Tu és divina e graciosa
Estátua majestosa
Do amor
Por Deus esculturada.
("Rosa", Pixinguinha e Otávio Souza)

 O sucesso vertiginoso de Orlando Silva não tinha como se sustentar, não havia suporte nem social nem pessoal para isso. A própria gravadora não tinha como atender aquela demanda. E o mundo estava mudando. As rádios, a partir de 1942, começaram a mudar sua programação, pois, diante da tragédia da Segunda Guerra Mundial, os noticiários passaram a ocupar o espaço antes reservado às canções. Além disso, um mar de adversidade invadiu a vida de Orlando Silva: ele viveu uma tempestuosa relação passional que o desestabilizou demais e sua saúde se debilitou muito em virtude de uma doença que destruiu parte de seus dentes e provocava muita dor. Para aplacar a dor, ele teve que, pela segunda vez, recorrer ao uso de morfina. E havia também a bebida... Enfim, profundamente debilitado, sua voz enfraqueceu. Sua popularidade já não era a mesma. Em 1946, a Rádio Nacional, que lhe devia parte de sua grande audiência, o despediu; e a gravadora Odeon o demitiu. Mundo, mundo, vasto mundo... tamanha falta de consideração! Seguiu-se então um triste período de ostracismo e dificuldades de toda sorte.

 No início dos anos 1950, a Rádio Nacional o chamou de volta e as gravadoras também. Mas ele já não era o mesmo, nem era o mesmo tempo. A fase áurea dos cantores do rádio havia passado. Entrava em cena um novo e poderoso veículo de comunicação de massa – a televisão. E a música popular passava por uma radical transformação com o advento da bossa nova, cuja estética era oposta à do canto pungente e emocional, de voz forte, carregada de vibratos, que predominara nos anos 1930 e 1940. Nascia a bossa nova e, com ela, o canto *cool*. Mas é preciso notar que o modo de cantar de Orlando se destacava entre seus colegas. Ele e Mário Reis tinham um jeito de cantar que depois serviu de inspiração e guia para a bossa nova. Em Orlando, que era um romântico, a emoção nunca é muito exagerada, derramada. Apesar de alcançar notas muito agudas, ele fazia isso com leveza e naturalidade, não havia esforço. Tinha a voz possante, mas nunca cantava muito alto. Digamos que nele havia aquele "discreto inflamar-se da paixão" que caracteriza a alma lírica. E que voz! Não foi à toa que João Gilberto disse dele "Foi o maior cantor brasileiro de todos os tempos". E Paulinho da Viola: "Depois de Orlando cantando com arranjos do Pixinguinha e Radamés Gnattali não preciso ouvir mais nada".

Dentre as maravilhas que gravou estão "Nada além", de Custódio Mesquita e Mário Lago, "A jardineira", de Benedito Lacerda e Humberto Porto, "Curare", de Bororó, "Preconceito", de Wilson Batista, "Aos pés da cruz", de Marino Pinto e José Gonçalves.

> *Nada além,*
> *Nada além de uma ilusão.*
> ("Nada além")

> *Ó jardineira porque estás tão triste?*
> *Mas o que foi que te aconteceu?*
> ("A jardineira")

> *Você tem boniteza*
> *E a natureza foi quem agiu*
> *Com este zoio de índia*
> *Curare no corpo que é bem Brasil.*
> ("Curare")

Eu vou fazer serenata
Eu vou cantar minha dor
Meu samba vai, diz a ela
Que coração não tem cor.
("Preconceito")

O coração tem razões
Que a própria razão desconhece
Faz promessas e juras, depois esquece.
("Aos pés da cruz")

Orlando Silva morreu em 7 de agosto de 1978, em consequência de um derrame. Morreu em casa, na intimidade do lar, mas uma multidão o acompanharia em sua despedida final.

15/2/2013

Orfeu da Conceição, ou quando Vinicius encontrou Tom e abraçou a canção

Este ano (2013) é o centenário de nosso grande poeta Vinicius de Moraes (1913-1980). Vinicius começa escrevendo poesia e vai se tornar um dos maiores letristas da canção popular brasileira e o grande poeta da bossa nova, com suas parcerias antológicas com Tom Jobim, Baden Powell e Carlos Lyra, sua "Santíssima Trindade", como ele costumava dizer. Foi em *Orfeu da Conceição* que a parceria Tom Jobim e Vinicius de Moraes nasceu e foi sacramentada pelos deuses greco-africanos e que Vinicius abraçou definitivamente a canção: se antes a namorava, agora se casa com ela. Daqui em diante, o pentagrama vai substituir o papel em branco, apesar de ele não deixar de escrever poemas, e a parceria vai substituir a criação solitária. Sobre seu trabalho com os diversos parceiros ele explica:

> Com cada um, a fase inicial parece um casamento. A gente compõe muita coisa. Trabalha muito junto. Isso é importante, dá um grande conhecimento um do outro. A "lua de mel" leva o tempo de organizar um repertório mínimo, umas quatro, cinco músicas, por aí. Depois, com o hábito, vem a posterior adaptação. As músicas saem mais esporadicamente. E mais tarde há efetivamente um descanso.

Falando sobre a natureza da poesia, o poeta e pensador francês Paul Valéry (1871-1945) diz que o poema "não morre por ter vivido; ele é feito expressamente para renascer de suas cinzas e vir a ser indefinidamente o que acabou de ser". Assim como o poema, também a canção renasce a cada vez que é lembrada, cantada ou tocada por alguém. Assim, vamos agora assistir a um dos muitos renascimentos de *Orfeu da Conceição*.

Vinicius começou a escrevê-la no Carnaval de 1942, quando leu *Orfeu*, do italiano Calzabigi (século XVIII), depois musicado pelo alemão Christoph Gluck. O livro conta o mito do célebre músico, poeta e cantor da Trácia, considerado o inventor da cítara. O canto de Orfeu era tão doce e poderoso que acalmava as feras e elas, mansamente, o seguiam: "Esse sentimento de integração total do homem com a sua arte, num mundo de beleza e harmonia – que artista não traz dentro de si, confundido com o próprio impulso que o move para a criação?", diz Vinicius. Quando sua amada Eurídice morre, Orfeu, inconformado, desce aos infernos para buscá-la. Com sua música, hipnotiza os deuses do reino dos mortos, pois "aos acentos melódicos de sua lira, os espectros dos que vivem sem luz acorreram para ouvi-lo, e o escutavam silenciosos como pássaros dentro da noite", escreveu o helenista Mario Meunier. Assim, Orfeu consegue permissão para buscar sua Eurídice no reino das sombras e trazê-la para perto de si, para o mundo da luz. Mas para que isso aconteça, há uma condição: ele não pode olhar para trás. Quando Orfeu está saindo do inferno, não resiste e olha para trás, para se certificar de que sua amada está mesmo lá. No momento em que faz isso, ele a perde para sempre: ela desaparece.

Vinicius faz uma leitura poética e brasileira do mito grego, adaptando-o ao ambiente de uma favela carioca. A ideia nasceu em 1942, quando Vinicius fez uma visita à favela da praia do Pinto com um amigo seu, o escritor Waldo Frank. Frank ficou deslumbrado com o que viu, a exuberância e a sensualidade da música e das pessoas e comentou com Vinicius: "Eles parecem gregos. Gregos antes da cultura grega". Isso fica na cabeça de Vinicius até que no Carnaval desse mesmo ano o livro de Calzabigi lhe cai nas mãos. A casa em que Vinicius está, em Niterói, tem uma vista esplêndida da baía da Guanabara. Visão de um Deus. Na noite em que acaba de ler o livro, ouve uma batucada vinda do morro ao lado, e escreve compulsivamente. Ao amanhecer, o primeiro ato da peça está pronto. Isso nos conta seu biógrafo, José Castello.

Para fazer a música, Vinicius primeiro pensou em Vadico, parceiro de Noel, mas Vadico não aceitou. Então, um dia, sentado no bar Vilarinho com seus amigos, o crítico musical Lúcio Rangel e o ator Haroldo Costa, Lúcio mostrou a Vinicius um rapaz e perguntou: "Você sabe quem é?". O poeta o conhecia sim, mas superficialmente, sabia que ele era músico, era moderno e gostava de ler Drummond. Vinicius aproxima-se de Tom, fala de sua peça e, sem mais, o convida: "Você aceitaria musicar minha peça?". E Tom dá aquela resposta que já entrou para o folclore da música popular: "Tem um dinheirinho nisso?". Os dois compõem toda a trilha musical de *Orfeu da Conceição* em 15 dias. Tom mostra o tema no piano e Vinicius faz um primeiro esboço da letra e depois, sozinho, elabora o texto até a versão definitiva. Assim nasceram as antológicas canções "Se todos fossem iguais a você", "Lamento no morro", "Um nome de mulher", "Mulher, sempre mulher" e "Eu e o meu amor". A única música dessa trilha que não é original é a "Valsa de Eurídice", que foi composta para Suzana, filha de Vinicius.

A peça começa com um corifeu dizendo este lindíssimo poema:

> *São demais os perigos desta vida*
> *Para quem tem paixão, principalmente*
> *Quando uma lua surge de repente*
> *E se deixa no céu, como esquecida*
> *E se ao luar que atua desvairado*
> *Vem se unir uma música qualquer*
> *Aí então é preciso ter cuidado*
> *Porque deve andar perto uma mulher*
> *Deve andar perto uma mulher que é feita*
> *De música, luar e sentimento*
> *E que a vida não quer, de tão perfeita.*
> *Uma mulher que é como a própria Lua:*
> *Tão linda que só espalha sofrimento*
> *Tão cheia de pudor que vive nua.*

A primeira encenação de *Orfeu da Conceição* aconteceu no Teatro Municipal do Rio de Janeiro, de 25 a 30 de setembro de 1956. O cenário foi feito por Oscar Niemeyer:

> *Ao iniciar os desenhos do cenário de* Orfeu da Conceição, *deliberei que o faria sem compromissos, atendendo somente às conveniências da marcação das cenas e ao sentido poético de que a peça se reveste. Daí a falta de elementos realistas e a leveza do cenário que visa a manter o clima de lirismo e drama tantas vezes fantástico, que Vinicius criou, e que procura deixar as personagens como que soltas no espaço, inteiramente entregues à fúria de suas paixões.*

O encontro de Tom e Vinicius é um grande marco na vida do poeta e na da canção popular brasileira. Vinicius abraça definitivamente a canção e transforma-se num dos maiores letristas de nosso cancioneiro. Costuma-se dizer que, pela alta qualidade de seus versos, Vinicius elevou o nível das letras das canções populares. Sobre isso, ele comenta: "Como eu sou poeta, me atribuíram uma porção de coisas, que eu elevei o nível das letras. Elevei, sim, na base que eu era um homem com mais cultura que o Ismael Silva e o Nelson Cavaquinho. Mas não acho que minha letra seja, necessariamente, melhor do que a deles".

Vinicius se foi, mas ele, como Orfeu, renasce através de sua arte. Os últimos versos de *Orfeu da Conceição* se aplicam ao nosso poeta: "Para matar Orfeu não basta a Morte./ Tudo morre que nasce e que viveu/ Só não morre no mundo a voz de Orfeu".

Fevereiro de 2013

Chão de estrelas, arranha-céu: Orestes Barbosa

Orestes Barbosa (1893-1966), compositor, poeta, escritor e jornalista, nasceu na cidade do Rio de Janeiro. Na sua infância, foi alfabetizado pelo pai de Vinicius de Moraes, pois, por falta de recursos, só entrou na escola aos 12 anos. O pai de Vinicius, Clodoaldo Pereira da Silva Moraes, também o ensinou a tocar violão. Adulto, Orestes trabalhou nos principais jornais cariocas, *Diário de Notícias*, *A Manhã*, *A Noite*, *O Dia*, *O Globo*, e em 1917 estreou como poeta. Orestes Barbosa é um dos grandes letristas da música popular brasileira, autor do quem sabe o mais belo verso da língua portuguesa, no dizer de Manuel Bandeira, "tu pisavas os astros distraída", que está na valsa "Chão de estrelas". Entre seus parceiros, Noel Rosa, Wilson Batista, Custódio Mesquita, Sílvio Caldas, Francisco Alves, Heitor dos Prazeres, Valzinho. Entre suas canções, além de "Chão de estrelas", "Nega, meu bem", com Heitor dos Prazeres, "Positivismo", com Noel Rosa, "A mulher que ficou na taça", com Francisco Alves, "Gato escondido", com Custódio Mesquita, "Arranha-céu", com Sílvio Caldas.

Vejamos alguns trechos maravilhosos das suas inesquecíveis canções:

> *Tu pisavas os astros distraída*
> *Sem saber que a ventura desta vida*
> *É a cabrocha, o luar e o violão.*
> ("Chão de estrelas", Sílvio Caldas e Orestes Barbosa)

E no anseio da desgraça
Encho mais a minha taça
Para afogar a visão
Quanto mais bebida eu ponho
Mais cresce a mulher no sonho,
Na taça e no coração.
("A mulher que ficou na taça", Orestes Barbosa e Francisco Alves)

Cansei de esperar por ela
Toda a noite na janela
Vendo a cidade a luzir
Nesses delírios nervosos
Dos anúncios luminosos
Que são a vida a mentir.
("Arranha-céu", Sílvio Caldas e Orestes Barbosa)

Orestes escreveu um delicioso e engraçado livro de crônicas dedicado à música popular brasileira: *Samba: sua história, seus poetas, seus músicos e seus cantores*. O livro é de 1933 e foi relançado pela Funarte em 1978. Não se trata de um estudo do samba, é antes um livro de crônicas, impressões, pensamentos, citações filosóficas, opiniões; fala da música e de seus protagonistas naqueles anos 1930 e faz pequenos retratos, que só faltam falar e cantar, dos personagens do mundo do samba, Sinhô, Mário Reis, Francisco Alves, Aracy Cortes, Noel Rosa, Carmen Miranda, Pixinguinha, Sílvio Caldas, Ismael Silva, Custódio Mesquita, Ary Barroso, e outros. Grande parte deles eram seus amigos. Escrito com muita paixão e humor, originalmente o livro teve capa de Nássara, outro brasileiro genial, caricaturista, compositor, jornalista, de quem disse Millôr Fernandes que era "único" e um "gênio" do traço satírico.

Orestes nasceu e morou no Rio. Depois, esteve na Europa – França, Bélgica, Alemanha, Holanda. Quando voltou, ele, que já era poeta e cronista, tornou-se também sambista. Esse livro que, diz ele, é a história do samba é também a história do próprio Orestes:

"Fiz uma antologia das ruas. Eu sou da rua". "Estes capítulos possuem, todavia, um mérito: foram vividos no meio dos sambistas da terra em que nasci." Esse sabor brasileiro, a vivacidade da escrita de Orestes, tem sua origem nisto: são relatos vividos. O livro é delicioso e, como disse, trata de diversos assuntos, vai da crônica à citação filosófica, do mito às pequenas histórias cotidianas, celebra a cultura popular, cita e goza da cultura acadêmica. As letras das canções se misturam às impressões do cronista. Há um antilusitanismo, que lhe serve de contraponto para a afirmação de uma nacionalidade, de uma brasilidade. É o ponto fraco.

A composição do livro lembra, assim, uma revista de variedades: fragmentada, divertida, interessante, gozadora, informativa. E eu vou seguir esse ritmo assimétrico, cheio de surpresas, para falar deste livro de um jeito que tenta fazer jus à sua graciosidade.

Nele, as citações filosóficas que tratam do que é a música são todas rápidas, informais, mais sugestões do que reflexões, são instantâneos: "Parece que a música é a voz que fala dentro de nós. Foi assim que se expressou Sócrates". "Que a música define um povo, basta pensar nos conceitos pitagóricos. E Pitágoras não se deitava antes de tocar cítara..." "Schopenhauer disse que a música exprime a coisa em si de cada fenômeno." Tudo isso ele cita assim, meio solto, pra afinal de contas dizer que o samba é a alma do Rio, pra ilustrar o que pensa.

Falando da musicalidade do carioca, Orestes conta um mito indígena: o carioca é originalmente músico, e isto desde o tempo dos índios. Os tamoios diziam que o rio Carioca, que foi aterrado e passa embaixo da rua das Laranjeiras, tornava belas as mulheres que em suas águas se banhavam e também clareava a voz dos cantores. Outra história, essa antropofágica e engraçada:

> Os tamoios viviam voltados para os seus instrumentos rudes, exímios tocadores de inúbia – uma flauta feita do osso das pernas dos inimigos. Há um pequeno baú de folha, na igreja dos Barbadinhos, que guarda os despojos de Estácio de Sá. Mas falta

Amor à música

lá um osso de perna esquerda do invasor. Possivelmente, a canela desse lusitano, flechado lá na praia do Flamengo, acabou na boca de algum Pixinguinha do tempo...

Quando a valsa ia desaparecendo, conta-nos ele, os tangos salientes de Ernesto Nazareth iam tomando seu lugar e tango era um dos nomes do samba, palavra que as pessoas ainda tinham medo de dizer:

> Aquele medo de confessar a existência da nossa música com o nome próprio era igual àquele que ainda hoje chama de caboclo aos mestiços de africanos, que somos quase todos nós, desde Rui Barbosa e Santos Dumont – com muita honra pela parte que me toca, com todo o olho verde que tapeia em mim o grito de protesto de uma avó mineira e assaz morena, da mesma terra da avó do grande inventor.

Ernesto Nazareth, continua, foi "manancial de novidades" – "Ai ladrãozinho", "Apanhei-te cavaquinho", "Bambino". Nazareth enlouqueceu e foi internado no hospício, onde não tinha um piano para tocar e, na sua loucura, continuava compondo.

Sinhô, diz ele, é a maior figura entre os que já haviam morrido na época: "Ele foi o criador de um ritmo próprio. E as suas produções constituem um patrimônio precioso da música da cidade. Mulato disfarçado, esguio e boêmio, era um extraordinário valor".

Sobre a discriminação que o violão sofreu, Orestes conta que

> A mentalidade retrógrada que dominou o Brasil até o Segundo Império considerava o violão um instrumento degradante. Houve mesmo contra ele uma legislação especial. O chefe de polícia Vidigal, ao remeter, certa vez, a um juiz ouvidor desta cidade, um rapaz "acusado de serenata", assim escreveu, no respectivo ofício: "E se V. Exa. ainda tiver sombras de dúvidas quanto à conduta do réu, queira examinar-lhe as pontas do dedos e verificará que ele toca violão".

O fragmento sobre o gato, o samba e a cuíca é um dos momentos fascinantes do livro. O gato, "um boêmio nostálgico e sensual", epicurista, pois dorme de dia e sai à noite, "síntese da vagabundagem inteligente", cantado por Baudelaire, vivia tranquilo, passeando pelas madrugadas, em liberdade, pelas casas, ruas e praças, até que veio o samba e, com o samba, a cuíca, e para a cuíca o malandro descobriu que o melhor couro é o do gato. E assim, tragicamente, acabou seu gozo e sossego.

Voltando o olhar para trás, Rio das serestas, flauta, cavaquinho e violão, Orestes destaca três figuras: Catulo da Paixão Cearense, Geraldo Magalhães e Eduardo das Neves. Esse último tinha um tom patriótico em sua poesia: "A Europa curvou-se ante o Brasil/ E clamou parabéns em meigo tom./ Brilhou lá no céu mais uma estrela./ Apareceu Santos Dumont" ("A conquista do ar ou A Europa curvou-se ante o Brasil").

Em Catulo da Paixão Cearense, Orestes critica a linguagem rebuscada, mas reconhece o seu valor: "Não se pode negar, entretanto, que ao autor de *Lira dos salões*, muito devem a modinha e o violão".

Sobre a música do passado, modinhas, valsas e serestas, comparando-as a então nova música, o samba, Orestes diz: "O samba é mais plástico. É filosófico, trocista, amoroso, familiar, pedagógico, científico, estatístico, jurídico, vingativo, generoso, aclamador, irônico e sentimental". O jeito de cantar modinhas e serestas sofria grande influência da ópera:

> *Antigamente o melhor cantor era o que gritava mais. A serenata estacionava numa esquina, em torno a um combustor de gás, de chama amarelada e trêmula e, quanto mais demorava no agudo a tensão das veias do cantor, maior era o entusiasmo das janelas que se abriam, e nas quais surgiam, ao lado das líricas de tranças e papelotes, os pais austeros e as matronas obesas, de* matinée, *porque gordura foi beleza nos tempos que estou a evocar.*

Com a força que faziam para cantar alto e sustentar os agudos, os cantores acabavam por engolir parte das letras ou torná-las incompreensíveis, pois "o essencial era dilatar as artérias e gritar. Os ouvintes apanhavam algumas palavras. O resto, adivinhavam. Garantiam a música no ouvido e pediam cópia do berreiro para estudar. [...] Na ópera, a garganta ou arrebenta, ou vence os fagotes, os oboés, as requintas e os bombos de trovão".

E era outro o jeito de cantar a nova música: "Os cantores de hoje não acordam ninguém. Embalam o sono. São as 'vozes veladas, veludosas vozes' de que nos falava o autor de *Broquéis*". Então era isto: a voz agora não acordava, mas embalava, ninava, acariciava o ouvinte. Tinha maior delicadeza, menos emoções violentas e mais ternura, sedução e graça. Lembremos que estamos em 1933. E se a gente pensar na bossa nova, vamos ver que há uma linha de sutilização do canto, de maior sensibilidade que vai sendo traçada pela canção brasileira, até chegarmos ao canto falado de João Gilberto. Na época que Orestes escreveu esse texto já havia despontado Mário Reis, mas Orlando Silva ainda não. Daí sua ausência nesse livro.

Outra característica dos novos tempos é o advento do rádio e a mudança na percepção auditiva do ouvinte, que não quer mais só ouvir a melodia, mas também entender as palavras, que geralmente contam uma história de amor: "E quem escuta essas revelações das almas diminui o volume de som do aparelho e quase adormece num esmorzando de samba-canção...".

Francisco Alves, para ele o maior cantor do Brasil, é

> dono de uma voz que vai morrer com ele, porque não há fôlego, não há escola, não há estudo que dê aquele forro de veludo existente na garganta do cantor de "Meu companheiro", "Deusa", "Lua Nova" e "Voz do violão" [...] pois, quando ele abre a boca, a alma carioca sai pela sua boca como um delírio, como um narcótico, uma voz que tem cristais e nuances de ocarinas; um gorjeio humano, impressionante e comovedor.

Dentre as mulheres artistas, Orestes elege Aracy Cortes: "Zilda de Carvalho Espíndola, a morena dulçorosa que nos palcos é Aracy

Cortes, não tem, no momento, na interpretação do samba, concorrente que se lhe possa igualar. Com a suavidade da sua voz, com seu tempero de mel e ametista, está isolada na sua fulguração". Aracy veio do circo, foi para os teatros e aí brilhou.

Mario Reis no samba é criador, diz Orestes. Com elegância e bossa, é "um esteta sincero" e rompeu com as convenções ao cantar desse jeito manso e falado "cantando o samba numa blandícia que fez escola, e na perfeição de uma pronúncia clara e enternecedora a todos conquistou".

Só Noel Rosa já daria um curioso livro de análise do samba e de uma personalidade singular, escreve Orestes. Noel é genial. Como exemplo, quando tematiza os dois lados da mentira: a mentira que engana, em "Pra que mentir?" (Vadico e Noel) – "Pra que mentir/ Se tu ainda não tens/ Esse dom de saber iludir? – e a "Mentira necessária" (Noel) – "Saber mentir/ É prova de nobreza/ Pra não ferir alguém com a franqueza/ Mentira não é crime/ É bem sublime o que se diz:/ Mentindo pra fazer alguém feliz". Poeta da Vila, filósofo do samba e da vida, Noel Rosa.

Bom, vou ficando por aqui, pois se for falar do samba e do livro de Orestes, hoje eu não vou terminar. Orestes, grande letrista, escreveu seu nome na canção popular brasileira com o brilho das estrelas e dos anúncios luminosos.

1/3/2013

O sincretismo de Baden Powell

Nunca mais me esqueci, Teatro Gazeta, aquele violão do Baden ecoando pela sala e a voz grave e majestosa de Márcia cantando os afrossambas:

> Pedra Preta diz: pandeiro tem que pandeirar
> Pedra Preta diz: viola tem que violar
> O galo no terreiro fora de hora cantou
> Pandeiro foi-se embora e Pedra Preta gritou:
> Olô, pandeiro. Olô, viola
> Olô, pandeiro. Olô, viola.

De estarrecer. Aquela música me transportava para outro tempo, um ritual afro; e era como se eu voltasse às origens... Uma beleza religiosa e ancestral. Baden tocando parecia incorporado por uma divindade, ele e o violão, um transe, uma coisa só, pulsando, as mãos mergulhadas nas cordas conduziam a gente. Depois de alguns afrossambas, foi projetada numa tela a letra de "Refém da solidão", foto da folha de papel escrita à mão por Paulo César Pinheiro, seu autor, numa das incontáveis noites em que ele e Baden beberam, comungaram e criaram canções. Aquela letra me cravou feito punhal. Saí do teatro desnorteada, com a canção rodando na minha cabeça, com o som do violão de Baden reverberando em mim, como se meu corpo fosse a caixa acústica do seu violão. Seria? Assim fiquei por algum tempo, violando, pandeirando, sem rumo... E aquela letra?

Verdades duras para um coração sensível, e eu refém da solidão e menos só depois de ouvir a canção que traduzia o que não tem tradução. Era preciso coragem pra escutar aquela canção, que terminava assim: "Vai ver até/ que essa vida é morte/ E a morte é/ a vida que se quer".

Vinicius de Moraes e Baden Powell compuseram uma série de canções espirituais, os afrossambas, impregnadas de negritude e misticismo. O primeiro afrossamba foi "Berimbau". Em seguida, "Canto do Caboclo Pedra Preta" e "Canto de Iemanjá". Conta Vinicius:

> *Um disco folclórico que tinha recebido de meu amigo Carlos Coquejo, da Bahia, foi a pedra de toque para darmos partida aos afrossambas, como os designei.* Nele havia sambas de roda, pontos de candomblé e toques de berimbau que nos sideravam. Baden partiu pouco depois para a Bahia e andou escutando *in loco os cantares do candomblé e frequentando os terreiros. Voltou a mil, inteiramente tomado pelos cantos e ritos dos orixás, e me explicava horas seguidas os fundamentos da mitologia afro-baiana.*

> *Capoeira me mandou*
> *Dizer que já chegou*
> *Chegou para lutar*
> *Berimbau me confirmou*
> *Vai ter briga de amor*
> *Tristeza, camará.*
> ("Berimbau")

Dessa parceria brilhante nasceram cerca de cinquenta canções, entre elas algumas românticas, como "Apelo", "Consolação", "Deixa", "Samba em prelúdio". Para compor a maior parte delas, os dois ficaram trancados por cerca de três meses no apartamento da mulher de Vinicius, embebidos em uísque.

Ah, meu amor não vá embora,
Vê a vida como chora,
Vê que triste esta canção.
Ah, eu te peço não te ausentes,
Pois a dor que agora sentes
Só se esquece no perdão.
("Apelo")

Se não tivesse o amor
Se não tivesse essa dor
E se não tivesse o sofrer
E se não tivesse o chorar
Melhor era tudo se acabar.
("Consolação")

Deixa
Fale quem quiser falar meu bem
Deixa
Deixa o coração falar também
Porque ele tem razão demais quando se queixa
Então a gente
Deixa, deixa, deixa.
("Deixa")

Eu sem você
Não tenho por que
Porque sem você
Não sei nem chorar
Sou chama sem luz
Jardim sem luar
Luar sem amor
Amor sem se dar.
("Samba em prelúdio")

"Samba em prelúdio" foi "composto em forma contrapontística sobre um tema de Villa-Lobos (o prelúdio/introdução das 'Bachianas n. 4')", e "é classificado pelos autores como uma homenagem ao mestre".

No *Livro de letras*, de Vinicius de Moraes, José Castello fala da parceria do poeta com Baden como um encontro desencontrado, no qual a atração entre eles não se dava pela semelhança, mas pela diferença, pelo encantamento do que é estranho:

> *Existem encontros que são marcados pela incompreensão. Pelo desencontro. A sedução vem, nesses casos, do mistério. E o que motiva os dois parceiros não é o que encontram de admirável no outro, mas o que no outro lhes escapa. Abre-se um abismo desde o primeiro instante e é ele, em seu repuxo ameaçador, que seduz. Talvez nenhuma outra parceria de Vinicius de Moraes guarde tantas semelhanças com o desencontro, com a cegueira e o simultâneo excesso de claridade contido numa relação de estranhamento, quanto a parceria com Baden Powell.*

Baden nasceu na cidadezinha de Varre-Sai, estado do Rio, e ainda menino foi para a cidade do Rio de Janeiro, morando no subúrbio de São Cristóvão. Enquanto isso, Vinicius passeava pela elegante Zona Sul. Modesta e simples, a vida de Baden em nada se parecia com a vida sofisticada do poeta:

> *Enquanto Vinicius lia Verlaine e se preparava para enfrentar o padre confessor, Baden tocava seu violão em igrejinhas do interior, preocupado com a altura da saia das meninas. E, sempre apavorado pela ameaça do gongo, testava seu talento no programa de calouros de Ary Barroso, um senhor respeitável que não poderia mesmo compreendê-lo. Baden amadurecera ouvindo as cordas macias do violão de Dilermando Reis e só de muito longe perseguindo os acordes mais sofisticados do espanhol Andrés Segovia, o instrumentista que encantava Heitor Villa-Lobos.*

Depois, Baden iria tocar nas noites cariocas, primeiro no Cabaré Brasil, na Lapa. Baden era confuso, tímido, desajeitado e seu primeiro encontro com Vinicius foi um desastre: "Não consegui apertar a mão de Vinicius quando nos conhecemos. [...] Nossas mãos estavam ocupadas com copos". A bebida seria uma constante não só nessa parceria, mas na trajetória do grande violonista.

Apesar das diferenças, ambos cultuavam os mesmos artistas: Pixinguinha, Noel Rosa, Dolores Duran, Antônio Maria. Esse primeiro encontro desencontrado aconteceu na boate Arpège. Vinicius levou um susto com o imenso talento do artista. Comenta Castello:

> Um talento tão intenso que se transformava em convulsão, e o poeta, antenas sintonizadas na beleza em estado bruto (que às vezes é apavorante), sabia não ter medo daquele medo. Os dedos de Baden, essa foi a primeira imagem que Vinicius guardou, saltavam sobre uma nuvem de cordas. Todos os movimentos eram quase imperceptíveis. Não era piano, mas o poeta se lembrou logo de Thelonious Monk. [...] Baden é daqueles músicos tão magnéticos que parecem ter lançado a técnica (e suas obrigações) na lata do lixo. Parecem não ter empenho, ter apenas iluminação.

Alguns dias depois desse grande susto, os dois se encontraram no terraço do Hotel Miramar, em Copacabana, e aí tocaram juntos pela primeira vez. Não preciso dizer mais nada: eram parceiros. Vinicius arrastou Baden para seu apartamento em Laranjeiras e foi aí que os dois passaram três meses juntos, varando madrugadas, compondo, mergulhados no violão e no uísque. A vida de Baden mudou, virou de pernas pro ar. Até então, ele vivia tocando na noite, tinha apenas uma música gravada, o belo "Samba triste", com Billy Blanco. Agora sua vida era invadida pelo ritmo apaixonado da vida do poeta. Depois da fase do apartamento, veio a da clínica: Vinicius estava internado para se recuperar de seus excessos e ligou para Baden, para que ele fosse lá e não esquecesse de levar, além do violão, uma "garrafinha" de uísque bem escondida. Mais tarde, Baden diria, gozando desta história: "A estada de Vinicius na clínica produziu uma excelente safra de composições".

Baden aproximou Vinicius do mundo do samba de raízes africanas, sem sofisticação. Sua grande inovação foi trazer a música de tradição negra para o universo sofisticado da bossa nova. "Baden não apenas africanizou Vinicius, ele o transportou para um mundo mais quente, mais contaminado por tradições e sentimentos atávicos, mais – bem mais – incontrolável", diz Castello. Assim, o poeta aliou o cotidiano ao cósmico, a tradição negra às questões existenciais da Zona Sul. Falando dos afrossambas, Vinicius disse: "Essas antenas que Baden tem ligadas para a Bahia e, em última instância, para a África, permitiram-lhe realizar um novo sincretismo: carioquizar, dentro do espírito do samba moderno, o candomblé afro-brasileiro, dando-lhe uma dimensão mais universal".

> *Coitado do homem que cai*
> *No canto de Ossanha, traidor,*
> *Coitado do homem que vai*
> *Atrás de mandinga de amor.*
> ("Canto de Ossanha")

> *É melhor ser alegre que ser triste*
> *Alegria é a melhor coisa que existe*
> *É assim como a luz no coração*
> *Mas pra fazer um samba com beleza*
> *É preciso um bocado de tristeza*
> *É preciso um bocado de tristeza*
> *Senão não se faz um samba, não.*
> ("Samba da bênção")

Em 1963, Baden fez seu primeiro *show* internacional, no Teatro Olympia, em Paris, e a partir daí viveu entre o Brasil e a Europa, morou um tempo em Paris, depois em Baden-Baden, na Alemanha. Nesse período, consolidou sua parceria com o então jovem letrista Paulo

César Pinheiro, com quem faria "Lapinha", "Quá-quará-quá-quá" ("Vou deitar e rolar"), "É de lei", "Refém da solidão". Conta Baden:

> Paulinho? Paulo César Pinheiro? Por incrível que pareça, eu morava na praça Pinto Peixoto, em São Cristóvão, depois mudei de lá, e muitos anos depois me apareceu o Paulinho lá em Olaria, um bairro do subúrbio do Rio de Janeiro. Nos conhecemos porque ele era parceiro de um primo meu. Por coincidência total, o Paulinho morava na mesma casa onde eu fui criado. Isso é um negócio do destino. Tinha um festival aqui em São Paulo e nós fizemos a primeira música juntos, foi a "Lapinha". Tirou o primeiro lugar e daí começou tudo na vida do Paulinho. Depois eu fui embora para a Europa, mas fizemos muitas músicas.

> Quando eu morrer, me enterrem na Lapinha,
> Quando eu morrer, me enterrem na Lapinha,
> Calça, culote, paletó, almofadinha,
> Calça, culote, paletó, almofadinha.
> ("Lapinha")

> E agora cadê seu novo amor?
> Cadê que ele nunca funcionou?
> Cadê que ele nada resolveu?
> Quá-quará-quá-quá quem riu
> Quá-quará-quá-quá fui eu.
> Quá-quará-quá-quá.
> ("Vou deitar e rolar")

> Palavra de rei
> Não pode voltar
> Galo me avisou
> Quem ajoelhou vai rezar
> Caí, deitei,
> Mas me levantei,

Toma lá o teu
E dá cá o meu
Que é de lei.
("É de lei")

Vendo a vida passar
E essa vida é uma atriz
Que corta o bem na raiz
E faz do mal cicatriz
Vai ver até
Que essa vida é morte
E a morte é a vida que se quer.
("Refém da solidão")

A televisão brasileira durante o período de 1965 até 1972 viveu seu grande momento de integração com a música popular brasileira. Programas como *O Fino da Bossa*, que Elis Regina apresentava semanalmente na TV Record, e *Jovem Guarda*, apresentado por Roberto Carlos, tinham uma grande audiência. Baden participou inúmeras vezes de *O Fino da Bossa*. Era também a época dos festivais. Em 1968, um grupo de prestigiados jornalistas, entre os quais Sérgio Porto, Sérgio Cabral e Lúcio Rangel, propôs para a TV Record a realização de uma Bienal do Samba. O argumento era o seguinte: o samba, principal gênero da música popular brasileira ficava meio marginalizado nos festivais, porque não seguia o padrão das canções que costumavam se apresentar neles. A I Bienal do Samba foi então realizada. Ela era restrita a convidados escolhidos por uma comissão que tinha o intuito de garantir a presença das grandes figuras da velha guarda do samba. Da I Bienal participaram os veteranos Pixinguinha, Ismael Silva, Ataulfo Alves, Herivelto Martins, João de Barro, Cartola. A vencedora foi "Lapinha", de Baden Powell e Paulo César Pinheiro, então com 19 anos e estreando como letrista, e foi interpretada por Elis Regina. "Lapinha" é um afrossamba que conta a história de uma figura lendária da Bahia, o capoeira Besouro ou Cordão de Ouro.

Nos anos 1960, Baden se apresentou no Brasil e na Europa e vários discos registram esses *shows*, gravações ao vivo, sem qualidade técnica, mas que documentam a maestria do violonista e a euforia do público. Na década de 1990, voltou definitivamente para o Brasil, com a saúde já debilitada, e ainda assim continuou se apresentando. Baden Powell morreu no dia 26 de setembro de 2000, na cidade do Rio de Janeiro.

Sobre a genialidade e a dimensão do trabalho de Baden Powell, escreveu o maestro Júlio Medaglia:

> *Se na Europa, nos Estados Unidos ou em qualquer outra parte alguém for induzido a ouvir Baden pela sedução exótica de alguns de seus afrossambas, se surpreenderá com a superdesenvolvida técnica de execução instrumental que ilustra aqueles ritmos primitivos. Se outros pretendem encontrar em Baden um curioso representante de um "país tropical", que consegue transpor para um instrumento de cordas as batucadas fantásticas gravadas pelo Museu do Homem, irão se estarrecer mais uma vez com a endiabrada técnica de mão direita de seu violão, que executa complicadas figuras rítmicas inexistentes em nenhuma outra música popular do mundo. Da mesma maneira, irão se surpreender os amantes das canções lineares ao ouvirem um "Apelo" e identificarem uma melodia quase estática que se valoriza pelo desenrolar do complexo encadeamento harmônico que a suporta. Se outros quiserem, também, conhecer estilizações criativas de material folclórico, como o toque primitivo de um berimbau, deverão ouvir Baden.*

8/3/2013

Salve Mestre Candeia!

Jean-Jacques Rousseau escreveu em *Os devaneios do caminhante solitário*:

> *Tendo, portanto formado o projeto de descrever o estado habitual de minha alma na mais estranha situação em que possa jamais se encontrar um mortal, não vi nenhuma maneira mais simples e mais segura de executar essa empresa do que a de manter um registro fiel de minhas caminhadas solitárias e dos devaneios que as preenchem, quando deixo minha cabeça inteiramente livre e minhas ideias seguirem sua inclinação, sem resistência e sem embaraços. Essas horas de solidão e de meditação são as únicas do dia em que sou plenamente eu mesmo, e em que me pertenço sem distração, sem obstáculos e em que posso verdadeiramente dizer que sou o que desejou a natureza.*

Há momentos em que a gente precisa se afastar do burburinho do mundo, contemplar a natureza em solidão e silêncio pra se encontrar. Libertar-se das garras de maya, mundo da aparência, dança da ilusão, e mergulhar no ser, ouvir a própria alma, a própria voz, abafada pelo barulho do mundo. Procurar ou criar um sentido para a vida. Tanto no Oriente quanto no Ocidente, o retiro é uma busca de si mesmo, uma busca de contato com a essência de cada um. Poetas, sambistas, místicos, filósofos, não só eles, o ser humano sensível busca no distanciamento uma maior aproximação da essência de si e do mundo. Assim também diz esse lindo e tocante samba de Candeia, "Preciso me encontrar", que consagra esse instante:

Deixe-me ir, preciso andar
Vou por aí a procurar
Sorrir pra não chorar
Quero assistir ao sol nascer
Ver as águas dos rios correr
Ouvir os pássaros cantar
Eu quero nascer, quero viver
Deixe-me ir, preciso andar
Vou por aí a procurar
Sorrir pra não chorar.

Candeia, Antônio Candeia Filho, nasceu, viveu e morreu no Rio de Janeiro (1935-1978). Com o samba-enredo "Seis datas magnas", recebeu nota máxima em todos os quesitos e tornou sua escola, a Portela, campeã em 1953. Candeia fundou a ala da mocidade da Portela e, depois, fez parte da ala dos impossíveis. No ano de 1957, entrou para a Polícia Civil, trabalhando como investigador, mas levou um tiro na coluna e ficou paralítico. Abandonou a carreira na polícia e passou a se dedicar exclusivamente à vida artística. Com seu samba-enredo "Legados de D. João VI", a Portela foi campeã em 1955, e com "Brasil, panteão de glórias", em parceria com Bubu, Casquinha, Waldir 59 e Picolino, a Portela foi campeã em 1959.

No início dos anos 1960, participou ativamente do movimento de revitalização do samba, promovido pelo CPC (Centro Popular de Cultura) e pela UNE (União Nacional do Estudantes). Foi nessa época que organizou o conjunto Mensageiros do Samba, que se apresentava no Zicartola.

Em 1965, Elisete Cardoso gravou "Minhas madrugadas" (Candeia e Paulinho da Viola) no LP *Elisete sobe o morro*. Esse samba foi gravado pelo próprio Candeia e também por Paulinho da Viola e Elton Medeiros. Foi nessa gravação que conheci essa canção, que fala de amores vãos, da passagem do tempo, lição de vida que termina com esses versos: "Hoje fitando o espelho/ Eu vi meus olhos vermelhos/ Compreendi que a vida/ Que eu vivi foi ilusão".

O primeiro disco individual de Candeia foi o LP *Samba da antiga*, em 1970. Em 1975, Candeia gravou o LP *Seguinte...: Raiz Candeia*. No encarte do disco, escreveu: "Pra moçada da política, não é preciso dizer nada. Tá todo mundo de cabeça feita. Candeia é reza forte; chegou, tá bem chegado. Pra quem não sabe de nada ainda, vou usar um verso de um samba espetacular do Paulinho da Viola, para apresentar o grande sambista compositor: 'Acende uma chama/ É o som de um samba/ Que chega nas ondas/ Da noite'". Nesse disco, ele gravou "Filosofia do samba", "Quarto escuro", "A hora e a vez do samba", "Regresso", parceria com Adelzon Alves, "Saudação a Toco Preto", "Minhas madrugadas", parceria com Paulinho da Viola. Em "Filosofia do samba", ele diz:

> Pra cantar samba não preciso de razão
> Pois a razão está sempre com dois lados
> Amor é tema tão falado
> Mas ninguém seguiu nem cumpriu a grande lei
> Cada qual ama a si próprio
> Liberdade igualdade onde estão não sei.

Em meados dos anos 1970, Candeia afastou-se da Portela e em 1975, desiludido com o gigantismo das escolas de samba, fundou, junto com Nei Lopes e Wilson Moreira, o Grêmio Recreativo de Arte Negra e Escola de Samba Quilombo. Em *Uma história da música popular brasileira*, Jairo Severiano escreveu:

> Um dos mais talentosos sambistas de sua geração, Candeia sobressaiu ainda como ferrenho defensor da cultura negra. Por isso, inconformado com os rumos tomados pelas escolas de samba, abandonou a sua Portela, fundando em 1975, com um punhado de amigos, o Grêmio Recreativo de Arte Negra e Samba Quilombo, do qual foi o primeiro presidente. Morto prematuramente, deixou vários LPs e sucessos, como "Minhas madrugadas" (com Paulinho da Viola), "Amor não é brinquedo" (com Martinho da Vila), "Anjo moreno", "Filosofia do samba" e "Preciso me encontrar".

Em 1975, grava o LP *Candeia, samba de roda*. Na contracapa do disco, quem escreve é Paulinho da Viola:

> *Candeia é um compositor que dispensa apresentações. Este é seu terceiro disco e nele se pode notar a preocupação do sambista em incorporar ao seu trabalho outros gêneros musicais que ressaltam uma influência nitidamente africana. Tudo música brasileira. Muitos hão de estranhar e perguntar por que um sambista da Portela, de repente, resolve gravar jongos, pontos de macumba, um choro canção, sambas de roda, cantigas de maculelê e capoeira. É muito simples: Candeia sempre esteve atento a todas as manifestações populares e sujeito sensível que é, percebeu as vantagens que poderia obter se estendesse seu trabalho – até então ligado exclusivamente ao samba – a essas formas tão ricas, deixadas por nossos antepassados. Esse disco é uma experiência importante na carreira do mano Candeia e uma surpresa para aqueles que, como eu, acompanham de perto seu trabalho.*

Candeia foi gravado por Clementina de Jesus: "Vai de saudade" (Candeia e Davi), 1970, e "Tantas você fez", em 1985, com participação de Cristina Buarque.

Paulinho da Viola acompanhou o trabalho de Candeia com grande atenção e admiração. Em vários depoimentos ressaltou a importância e a excelência do sambista. Dele gravou "Batuqueiro", "Filosofia do samba" e "O ideal é competir".

Salve Mestre Candeia, defensor da cultura negra, filósofo do samba, poeta, partideiro. De saideira, "Pintura sem arte", samba genial de sua autoria que começa assim: "Me sinto igual a uma folha caída/ Sou o adeus de quem parte/ Pra quem a vida é pintura sem arte". Poesia, filosofia e samba.

15/3/2013

Nelson Cavaquinho, luz negra

"A luz negra de um destino cruel/ Ilumina o teatro sem cor/ Onde estou desempenhando o papel/ De palhaço do amor", canta Nelson Cavaquinho, composição sua e de Amâncio Cardoso. O sentimento trágico que advém de saber que somos regidos por uma força cega, superior a nós, caprichosa, que decide nossa felicidade ou infortúnio, a impossibilidade de reagir diante do que nos acontece, seja bom ou mal, o sentimento de desproteção que disso resulta, o temor, o desencanto e o desespero que isso acarreta, essa luz negra que ilumina o lado sombrio da vida, tinge o corpo sonoro de muitas das canções de Nelson Cavaquinho. Em "Luz negra", foi em vão que o poeta passou a vida procurando alguém para compartilhar suas aflições: sua vida já está se esvaindo e ele continua preso a um inexorável destino infeliz e solitário. O mundo para ele se apresenta como um teatro sem cor e ele representa para o mundo o triste papel de um palhaço do amor. Pois é, a canção, além de ser um deleite, uma fruição estética, também é um convite a filosofar, a pensar na vida...

Há uma grandeza no sofrimento cantado por Nelson Cavaquinho que o aproxima da tragédia grega e também da filosofia estoica. Essa grandeza está associada à noção de destino. O tecido criado pela tragédia grega está embebido na noção de um destino inexorável, que se abate sobre os personagens sem que eles nada possam fazer para mudar sua sorte e que é comandado pela vontade dos deuses. Os seres humanos não têm como evitar o infortúnio. No teatro de Sófocles, por exemplo, o rosto inevitável do destino é a impossibilidade de evitar a dor e é aí que está o trágico. Como ensina Werner Jaeger, em "O homem trágico de Sófocles", na *Paideia*, Sófocles revela em naturezas nobres "o caráter iniludível do destino que os deuses impõem aos homens". A dor constitui uma parte essencial do ser de seus personagens e o homem e seu destino se fundem numa unidade indissolúvel. Por exemplo, em *Ájax*, Sófocles trata da fragilidade da condição humana e da brevidade da vida e a condição humana é esta – o homem é um joguete nas mãos dos deuses e do destino: "Medito ao mesmo tempo sobre a minha sorte/ E sobre a deste herói, pois vejo claramente/ Que somos sombras ou efêmeros fantasmas/ Vivendo a nossa vida como os deuses querem". E é essa noção de destino e de sofrimento inevitável que ecoa nas canções de Cavaquinho, criando, num instante, um diálogo entre séculos.

Em "Rugas" (Nelson Silva, Ari Moteiro, Garcez), Cavaquinho canta: "Finjo-me alegre pro meu pranto ninguém ver/ Feliz aquele que sabe sofrer". Nessa canção temos a confissão e constatação de que a vida é sofrimento e as rugas, marcas do desgosto da existência. Então, se viver é sofrer, se não tem jeito de evitar a dor, melhor é não pensar, pois o pensamento só aumentaria ainda mais a tristeza, seria um pensamento torturante. Fingir alegria parece ser o único meio que o sambista encontra para não expor a própria dor: há um pudor, uma vergonha em se sentir infeliz e demonstrar sua infelicidade. A força aqui está em aceitar a dor com dignidade, com sabedoria. Num cenário em que a única felicidade ainda possível é aprender a sofrer, é sábio resignar-se à dor, e tolo resistir a ela. Daí essa máxima moral de sentido estoico: Feliz aquele que sabe sofrer. Se o destino está inscrito na natureza, se ele faz parte do homem, não há nada a fazer senão aceitar, resignar-se.

A filósofa Olgária Matos, no já citado ensaio "*Theatrum Mundi*: filosofia e canção", aponta para a existência de uma filosofia moral nas canções populares brasileiras, filosofia que se constitui como medicina da alma, como orientação para uma vida feliz: "A filosofia orienta os homens em meio ao emaranhado de enganos, prazeres equivocados, falsos juízos, em que estamos enleados, no mundo e na vida". Aqui me lembro da canção de Cartola, canção conselheira, "O mundo é um moinho": "Ouça-me bem, amor/ Presta atenção, o mundo é um moinho/ Vai triturar teus sonhos tão mesquinhos/ Vai reduzir as ilusões a pó". No samba de Cavaquinho há um ensinamento, um conselho: já que o sofrimento é inevitável, feliz é aquele que aprende a aceitá-lo.

"Quando o tempo me avisar/ Que eu não posso mais cantar/ Sei que vou sentir saudade/ Ao lado do meu violão, da minha mocidade" ("Folhas secas", Nelson Cavaquinho, Guilherme de Brito). Velhice, a passagem inexorável do tempo, a brevidade e a fragilidade da existência, é disso que esse samba de Nelson Cavaquinho e Guilherme de Brito nos fala. Nelson, com sua voz arrastada, quase embriagada pela dor e pelo álcool, com seu violão rouco. "O tempo onipotente apaga tudo/ que ocorre neste mundo", como ensina Sófocles.

Em "Duas horas da manhã" (Nelson Cavaquinho, Ari Monteiro), Cavaquinho canta a angústia de não saber se foi ou não abandonado pelo seu amor. O tempo agônico goteja. Não a verei mais? Como grasnava o corvo de Poe: *never more*? "Qual será o paradeiro daquela/ Que até agora não voltou/ Eu não sei se voltará/ Ou se ela me abandonou".

Nelson Cavaquinho, o nosso "Baudelaire do samba", cantou a morte e a deterioração da matéria de maneira crua e chocante: "Quando eu passo/ Perto das flores/ Quase elas dizem assim/ Vai que amanhã enfeitaremos o seu fim" ("Eu e as flores", Nelson Cavaquinho, Jair do Cavaquinho). Há aqui uma verdadeira inversão do sentido de um dos mais tradicionais símbolos do romantismo: a flor, símbolo de pureza, delicadeza, brevidade, afeto. As "flores do mal" que Nelson canta, em sua parceria com Jair do Cavaquinho, são o negativo desse símbolo: mórbidas e resistentes, elas são mensageiras sinistras, mensageiras da morte. Diante da duração da existência humana, a vida da flor é muito breve. Mas, nesse samba, o que é breve e passageiro é o homem; a flor permanece, ela dura e zomba da brevidade da vida humana. O homem-matéria passa, a flor-símbolo fica e enfeita seu túmulo, e quando o sambista passa "quase elas dizem assim/ vai que amanhã enfeitaremos o seu fim".

São muitos os sambas de Nelson Cavaquinho e seus parceiros que falam da morte. "Depois da vida" (Nelson Cavaquinho, Guilherme de Brito, Paulo Gesta), por exemplo: "Em seu funeral estás tão fria, amor/ Ai! de mim! E dos beijos meus!/ Eu te esperei minha querida/ Mas só te beijei depois da vida". Esse samba foi gravado também por Paulinho da Viola.

A aproximação entre Nelson Cavaquinho e Baudelaire é contundente, pois, como no poeta francês, há uma tensão entre uma forma tradicional – soneto/canção e o conteúdo "abjeto". Em Cavaquinho, a arquitetura tradicional poética e melódica do samba abriga um conteúdo inesperado e corrosivo. A deterioração do objeto poético, presente na obra de Nelson Cavaquinho, encontra na sua voz rouca e arrastada e no seu violão arranhado uma perfeita e comovente expressão. Poeta da finitude, sua obra é perene.

22/3/2013

Nelson Cavaquinho, Montaigne...

para Cristiane, eterna flor

Sussurro baixinho
Um samba do mestre
Nelson Cavaquinho.
Manhã metafísica,
A vida e a morte
Brincam na cozinha.

"Sei que estou/ No último degrau da vida,/ Meu amor", canta Nelson Cavaquinho no rádio da minha memória, com sua voz rouca, seu violão embriagado. O cheiro do café acaricia. A cidade acorda devagar, daqui a pouco a louca sinfonia paulistana. O canto dos bem-te-vis faz um contraponto ao samba do Nelson. Tecem a manhã.

Engraçado, nunca liguei para idade, acho uma coisa boba, coisa de superfície. Não importa quantos anos você tem, mas como você tem vivido a sua vida. No entanto, estar perto de fazer 60 anos me causou uma certa estranheza... E aí, em vez de pensar no meu nascimento, me peguei pensando no outro lado fatal da mesma moeda, na morte. Nelson Cavaquinho. "Sei que estou/ No último degrau da vida,/ Meu amor". Terá algum outro sambista cantado a morte de maneira tão direta?

O tempo é uma coisa misteriosa. Me lembro da sensação de desassossego que tive quando uma vez fiquei olhando as rugas no rosto de uma pessoa já muito velha, os desenhos que o tempo tinha feito em sua pele, aqueles sulcos que pareciam pequenos riozinhos a desaguar uma seca de anos e anos a fio. E vi o rosto da morte tatuado naqueles desenhos. A morte olhando para mim. E sorrindo. Uma mistura de medo e fascinação. A velhice traz a presença da morte e todo o transtorno que isso acarreta. A consciência de nossa finitude, a melancolia, a perda do sentido da vida. Pois, se tudo está sempre por um fio, onde ancorar o sentimento de felicidade? Como ter paz e alegria? A dor que a morte ou o pensamento da morte causa na alma...

A falta que amamos. O nada que tememos. Por sorte esses sentimentos não resistem à exuberância do sol, à delícia do existir, ao êxtase das cores, cheiros, sons. Senão, o que seria de nós? O tempo... Mas o que é o tempo? Como disse Santo Agostinho: "Se ninguém me perguntar, eu sei, mas se quiser explicar a quem me pergunta, já não sei".

O tempo de uma fruta amadurecer, o tempo de uma canção, o tempo de uma lembrança, o tempo de duração de um amor, esses diversos tempos se entrecruzam, se encontram, se separam, tecem uma malha móvel de instantes e destinos e seres. O mesmo tempo dura diferente para cada pessoa: uma hora pode passar rápido para mim, e para você ser uma eternidade. Então seria assim: o tempo de cada um ser?

E a eternidade? Será uma invenção humana para nos salvar do horror ao nada? Borges chama a eternidade de "filha do homem".

Mas o tempo não é algo que está fora de mim, porque eu não posso existir a não ser nele. Estou imersa no tempo, e talvez por isso seja difícil compreendê-lo: ele me contém, mas eu não o contenho.

Um dia estava saindo de casa e me dei conta de que já era fim de semana. "Nossa, como o tempo passou rápido!", pensei. E uma voz lá dentro retrucou: "Não é o tempo que está passando. Quem está passando é você!". Senti um frio na boca do estômago da alma. De novo Nelson Cavaquinho e sua lucidez mortal: "Sei que estou...".

Quando penso que houve um tempo em que eu não existia e que haverá um tempo em que não serei, fico espantada. O filósofo renascentista Michel de Montaigne, em seus *Ensaios*, diz que temos dificuldade em aceitar a nossa morte porque damos muita importância a nós mesmos. E acho que ele tem toda razão. É "como se tudo sofresse, de algum modo, com o nosso desaparecimento", diz Montaigne e aí cita Plínio: "a aliança entre nós e o céu não é de tal ordem que os astros devam extinguir-se com a nossa morte". Filosofar, ensina ele, é aprender a morrer. E se não temermos a morte, seremos livres. Tem razão, mas o espanto permanece.

O tempo... Mas o que é o tempo? Imagem móvel da eternidade, dirá Platão. Que imagem linda! "O tempo é como o rio/ Onde banhei o cabelo de minha amada/ Água limpa que não volta/ Como não volta aquela antiga madrugada", canta Bethânia, os versos de Capinan ecoando Heráclito.

    Há uma linda prece que está num livro sagrado indiano, o Atharva Veda. Não fala da natureza do tempo, mas roga a ele que seja benevolente conosco. Diz assim: Que o passado seja amável e o futuro, benigno. Que beleza, que bálsamo! Que mais poderia querer? Será preciso entender? Tem coisas que nos escapam. E a imensidão canta canções de humildade. Que o passado seja amável e o futuro, benigno. Uma oração ao tempo. E que assim seja.

Novembro de 2011

Dolores Duran, estrada do sol

É de manhã
Vem o sol mais os pingos da chuva que ontem caiu
Ainda estão a brilhar
Ainda estão a cantar
Ao vento alegre que me traz essa canção...

Domingo silencioso, ameno. Solzinho entre os galhos do ipê ainda sem flor, bem-te-vis e maritacas se banqueteando com migalhas de pão e restinhos de maçã. O paraíso é aqui e agora, o melhor lugar do mundo, instante pleno, sem antes nem depois, luminescência e paz.

"Estrada do sol": com os versos que Dolores Duran escreveu para essa canção, ela conquistou o maestro soberano e foi sua parceira. Sua primeira parceria com Antonio Carlos Jobim foi "Se é por falta de adeus", em 1955, quando Tom estava ainda começando. Vieram outras duas. A mais conhecida, "Por causa de você", tinha uma letra feita pelo Vinicius que, depois que viu a que Dolores fez, deixou a sua de lado.

Ah! Você está vendo só
Do jeito que eu fiquei e que tudo ficou
Uma tristeza tão grande nas coisas mais simples que você tocou
A nossa casa, querido, já estava acostumada guardando você
As flores da janela sorriam, cantavam
Por causa de você.

Dolores Duran, grande compositora, grande amiga, minha parceira em algumas músicas, entre elas "Por causa de você". Fiz essa melodia, e Vinicius começou a escrever uma letra e eu fui à Rádio Nacional à tarde, que naquele tempo era o centro da música, de tudo, no Edifício A Noite, na praça Mauá. Numa sala, tinha um piano, e entre esses colegas, a nossa Dolores. Tirou um lápis de sobrancelha da bolsa, escreveu uma letra e me disse "Outra, é covardia". E Vinicius, que gostava muito dela, aceitou. Ficou a letra dela. Uma das melhores letras que já fizeram pra mim.

Essa história, contada por Antonio Carlos Jobim, está em *Dolores Duran: a noite e as canções de uma mulher fascinante*, de Rodrigo Faour.

Os amigos contam que Dolores não era triste, tinha uma certa melancolia sim, mas era muito engraçada, irreverente, ousada. Que ousadia ter feito uma letra para uma canção que já tinha letra de Vinicius! Ela sabia o que queria. Cantora da noite carioca numa época iluminada, em que começava a nascer o que seria a bossa nova, momento de transição. Dolores conta:

> Cantei pela primeira vez profissionalmente aos 18 anos em uma boate, a Vogue. Primeiro ordenado, 5 contos e 500 mil réis. Era crooner e cantava das 23 às 5 horas da manhã. Minha maior dificuldade era a adaptação ao novo horário de dormir. A primeira noite de trabalho foi um martírio: o sono chegou feio e forte. Andei errando muita coisa. Mas valeu a pena, quando, com o dia nascendo, saí do trabalho. Era uma manhã de verão com o sol já forte e a praia deserta. Tive muitas outras noites iguais, até conseguir adaptar-me. Depois, comecei a ser procurada por outros empresários. Era o meu diploma de "vaga-lume".

Adiléa da Silva Rocha, Dolores Duran, nasceu e morreu na cidade do Rio de Janeiro (1930-1959). Morreu tão moça! Vinte e nove anos! E deixou uma obra tão brilhante e madura! Começou a cantar muito cedo, participou de programas de calouros e tornou-se uma das mais famosas cantoras da noite carioca, entre os anos 1940 e 1950. A compositora nasceu mais tarde e teve como parceiros, entre outros, Tom Jobim. Suas composições foram interpretadas por grandes cantores da música brasileira, como Sylvia Telles, Elisete Cardoso, Agostinho dos Santos,

Nana Caymmi, Ângela Maria, Isaura Garcia, Maria Bethânia, Gal Costa, Lúcio Alves e também por Frank Sinatra e Ella Fitzgerald. Ela compôs apenas 36 canções, metade delas não são conhecidas, mas sua música foi e continua a ser muito cantada. Faz parte da nossa alma brasileira.

> *Hoje*
> *Eu quero a rosa mais linda que houver*
> *E a primeira estrela que vier*
> *Para enfeitar a noite do meu bem*
> ("A noite do meu bem", Dolores Duran)

Sobre seu modo de compor, disse Tom Jobim: "Dolores compunha os versos, mas não conhecia música. Entretanto, suas melodias eram sempre as mais belas, e se enquadravam perfeitamente às letras, numa harmonia extraordinária. Depois de escrever os versos, os musicava e guardava as melodias na memória, para mais tarde cantarolá-las, a fim de que o seu parceiro as pudesse escrever".

Apesar de ser cantora de samba-canção, a gente pode ver no seu jeito de cantar o prenúncio do canto *cool*, o canto bossa nova, pela ausência de exageros sentimentais. Menos emocional que Maysa, mais que Sylvinha Telles. No entanto, se sua personalidade era irreverente, ela foi uma compositora e cantora que, como poucas, tratou das dores de amor e da solidão. Alguns trechos de suas letras:

> *Eu desconfio que o nosso caso está na hora de acabar*
> *Há um adeus em cada gesto em cada olhar*
> *Mas não temos é coragem de falar.*
> ("Fim de caso", Dolores Duran)

> *Ai! a solidão vai acabar comigo*
> *Ai! eu já nem sei o que faço, o que digo.*
> ("Solidão", Dolores Duran)

> *A gente briga*
> *Diz tanta coisa que não quer dizer*
> *Briga pensando que não vai sofrer*
> *Que não faz mal se tudo terminar*
> *Um belo dia, a gente entende que ficou sozinho*
> *Vem a vontade de chorar baixinho*
> *Vem o desejo triste de voltar.*
> ("Castigo", Dolores Duran)

Mas Dolores também tratou do amor de forma menos trágica, como em "Olha o tempo passando" e em "Ideias erradas", traço de modernidade, que prenuncia uma libertação do romantismo:

> *A vida acaba um pouco todo dia*
> *Eu sei e você finge não saber*
> *E pode ser que quando você volte*
> *Já seja um pouco tarde pra viver.*
> ("O tempo passando", Dolores Duran e Edson Borges)

> *Não faça ideias erradas de mim*
> *Só porque eu quero você tanto assim,*
> *Eu gosto de você mas não esqueço*
> *De tudo quanto valho e mereço,*
> *Não pense que se você me deixar*
> *A dor será de me matar.*
> ("Ideias erradas", Dolores Duran e Ribamar)

Meus caros amigos, chegou a hora de me despedir e escolhi a Dolores para encerrar esta série de textos sobre música popular [para a revista *piauí*]. Porque ela é uma grande artista, porque é uma mulher cantora e compositora, porque tem uma sensibilidade fina, porque é Dolores. Uma vez ela disse assim: "Quando o dia está claro, ensolarado, sinto uma alegria imensa de viver, saio caminhando pela praia, a pé, até minha casa. Quando o dia está feio e chuvoso, entretanto, sinto-me deprimida. A sensação de solidão é tão concreta que chamo o primeiro táxi que passa e corro para casa, em busca de mim mesma". Dolores. Quero deixar no ar esta linda canção solar: "É de manhã, vem o sol mas os pingos da chuva que ontem caiu ainda estão a brilhar, ainda estão a dançar...".

28/3/2013

Salve Paulinho da Viola!

Callado e Sinhô, Pixinguinha e Ismael Silva, Ernesto Nazareth e Paulo da Portela, Jacob do Bandolim e Cartola, o choro e o samba: é nesse universo de sons que se vai formando a sensibilidade musical do compositor Paulinho da Viola. Paulo César Faria nasceu no dia 12 de novembro de 1942, na cidade do Rio de Janeiro, no bairro de Botafogo. Teve uma infância feliz, em meio a uma família amorosa, e desde cedo revelava sua inclinação à reflexão, pois gostava de ficar sozinho, de contemplar o mundo e do silêncio. Filho de um grande violonista do choro, César Faria, integrante do Conjunto Época de Ouro, que acompanhava Jacob do Bandolim, desde menino Paulinho conviveu com a música. Em sua casa reuniam-se grandes chorões, como Pixinguinha e Jacob, o violonista Dilermando Reis e também cantores. A música envolvia a atmosfera, choro, serestas, sambas-canções, valsas... Paulinho ficava ouvindo o pai tocar e quis aprender a tocar violão. Seu primeiro professor, Zé Maria, conhecia e sabia ler música e tocava um pouco de tudo, de choro a Debussy. Quando seu pai ia ensaiar na casa de Jacob, levava o menino: "Jacob gostava de ver o filho de César atento, num canto da sala, prestando atenção aos movimentos de seus dedos e ao som de seu instrumento", conta João Máximo, que escreveu o perfil musical de Paulinho da Viola.

Paulinho da Viola chegou a pensar em fazer faculdade de Economia, mas desistiu da ideia. Formado em Contabilidade, trabalhava num banco, quando ele e Hermínio Bello de Carvalho se tornaram amigos. Depois seriam parceiros. Hermínio, além de letrista de música popular, era também ativista cultural, muito ligado ao mundo do samba, e foi ele quem levou Paulinho ao Zicartola, casa de samba onde as pessoas iam para ouvir Cartola e outros bambas e saborear os deliciosos quitutes que Zica, sua mulher, fazia. Hermínio, Zé Kéti e Elton Medeiros, o mais constante parceiro de Paulinho, foram pessoas fundamentais no caminho do futuro sambista, e os três estão ligados ao Zicartola, que se tornou um dos redutos mais importantes do samba carioca, um templo da música. Lá, além de Cartola, Paulinho da Viola, Nelson Cavaquinho, Elton Medeiros, Clementina de Jesus, Zé Kéti, ia também o pessoal da bossa nova, jornalistas, entre os quais Sérgio Cabral; enfim, era um ponto de encontro de artistas e intelectuais.

Do encontro entre Cartola e Paulinho da Viola, disse João Máximo: "Muito do que Paulo César estava por fazer – manter a tradição sem maculá-la, requintar o samba sem deformá-lo – Cartola já vinha fazendo". Mas sobre ser o sucessor de Cartola, Paulinho não concorda: "Soube que o mestre disse que eu era seu herdeiro. Cartola não tem sucessor, que ele me perdoe lá em cima. Seu trabalho é único".

Foi Oscar Bigode, diretor de bateria do Grêmio Recreativo da Portela, quem levou Paulinho da Viola para conhecer a ala dos compositores da escola, num domingo de outono, em 1964: Alvaiade, Ventura, Casquinha, Bubu, Rufino, irmãos Mijinha, Aniceto, Manaceia, Jair do Cavaquinho, Candeia, Monarco, Zé Kéti – os bambas da Portela. Paulinho chegou e discretamente, como é de seu feitio, foi acompanhando os sambas, ora no violão, ora no cavaquinho, até que Ventura o provocou: "Como é, garoto? Mostra um negócio teu aí". E Paulinho: "Tenho aqui um samba, mas ainda não terminei..." "Canta pra gente assim mesmo", retrucou Ventura. E Paulinho começou a cantar: "Leva um recado/ A quem me deu tanto dissabor/ Diz que eu vivo bem melhor assim/ E que no passado fui um sofredor/ E hoje já não sou/ O que passou, passou". Casquinha, grande improvisador, estava por lá, ouviu e, na mesma hora, continuou o samba: "Vá dizer à minha ex-amada/ Que é feliz meu coração/ Mas que nas minhas madrugadas/ Eu não esqueço dela, não". Bem, nem é preciso dizer que em pouco tempo o garoto se tornaria um integrante da ala de compositores da Portela e, depois, seu mais famoso compositor.

    Paulinho da Viola surge no cenário musical num período de grande fermentação cultural. O golpe militar derruba o governo de Jango Goulart, provocando um choque na consciência brasileira. No período de 1964 a 1968 há, paradoxalmente, uma efervescência cultural sem precedentes, uma revolução estética nas diversas artes – tropicalismo, cinema novo, Teatro Oficina. Como explica Roberto Schwarz, num primeiro momento, o alvo da repressão foi a militância política e a produção cultural foi preservada e até atiçada, vindo a sofrer duro golpe a partir de 1968. Nunca antes a música popular foi tão debatida. No Rio, por exemplo, Teresa Aragão coordenava debates sobre os rumos da música popular brasileira no Teatro Jovem. Paulinho ia lá. O eco dessa revolução estética a gente pode sentir na música "Sinal fechado". Mas, no todo de sua obra, Paulinho da Viola mantém-se fiel à tradição do samba, inovando com delicadeza, incorporando elementos modernos sem ferir a essência do samba e do choro. Podemos pensar numa evolução dessas duas formas de expressão, mas não em revolução.

    Em 1968, Paulinho apresentou "Coisas do mundo, minha nega" na I Bienal do Samba da TV Record, em São Paulo. "As coisas estão no mundo, só que eu preciso aprender." É com esse verso simples e sublime que ele termina um de seus mais belos sambas: o poeta caminha pelos labirintos noturnos da cidade em direção aos braços de sua amada, passeia por entre as coisas do mundo, dialoga com elas. Seu percurso é povoado por personagens infelizes. É olhando o mundo que ele aprende sobre a vida.

    Com "Sinal fechado", Paulinho da Viola venceu o V Festival de Música Popular Brasileira da TV Record, em 1969. "Sinal fechado" é muito diferente de suas outras composições, tem uma sonoridade tensa, dissonante, que traduz o clima angustiante dos habitantes da cidade moderna, pessoas que se querem bem e vivem sob a batuta do tempo apressado das máquinas, lugar onde o diálogo e o amor não têm lugar. "Fiz uso de melodia simples, de harmonias simples, onde acrescentei a todos os acordes uma segunda menor, buscando o clima angustiante vivido pelos personagens da música", ele explicou. Cinco anos mais tarde, *Sinal fechado* seria o título de um LP de Chico Buarque, no qual gravou só músicas de outros compositores por causa da censura que não dava trégua à sua obra.

"Foi um rio que passou em minha vida" (1970), provavelmente a música mais conhecida de Paulinho da Viola, é um hino de amor à Portela:

> Ah! Minha Portela
> Quando vi você passar
> Senti meu coração apressado,
> Todo meu corpo tomado,
> Minha alegria voltar
> Não posso definir aquele azul
> Não era do céu,
> Nem era do mar,
> Foi um rio que passou em minha vida
> E meu coração se deixou levar.

Este ano (2013) é sua escola que o homenageia com o samba-enredo "Madureira... onde o meu coração se deixou levar". De Paulo da Portela, seu criador, a Paulinho da Viola, seu sucessor, agora é Portela que canta seu cantor. Salve Paulinho da Viola! E, para terminar com um fecho de ouro, ou melhor, com uma rosa de ouro, não posso deixar de lembrar o que Clementina de Jesus disse quando o conheceu: "É uma coisa maravilhosa, o Paulinho".

Março de 2013

Paulinho da Viola e o choro

O choro nasceu, primeiramente, como um jeito de tocar a polca, a schottisch, a valsa, o tango, enfim as danças europeias em voga no Brasil no final do século XIX. Músicas de origem europeia, mas que foram se abrasileirando, ficando morenas sob o sol escaldante da *terra brasilis*. No início do século XX, o choro tornou-se um gênero musical, com forma definida, graças aos pioneiros Joaquim Callado, Chiquinha Gonzaga, Anacleto de Medeiros, Ernesto Nazareth e, é claro, Pixinguinha. Pra gente ter uma noção da beleza e da dimensão do choro na música popular brasileira, basta lembrarmos alguns grandes chorões: Pixinguinha, Jacob do Bandolim, Waldir Azevedo, Radamés Gnattali, Garoto, Raphael Rabello, Paulo Moura, Guinga, Paulinho da Viola. Sim, Paulinho, que é mais conhecido como sambista, teve no choro sua iniciação musical, toca e compõe choros belíssimos.

Henrique Cazes, no livro *Choro: do quintal ao Municipal*, observa que o mesmo processo que levou ao nascimento do choro aconteceu em vários países, isto é, a música europeia temperada pelo sotaque musical do colonizador deu origem a vários gêneros que são a base da música popular urbana: o maxixe brasileiro, o beguine da Martinica, o ragtime norte-americano, todos uma adaptação da polca e a diferença entre eles se deve à música de cada país. Observa também que uma mesma instrumentação é usada na música popular das diferentes colônias portuguesas: cavaquinho, violão e flauta, presentes no choro brasileiro, na música do Cabo Verde e até na da Indonésia. Além disso, a melancolia e o sentimentalismo lusitanos também se fazem sentir nelas.

E como era a polca, que invadiu a corte em meados do século XIX? "Em compasso binário, com indicação de andamento *allegretto*, melodias saltitantes e comunicativas, em pouco tempo a polca dominou os salões, mesmo enfrentando a oposição dos moralistas. Se já parecia absurdo o homem tocar a cintura de uma mulher para uma valsa, quanto mais os pulinhos dos pares polquistas", conta Henrique Cazes. Imaginem, então, qual não foi o escândalo dos maxixes criados por Chiquinha Gonzaga, uma mulher!

A chegada da corte portuguesa ao Brasil provocou uma grande transformação na cidade do Rio de Janeiro, que se modernizou meio às pressas para viver sua nova vida imperial. Foram criados o correio, a estrada de ferro e, com eles, uma série de serviços públicos. As leis antiescravagistas e a abolição do tráfico negreiro deram um aspecto menos bárbaro e mais civilizado ao Brasil e causaram mudança no perfil social e econômico do país. Surge a classe média urbana, composta de funcionários públicos e pequenos comerciantes. Vale lembrar que grande parte dos chorões trabalhava como funcionário dos correios, do porto e das ferrovias.

Junto com a corte, veio também outro personagem, o piano, e com ele, um ideal de educação em que tocar piano nem sempre era arte, mas algo que dava *status* às mocinhas da classe média emergente. A cidade do Rio de Janeiro foi então chamada "a cidade dos pianos".

O choro, como já foi dito, era primeiramente um certo jeito de tocar e, no início do século XX, tornou-se um gênero musical, isto é, passou a ter uma forma definida: era composto de três partes e era modulante. Atualmente, o choro também significa um modo de frasear, que pode ser usado em diversos tipos de música, e sua forma rondó, que era obrigatória, já é mais relativa.

Feita esta breve introdução, vamos dar um salto no tempo e ouvir e comentar um pouco os choros que Paulinho da Viola compõe e toca. No filme de Izabel Jaguaribe, *Paulinho da Viola – Meu tempo é hoje*, Paulinho dá uma visão ampla da música dos grandes mestres: elas são atemporais e, se as composições foram criadas no passado, basta serem lembradas, ouvidas ou tocadas para que se tornem presentes.

Ele diz que não vive no passado, e sim que é o passado que vive nele. Assim, a tradição torna-se algo vivo, carregado de sentido. As grandes músicas carregam, portanto, a porção de eternidade que a nós, seres mortais, é dado experimentar. Eu penso assim como ele. Os chorões de hoje potencializam o choro, quer reinterpretando os grandes mestres, quer criando novas composições. O aspecto de novidade, quando se trata de um gênero que carrega esse luzir de eternidade, é de menor importância. O que vale é a beleza da composição, o modo de tocar, a interpretação, enfim o que conta é a beleza da própria obra.

Essa ideia da tradição viva é desenvolvida no livro de Eduardo Coutinho, *Velhas histórias, memórias futuras*. Essa frase, que virou título do livro, é de um poema de Paulinho da Viola, "Memórias", que ele escreveu para o encarte do disco em que gravou só choros, *Memórias chorando*. A tradição entendida como herança viva é a transmissão de formas culturais, o que não é mera reprodução mecânica, mas supõe um esforço do sujeito num processo de reconstrução no qual a cultura é afetada e entendida como articulação orgânica entre o sujeito social e sua herança cultural objetiva, isto é, como atividade criadora de reinterpretação dos signos do passado. Diz Coutinho: "Na cultura brasileira, a obra de Paulinho da Viola é certamente uma das que melhor representam a compreensão da cultura como tradição viva".

Paulinho da Viola, como eu já disse, muito mais conhecido como grande sambista, compôs lindos choros, como "Choro negro", "Abraçando Chico Soares", "Sarau para Radamés", "Rosinha, essa menina", "Romanceando". Sua iniciação musical deu-se ouvindo os grandes mestres nas reuniões que seu pai, o violonista César Faria, dava em sua casa: "Minha relação com a música começou na infância, nas rodas de choro organizadas por meu pai em nossa casa, das quais participavam Jacob do Bandolim e Pixinguinha. Desde menino comecei a observar, estudar e tocar violão, e eu não era de samba não: era de choro mesmo". Em *Memórias chorando*, Paulinho gravou composições suas, de Pixinguinha, além de um choro desconhecido de Ary Barroso, de nome "Chorando".

A maioria dos choros que Paulinho compôs até 1976, data da gravação de *Memórias chorando*, diferentemente da forma tradicional, tem apenas duas partes. O único que tem três partes é "Beliscando".

"Choro negro" foi composto em 1972 e gravado originalmente no LP *Nervos de aço*, de 1973. A invenção melódica é sofisticada, a harmonia é tradicional, discreta, tendo a função de acompanhamento da melodia. A tristeza que emana do choro nasce desse lindo desenho melódico, do andamento lento e do fraseado predominantemente descendente. Originalmente foi gravado apenas com piano e cavaquinho, o que acentua sua expressividade e melodia.

"Abraçando Chico Soares" foi gravado no LP *Paulinho da Viola*, de 1971. Leve, brejeiro, alegre. Foi gravado também pela violonista Marcia Taborda e seu grupo, com participação especial de Maurício Carrilho. Marcia Taborda é, além de grande violonista, profunda conhecedora da obra chorística de Paulinho da Viola, tendo gravado um CD só com os choros do compositor. "Sarau para Radamés" foi gravado originalmente no LP *Paulinho da Viola*, de 1978.

Aproveitei o tema para conversar com meu amigo, o violonista, compositor e arranjador Edmilson Capelupi, que é profundo conhecedor e tocador de choro, um chorão, que atualmente tem um grupo de choro, o Papo de Anjo. Ele me contou que foi seu pai, Haroldo Capelupi, quem lhe mostrou o choro:

> *O choro que chamou minha atenção foi "Ainda me recordo", de Pixinguinha, no qual o violão de sete cordas desempenha papel importante, principalmente na introdução. E, desse momento em diante, nunca me separei desse gênero, que foi minha escola, minha faculdade e é o alicerce para todos os meus trabalhos. O choro representa, na sua essência, a musicalidade, criatividade, lirismo, diversidade e ginga brasileiras; esse universo musical é formador de grandes expoentes da música, sendo o primeiro gênero musical instrumental brasileiro. O primeiro mestre foi o meu pai, que ensinou as primeiras baixarias [nome dado ao fraseado do violão de seis e sete cordas na região grave], e logo*

em seguida descobri o sr. Horondino José da Silva, "Dino", com quem aprendi (ouvindo) a magia do violão de sete cordas. Muitas pessoas me influenciaram e continuam me surpreendendo: Jacob do Bandolim, com seu estilo único e composições; Radamés Gnattali, com seus arranjos camerísticos para grupo de choro; Pixinguinha, com seus choros balançados. E outros músicos e arranjadores me ensinam e inspiram. Hoje tenho a honra e o prazer de tocar com dois mestres do choro, os irmãos Israel (violão sete) e Isaias Bueno de Almeida (bandolim), dois expoentes do choro de ontem, hoje e sempre. A qualquer tempo, para tocar e compor um choro como se deve, é necessário conhecer esses mestres e alguns outros, mergulhar na linguagem desse gênero que é muito particular, singular e impressiona pela grandeza de detalhes e pelas composições. Acredito que as novas gerações de chorões estão atentas a esses detalhes e se abastecem desse legado, e também incorporam novas ideias harmônicas, melódicas e rítmicas. O choro não deve ser enquadrado num arquétipo, ele deve retratar a sua época, absorver influências, sofrer mutações, novos olhares, o tempo se encarrega de filtrar esse material.

Os choros "Romanceando", "Rosinha, essa menina", "Cinco companheiros", "Cochichando", "Beliscando" e "Inesquecível" foram todos gravados por Paulinho da Viola em *Memórias chorando*. Os músicos que participaram dessa gravação foram: Paulinho da Viola, cavaquinho; César Faria, violão; Copinha, flauta; Cristóvão Bastos, piano; Chiquinho, bandolim; Dininho, baixo; Elton Medeiros e Chaplin, percussão; e Hércules, bateria. Os comentários a seguir são do próprio Paulinho, que os escreveu para o encarte do disco, em 20 de novembro de 1976.

"Romanceando", Paulinho da Viola:

> Fiz a primeira parte deste choro há dez anos mais ou menos, esperando que papai o terminasse. É muito comum entre os choristas o hábito, já tradicional, de dedicar essa ou aquela de suas

músicas a alguém. É a forma de mostrar a uma pessoa o amor ou a amizade que se tem por ela. Há três anos resolvi acabá-lo, dedicando-o ao velho, que toca comigo todo o choro da primeira vez. Acho primorosos os dois solos posteriores de Cristóvão e Copinha, gravados de um fôlego só.

"Rosinha, essa menina", Paulinho da Viola:

Choro de violão, ao modo "nordestino", como diz papai. Eu o fiz há mais de dez anos influenciado pelo estilo de Canhoto, virtuose do violão nascido em Princesa, na Paraíba, que visitou o Rio em 1959. [...] O nome "Rosinha" é uma homenagem à grande amiga e violonista Rosinha de Valença, que tempos atrás tocava essa música comigo, revelando muita intimidade com o choro.

"Cinco companheiros", Pixinguinha:

Choro genial do Pixinguinha, aquele de que mais gosto depois de "Vou vivendo". Há um perfeito equilíbrio formal entre suas partes, poucas vezes alcançado por um compositor num choro.

"Cochichando", Pixinguinha:

Belíssima composição do mestre, onde nossa preocupação, minha e de Copinha, foi tocar à maneira sugerida pelo título.

"Beliscando", Paulinho da Viola:

Meu único choro de três partes, até agora. Foi feito há pouco tempo e dedicado ao amigo Jonas, grande cavaquinhista do conjunto Época de Ouro [...].

"Inesquecível", Paulinho da Viola:

> *Solo livre de meu compadre. Foi criado em 72 e escrito exclusivamente para bandolim, com acordes e tudo. Gostaria de senti-lo assim. Foi gravado pela primeira vez pelo conjunto Época de Ouro (Deo Rian) e seu nome nasceu da minha intenção de prestar uma homenagem àquele que considero o maior músico de choro de todos os tempos: Jacob do Bandolim. Um dia, Cristóvão me chamou e sentando-se ao piano me surpreendeu com o solo que fez. Só me restou convidá-lo para fazer a mesma coisa no disco, o que para mim é uma virtude dentro deste trabalho que não é propriamente um disco de minhas memórias, mas uma primeira experiência com o gênero musical que mais me comove dentro de nossa música popular. Além de sempre me trazer boas recordações.*

Há uma versão mais recente e muito bonita de "Inesquecível", gravada pelo violonista João Rabello, filho de Paulinho da Viola, no seu CD *Roendo as unhas*.

Memórias chorando, revela Paulinho da Viola, é dedicado, "no íntimo", a seu pai: "Tenho liberdade suficiente e não fico nada constrangido ao dizer que o considero (e não é por ser meu pai) um dos maiores acompanhadores de choro que conheço".

César Faria, Paulinho da Viola e João Rabello: três gerações de chorões, velhas histórias, memórias futuras.

22/2/2013

Omara Portuondo: flor amorosa[1] cubana

Omara Portuondo nasceu em Havana, em 1930. A menina cresceu entre as canções cubanas que seus pais costumavam cantar e que ela, mais tarde, cantaria. Seu primeiro trabalho artístico, no entanto, não foi como cantora, mas como bailarina numa companhia de dança, ao lado de sua irmã Haydée. Mas Omara não gostava de dançar assim em público, era tímida para isso. Ainda assim, deu aula de danças populares na Escola de Instrutores de Arte. Gostava mesmo era de cantar. Começou cantando, com sua irmã, canções americanas de um jeito peculiar, misturando elementos da música cubana, da bossa nova e do jazz. Na década de 1950, elas, Elena Burke e Moraima Secada formaram um quarteto vocal chamado Las d'Aida, porque era dirigido pela maestrina Aida Diestro, que se tornaria uma das figuras mais importantes da música cubana.

Em *Magia negra*, seu primeiro disco solo (1959), Omara mesclou música cubana ao jazz, incluindo uma versão de "That Old Black Magic" e "Caravan", de Duke Ellington. Mesmo tendo iniciado sua carreira solo, Omara continuava participando do quarteto. Quando as relações entre Estados Unidos e Cuba se romperam, Cuba ficou isolada. O bloqueio a Cuba ocorreu em fevereiro de 1962 e foi sendo reforçado nos anos seguintes. A expulsão de Cuba da OEA ocorreu em 1964, com apoio da ditadura militar brasileira. Lembremos que Jango

---

1   "Flor amorosa" é o nome de uma composição brasileira do "pai do choro", Joaquim Callado (1848-1880).

foi um dos principais adversários do bloqueio e de outras sanções americanas a Cuba. Sua resistência a aderir ao bloqueio foi um dos principais motivos para o apoio do governo americano ao golpe de 1964. Bem, nesse momento, Omara decide dar ênfase à carreira solo: "Haviam partido tantos cantores da ilha, que era preciso preencher aquele vazio", ela explica. Então representou Cuba em festivais internacionais e, ao mesmo tempo, cantava em seu país. Neste período ingressou na orquestra Aragón, uma das mais importantes de Cuba. Com a orquestra, viajou pelo mundo. Omara gravou vários discos, entre os quais *Palavras e desafios*, com Adalberto Álvarez (1984), acompanhada pelo grande músico cubano Chucho Valdés.

Na década de 1990, com sua participação no filme *Buena Vista Social Club*, sua carreira ganha uma grande projeção nacional e internacional, o que aconteceu também com os grandes músicos veteranos cubanos como Rubén Gonzalez e Ibrahim Ferrer. Com uma incrível banda que reunia todos eles, o filme mostrou a música cubana para e pelo mundo.

Com *Flor de amor* (2004), Omara volta à sua carreira solo num trabalho que é um marco, pois é o início da presença da música brasileira no universo da cantora. Como o próprio nome sugere, é um disco de canções cubanas (com exceção de uma brasileira) que falam de enamoramento e paixão, "Amor de mis amores", "Si llego a besarte", "Flor de amor", "Juramento", "Amorosa guajira", e também de amor à terra natal, como "Hermosa Habana", "El madrugador", "Habanera ven". Nas canções de paixão, sofrer por amor é algo que não se evita, ao contrário disso, a dor matiza a grandeza do sentimento. Há uma espécie de flagelo gozoso, uma íntima relação entre paixão e martírio, que se torna mais forte nos belíssimos versos de "Juramento", canção de Miguel Matamoros:

> *Si el amor hace sentir*
> *Hondos dolores*
> *Y condena a vivir*
> *Entre miserias*

> *Yo te diera mi bien*
> *Por tus amores*
> *Hasta la sangre*
> *Que hierve em mis arterias*
> *Si es surtidor*
> *De místicos pesares*
> *Y hace al hombre arrastrar*
> *Largas cadenas*
> *Yo te juro arrastrarlas*
> *Por los mares*
> *Infinitos y negros*
> *De mis penas.²*

Nesse sentimento amoroso envolvido por uma aura mística podemos ouvir o eco dos famosos versos do grande poeta místico espanhol San Juan de la Cruz, em que o padecimento amoroso é tal que, na ânsia de se unir ao amado, que neste caso é Deus, o poeta almeja a aniquilação, pois só morrendo se unirá a ele. Diz San Juan de la Cruz: "Vivo sin vivir en mí/ y de tal manera espero,/ que muero porque no muero"³.

Omara Portuondo/Maria Bethânia (2007) é o encontro de duas divas da canção popular. As cantoras cantam músicas de seus países, matizadas pelo sentimento de delicadeza, de singeleza, de simplicidade. O disco começa com dois acalantos, o cubano, "Lacho", cantado por Omara, e o brasileiro, "Menino grande", por Bethânia.

> *De qué me sirve tener la luna*
> *Sobre mis manos*

---

2 "Se o amor faz sentir/ Dores profundas/ E condena a viver/ Entre misérias/ Eu te daria meu bem/ Por teus amores/ Até o sangue/ Que ferve em minhas artérias/ Se é o que causa/ Místicos pesares/ E faz o homem arrastar/ Grandes correntes/ Eu te juro arrastá-las/ Pelos mares/ Infinitos e negros/ De minhas penas." (Em tradução livre.)

3 "Vivo sem viver em mim/ E de tal maneira espero,/ Que morro porque não morro." (Em tradução livre.)

Amor à música   251

Tener la estrella qué guiña un beso
A mi girasol
Mas yo tengo el presentimiento
De qué al soñarlo
Hallo la fortuna
Qué necessita
Mi corazón.[4]

Com esses lindos versos começa "Nana para un suspiro", de Pedro Luis Ferrer, que Omara canta. Nessa canção, o poeta se rende ao mistério da criação "Semillita suave/ Yo no sé por qué/ Pero hay un misterio/ qué quiere nacer"[5].

Omara canta "Palabras", de Marta Valdés, e, em seguida, Bethânia canta "Palavras", de Gonzaguinha. Ambas as canções falam da palavra enganadora, que persuade, que encobre a verdade, tecendo ilusões. Linda é a gravação de "Você (As penas do tiê)", em que cantam as duas, cada uma de uma vez, e Omara canta em português com lindo sotaque caribenho. Todo o repertório do disco é uma joia. O disco foi produzido por dois violonistas e arranjadores brasileiros, Jaime Alem e Swami Jr., e a maioria dos músicos que tocam também são brasileiros. Quando a gente ouve, sente a grande alegria e afeto que unem as duas cantoras e as duas culturas.

Em *Gracias*, ela escolhe os temas que mais a comoveram e conta com a presença de grandes compositores cubanos, como Pablo Milanés – "Ámame como soy" e "Tú mi desengaño" – e Silvio Rodríguez – "Rabo de nube" –, dois expoentes de um importante movimento musical que aconteceu na ilha nos anos 1970: a nova trova cubana.

Perguntado sobre a presença de elementos da música brasileira no canto de Omara, Swami Jr. me disse: "A partir de 2006, Omara me

---

[4] "De que me serve ter a lua/ Sobre minhas mãos/ Ter a estrela que guia um beijo/ A meu girassol/ Mas eu tenho o pressentimento/ De que ao sonhá-lo/ Uma boa sorte/ Se deposita em meu coração." (Em tradução livre.)

[5] "Sementinha suave/ Eu não sei por que/ Mas há um mistério/ Que quer nascer." (Em tradução livre.)

convida a fazer a direção musical de seu trabalho, o que me permite uma liberdade maior para incluir elementos da música brasileira e tentar uma sonoridade diferente, onde essas duas 'escolas' se fundissem naturalmente, apesar de serem tão próximas e distantes ao mesmo tempo".

Omara, voz potente e grave, "a voz de Cuba", no dizer de Swami Jr., é de uma ternura imensa: não há como não se envolver, não se enrolar nas ondas do canto e contracanto dessa sereia cubana. Para amar Omara só há que ouvir seu canto, canto de uma artista que viveu intensamente a vida, com alegrias e dores, mas sem perder a ternura, como ensinou Che Guevara, e que encontrou e espalhou a beleza nascida na ilha por todo o mundo. Sobre a beleza que emana das suas canções, ela explica na canção "Ámame como soy", de Pablo Milanés: "Lo bello es lo que há nacido/ Del mas puro sentimiento/ Lo bello lo llevo dentro/ Lo bello nace contigo"[6].

Abril de 2013

---

6   "O belo é o que nasceu/ Do mais puro sentimento/ O belo o levo dentro/ O belo nasce comigo." (Em tradução livre.)

A alma encantadora de Paulo Moura

Paulo Moura é paulista de São José do Rio Preto, quem diria? Ele, com seu jeito carioca de ser, malemolente, brejeiro, sempre alinhado, com seus paletós e inesquecíveis chapéus e aquele olhar azul... Nasceu em 1933 e morreu na cidade que escolheu para viver, o Rio de Janeiro, em julho de 2010. Um dos maiores músicos populares brasileiros, continuador de Pixinguinha, com quem chegou a tocar umas poucas vezes, era clarinetista, saxofonista, arranjador, regente, compositor, formador de orquestras e grupos de música popular, transitava também pela música erudita, chegando a ser primeiro clarinetista solista da Orquestra do Teatro Municipal do Rio de Janeiro. Seu pai era marceneiro e tocava clarineta e sax numa banda local. Caçula entre dez irmãos, seis homens e quatro mulheres, o pai ensinou música a todos os filhos homens por temor à guerra: assim, se fossem chamados, poderiam, em vez de ir para o campo de batalha, tocar na banda militar.

Paulo Moura se encantou com a música e com oito anos ganhou de seu pai sua primeira clarineta. Logo começou a tocar com ela em bailes populares. Em 1945, a família Moura mudou-se para o Rio. Aí então, ele estudou clarineta, teoria musical e solfejo e depois começou a tocar sax, pois "para tocar nas orquestras era necessário tocar sax alto, então peguei o sax e saí tocando. É bem fácil para quem toca clarineta". Em 1951, já é o primeiro saxofonista solista da orquestra de Oswaldo Borba, da Rádio Globo, e faz sua primeira gravação, na Odeon, acompanhando Dalva de Oliveira na canção "Palhaço", de Nelson Cavaquinho. Integrou também a orquestra de Zacarias e logo deixou as duas para fazer parte da de Ary Barroso e excursionar pelo México, sua primeira apresentação internacional. Muitas viriam depois, por diversos cantos do mundo. Em 1958, torna-se, ao lado do maestro Moacir Santos, arranjador da Rádio Nacional. E presta concurso para primeiro clarinetista da Orquestra do Teatro Municipal do Rio de Janeiro, entra em primeiro lugar, executando uma peça de Debussy, "Rapsódia para clarineta". Em 1960, grava *Paulo Moura interpreta Radamés Gnattali*, com composições do grande maestro feitas especialmente para ele. Em 1971, rege a grande orquestra que acompanhou Milton Nascimento no *show Milagre dos peixes*, gravado ao vivo no Teatro João Caetano, no Rio, e no Teatro Municipal de São Paulo.

Mas foi em 1976 que ele gravou o disco que seria um marco fundamental da música instrumental popular brasileira: o deslumbrante *Confusão urbana, suburbana e rural*. Misturando o choro a instrumentos de sopro usados nas *big bands* e à percussão afro-suburbana, esse trabalho encantou o público e a crítica especializada. Dentre as músicas gravadas estão "Espinha de bacalhau", "Notícias" e "Amor proibido". Segue-se uma grande e maravilhosa discografia. Vou mencionar alguns, pois não seria possível falar de todos, e são todos ótimos, como tudo que esse grande artista fez.

Em *Mistura e manda* (1983), Paulo Moura apresenta sua concepção de "choro afro-brasileiro" e nele participam Raphael Rabello, Maurício Carrilho e César Farias. Em 1986, *Vou vivendo*, com Clara Sverner, e *Gafieira etc. & tal*. Em 1992, gravou com Raphael Rabello uma joia rara: *Dois irmãos*. No encarte desse disco, João Máximo escreveu:

> *Na música, como na vida, os casamentos são tão mais harmoniosos quanto maiores forem as diferenças. Vejam o exemplo do clarinete com o violão. Dois instrumentos aparentemente tão diversos, de timbres e espíritos tão díspares, de origens e linhagens tão antagônicas, clarinete e violão são, por tudo isso, capazes de promover uma união tão surpreendentemente perfeita quanto o mundo dos sons nos permite imaginar. Que o digam Paulo Moura e Raphael Rabello.*

Em 1997, gravou *Paulo Moura e os Batutas* e, em 2002, *K-Ximblues*, no qual toca as composições de K-Ximbinho, saxofonista e compositor que buscou a fusão do choro e do jazz.

Em 2004, grava com o violonista Yamandu Costa *El negro del blanco*, e em 2006, com João Donato, *Dois panos para manga*. Por esse breve perfil biográfico dá pra gente ter noção da amplitude do trabalho deste que é um de nossos maiores músicos.

O belo filme de Eduardo Escorel, *Paulo Moura: alma brasileira*, começa com a ausência de Paulo, pois ele morreu antes de começar a filmagem. Na clínica, enquanto seus amigos tocavam pra ele, Paulo pediu sua clarineta e tocou pela última vez "Doce de coco". Essa cena é mencionada, mas não aparece no filme. Ao som de "Valsa triste", composição que Radamés Gnattali fez para Paulo, e tocada por ambos, a câmera, com delicadeza, percorre seu estúdio: objetos pessoais, partituras espalhadas pelas mesas, estantes, pelo chão, sua cadeira vazia, seus óculos, CDs, fotos, o metrônomo parado, tempo parado sem a presença de Paulo. Sua clarineta. Lembrei da gravura de Albrecht Dürer, *Melancolia I*, na qual uma mulher com o olhar perdido se encontra entre objetos espalhados, ampulheta, coisas de medir o tempo e o espaço, mas ali no chão, sem ter o sopro que lhes dê vida. No filme, a câmera é o olhar melancólico. Os vestígios de Paulo parecem clamar para que seu dono lhes insufle o sopro vital. Ausência. No filme, gravações de várias músicas e momentos da grande arte de Paulo: "Alma brasileira", de Zeca Freitas; "Soluços", de Pixinguinha e Benedito Lacerda; "Manhã de Carnaval", de Luiz Bonfá e Antônio Maria; "Espinha de bacalhau", de Severino Araújo; *Concerto em lá maior, K622*, de Mozart; "Só louco", de Dorival Caymmi; "Na contramão", composição vanguardista de Paulo Moura, na qual só há melodia e percussão. Paulo Moura conta que seu mestre de rítmica brasileira foi Martinho da Vila; e que depois aperfeiçoou o que aprendeu com ele.

Grande solista e improvisador, Paulo Moura queria tocar para as pessoas dançarem, som de gafieira, mas como gostava de interpretar não tinha precisão rítmica, e aprendeu isso com o maestro Moacyr Silva. O filme é lindo, delicado, comovente e mostra as diversas facetas desse grande e querido artista, que, como disse Zuza Homem de Mello, é o "representante máximo da música instrumental brasileira". Paulo Moura dedicou sua vida à música. Perguntei ao meu amigo saxofonista Mané Silveira como é a presença da arte de Paulo Moura em seu trabalho:

> Sua figura imponente, carismática, quase mítica eu diria, músico de grande envergadura, foi sempre uma referência essencial para mim. Pouco antes de gravar meu primeiro CD, *Sax sob as árvores,* tive a sorte contar com sua presença em algumas de nossas apresentações. Generoso, como com certeza foi com tantos outros jovens músicos, me incentivou a continuar compondo e tocando saxofone. Paulo transitava tranquilamente entre o erudito e o popular e o que mais me impressionava, e posso dizer que me influenciou, foi sua "verve" interpretativa, palavra que ele gostava de usar. Sua técnica impecável sempre esteve a serviço de sua alma, e para mim esta é a marca dos grandes músicos.

Quero terminar citando o final do lindo livro que Halina Grynberg escreveu sobre o marido, *Paulo Moura, um solo brasileiro:*

> Eis-me agora sem ele. Paulo se foi em 12 de julho de 2010. Tornou-se nuvem em torno do Pão de Açúcar, admirando a Cidade Maravilhosa que escolheu para seu solo brasileiro. É semente agora. Ergo os olhos para o céu e busco-o. Bebo de sua vocação do improvável, alimento-me de seu talento para o impossível, olho cada memória, cada sopro seu, trago-os em meu peito. Abraço sua ausência. E faço o que me pediu com um último alento nos olhos azulados. Cuido de seu dom como uma benção a ser compartida entre todos. Amém.

Junho de 2013

Violão brasileiro, o fiel companheiro

"Novamente juntos eu e o violão/ Vagando devagar, por vagar/ Cantando uma canção qualquer só por cantar/ [...] Jamais meu violão me abandonará", assim são alguns dos versos que Paulo César Pinheiro fez para a linda canção de Baden Powell "Violão vadio", em que se celebra a fiel amizade desse instrumento tão querido e fundamental na música popular brasileira. Companheiro das horas solitárias, "Quando vem a madrugada/ Meu pensamento vagueia/ Corro os dedos na viola/ Contemplando a lua cheia", inspirador de poesia e sabedoria, "Apesar de tudo existe/ Uma fonte de água pura/ Quem beber daquela água/ Não terá mais amargura", canta Paulinho da Viola em "Dança da solidão". Amigo amoroso, que compreende os segredos do coração e não só a dor, mas também a alegria, "Ah! Estas cordas de aço/ Este minúsculo braço/ Do violão que os dedos meus acariciam/ Ah! Este bojo perfeito,/ Que trago junto a meu peito/ Só você violão,/ compreende o porquê de toda alegria", canta Cartola.

Marcia Taborda, no livro *Violão e identidade nacional*, conta que "O violão de seis cordas simples surgiu na Europa no fim do século XVIII. Chegou ao Brasil no começo do século XIX". Antes de ser o instrumento que hoje conhecemos, passou por várias transformações, tendo chegado aqui como uma viola de arame de quatro cordas. O violão "difundiu-se, entranhando-se em todos os setores da cultura brasileira. Tornou-se, desde os primeiros tempos da colônia até hoje, o fiel depositário das emoções e criações do nosso povo: um acervo vivo e pulsante". Não é isso mesmo que presenciamos principalmente na música popular? O violão, assim como o samba e o futebol, tornou-se símbolo de brasilidade, um motivo de orgulho para nós. Mas nem sempre foi assim. Em sua origem, o violão era visto com depreciação e preconceito. Assim como o samba. Hermano Vianna, no livro *O mistério do samba*, apresenta a seguinte questão: como o samba, antes malvisto, veio a se tornar um dos símbolos de nacionalidade? Essa mesma questão podemos colocar para o violão. Aqui não vou me aprofundar nela, quero apenas contar essa transformação que ocorreu na nossa música.

O preconceito em relação ao violão aparece em nossa literatura. No primeiro capítulo de *O triste fim de Policarpo Quaresma*, de Lima Barreto (1915), "Aula de violão", Policarpo, depois de julgar que a modinha acompanhada pelo violão era "a expressão poético-musical característica da alma nacional", resolve tomar aulas de violão. Sua atitude é motivo de curiosidade dos vizinhos. Quando chega o professor, com o violão encapado debaixo do braço, a vizinhança se espanta: "Um violão em casa tão respeitável, que seria?"; "a vizinhança concluiu logo que o major aprendia a tocar violão. Mas que coisa! Um homem sério metido nessas malandragens". A irmã de Policarpo tenta fazer com que ele desista da ideia: "Policarpo, você precisa tomar juízo. Um homem de idade, com posição, respeitável, como você é, andar metido com esse seresteiro, um quase capadócio – não é bonito!".

Muito tempo se passou e hoje as coisas são diferentes. Mas nem tanto. Ser músico popular não parece ser uma qualidade, mas uma fatalidade...

Bem, não vou narrar toda a trajetória de meu fiel amigo. Queria só contar como os violonistas são criaturas corajosas, como a cultura brasileira tem que enfrentar tanta dificuldade e sobrevive. Gloriosa.

E pra falar um pouco da glória do violão e dos violonistas, escolhi um grande artista como representante dessa excepcional arte brasileira: Baden Powell. Escolho Baden porque é um dos maiores – e há muitos – e também porque tenho certa intimidade com sua arte, acompanhei seu trajeto luminoso, assisti a algumas apresentações e ouvi seus discos com grande paixão e espanto. Como tocava!

E aquele ritmo? Baden africanizou a bossa nova, introduziu naquela música suave as vozes das divindades africanas, com seus batuques extasiantes. Quando Baden tocava, parecia estar incorporado por alguma entidade. Em sua magnífica parceria com Vinicius de Moraes, compôs os afrossambas, canções espirituais inspiradas nos sambas de roda, nos toques do berimbau, nos pontos de candomblé. Dentre as canções: "Canto do Caboclo Pedra Preta", "Canto de Iemanjá", "Berimbau", "Consolação" e também algumas canções românticas, como "Apelo", "Samba em prelúdio".

A grande inovação de Baden foi trazer para o universo da bossa nova a música de tradição negra, incorporando à sua técnica impecável a sonoridade do berimbau e dos batuques africanos. E assim, numa espiral temporal, Baden nos levou a beber na origem e a abrir os ouvidos para o futuro, para a então nova e extasiante sonoridade que ele e seu violão, fiel companheiro, naqueles anos 1960, acabavam de criar.

Agosto de 2013

Estou falando de Elton Medeiros

Paulinho da Viola compôs recentemente um lindo samba em homenagem ao seu mais constante parceiro, seu grande amigo e companheiro Elton Medeiros. Nele, traça o perfil do grande sambista, um orgulho do samba do Brasil. A canção chama-se "Um cara bacana" e será nosso roteiro poético-musical, guia histórico, lírico e seguro, baseado na convivência, admiração, amizade e afeto. Poderíamos ter um guia melhor? O samba começa assim:

> *Carregar uma lua no peito e a fama*
> *De tecer melodias em busca de um samba*
> *Que desfaz e refaz*
> *Como fosse um menino*
> *É assim que se tem a essência*
> *De um cara bacana*
> *Aprendiz de uma escola de amor onde o lema*
> *É criar e sonhar espalhando poemas*
> *E se o sol nascerá*
> *O melhor é sorrir*
> *Pra levar esta vida.*

Elton Medeiros nasceu no Rio de Janeiro, em 22 de julho de 1930. Compositor, cantor, produtor, ativista cultural e radialista, aos 8 anos, com seu irmão Aquiles, formou um bloco que mais tarde viria a se tornar o União do Amor, e com essa idade já começou a compor seus primeiros sambas.

Os anos 1960 foram especialmente marcantes em sua trajetória artística. Em 1964, Nara Leão gravou "O sol nascerá" (Elton Medeiros e Cartola), um de seus grandes sucessos; "Meu viver" (Elton Medeiros, Jair do Cavaquinho e Kléber) e "Rosa de ouro" (Elton Medeiros, Paulinho da Viola e Hermínio Bello de Carvalho) foram gravados por Elisete Cardoso. Elisete ficou encantada quando foi assistir ao *show Rosa de ouro* no Zicartola.

"O Zicartola nasceu dos encontros na casa do Cartola, na rua dos Andradas. O Cartola se reunia com a gente", conta Elton. É dessa época o conjunto A Voz do Morro, inspirado na canção homônima de Zé Kéti, do qual faziam parte Elton Medeiros, Paulinho da Viola, Jair do Cavaco, Zé Cruz, Oscar Bigode e Anescarzinho. Foi também lá que nasceram dois dos principais *shows* do período: *Rosa de ouro* e *Opinião*. Por isso, Hermínio disse: "O Zicartola não foi um restaurante, foi um movimento cultural". Eduardo Granja Coutinho, no livro *Velhas histórias, memórias futuras*, conta:

> *O festejado* Rosa de Ouro *estreou em 1965 e permaneceu em cartaz durante dois anos no Rio de Janeiro, em São Paulo e na Bahia. Idealizado e dirigido por Hermínio Bello de Carvalho, revelou Clementina de Jesus, aos 63 anos de idade, trouxe de volta aos palcos a maior estrela do teatro de revistas, Aracy Cortes, e lançou "os cinco crioulos": Paulinho da Viola e Jair do Cavaquinho, da Portela; Elton Medeiros, da Aprendizes do Lucas; Anescar, do Salgueiro; e Nelson Sargento, da Mangueira.*

A história do Zicartola está entrelaçada com a história desses grandes sambistas e, entre eles, com a história de Elton Medeiros. De volta ao samba que Paulinho fez para Elton:

> *Onde não há ninguém que não tenha o seu drama*
> *Onde há sempre uma nuvem na ponta de um céu*
> *Sabiá não se cansa*

*E canta um amor proibido
E aos pés de Cartola confessou o seu.*

Foi em torno de Cartola que Elton Medeiros e Paulinho da Viola foram criando os laços de uma grande amizade e de uma parceria musical que os uniria desde aquele tempo até os dias de hoje. Entre os sambas que fizeram juntos, contam-se "Pra fugir da saudade", "Vida", "Onde a dor não tem razão", "Recomeçar", "Rosa de ouro", "Sentimento perdido", "Nova alegria", "Ame". Com Cartola, Elton compôs "O sol nascerá" e "Peito vazio". Teve também outros grandes parceiros, como Eduardo Gudin – "Mundo", "O melhor carinho"; Zé Kéti – "Sorri", "Mascarada"; Mauro Duarte – "Maioria sem nenhum", "Meu sapato já furou"; Hermínio Bello de Carvalho – "Pressentimento", "Folhas no ar".

No início de julho deste ano [2013], Eduardo Gudin criou um *show* em homenagem a Elton Medeiros, que intitulou *Estou falando de Elton Medeiros*. No teatro do Sesc Vila Mariana, Gudin reuniu Elton, Paulinho da Viola, Hermínio Bello de Carvalho, ele e outros artistas. Fui à estreia, uma maravilha, e fiquei pensando na parceria de Elton e Paulinho. Como seria? Quem fazia o quê? Fariam ambos a letra e a música? Ou um fazia a música e o outro a letra? Ou às vezes um fazia uma coisa e outras vezes, outra? Podia perceber que algumas composições musicais pareciam ter a assinatura do Elton, mas não tinha certeza. Fiquei pensando em "Vida" e "Onde a dor não tem razão". Aí então resolvi perguntar para o Alexandre Raine, amigo e produtor de Elton, e vejam o que ele respondeu:

Oi Eliete, falei agorinha com ele. Ele me disse que as composições dele em parceria com Paulinho alternam melodias de um e de outro e nas letras o mesmo caso, sendo que no processo criativo dos dois se permitem também sugestões de frases melódicas e versos, tanto de um como de outro. No caso de "Vida", a melodia é toda dele e a letra, toda do Paulinho. É o mesmo caso de "Onde a dor não tem razão".

Em "Vida", a beleza da melodia vem aliada à sabedoria da letra e ambas criam um samba sublime, *minima moralia*, cuja essência é a ideia de que na vida cada um deve ter coragem de encontrar seu próprio caminho, pois ninguém pode ensinar o outro a viver. O mais que se pode ensinar é a lei nos caminhos. Diz assim a canção:

> *Vamos lá, deixa o coração*
> *Recolher os pedaços do sonho perdido*
> *Esta é a lei nos caminhos*
> *Onde a ilusão e a dor*
> *Fazem parte do primeiro artigo*
> *Traços comuns em nossas vidas*
> *Não justificam um conselho sequer*
> *E logo eu que procuro*
> *Infinitas formas de amar e viver*
> *Posso apenas declarar que o medo*
> *É que faz a nossa dor crescer.*

A melodia do Elton tece juntamente com a letra de Paulinho o caminho e suas leis, seus altos e baixos, seus momentos tensos e seus descansos, dialética da existência, uma completando a outra, harmonizando os contrários: vida. Basta ouvir atentamente. Como fala Paulinho em "Um cara bacana", o Elton tem a arte de tecer melodias em busca de um samba.

Tecelão de palavras e melodias, que faz do samba sua expressão maior, história viva dessa tradição poético-musical-popular-brasileira que o samba de Paulinho homenageia:

> *E são tantas histórias e tantos parceiros*
> *Sou um deles e posso mostrar seu perfil*
> *De quem falo é claro*
> *É de Elton Medeiros*
> *Um orgulho do samba do Brasil.*

Setembro de 2013

Eduardo Gudin: um sambista fiel

Conheci Eduardo Gudin nos anos 1960. Eu estava cursando o "clássico" – era assim que era dividido o estudo depois do ginásio: clássico e científico – e ele era jurado no festival do colégio onde eu estudava, o Rio Branco, e onde cantei pela primeira vez na vida no palco de um teatro lotado e agitado. No júri também estava Johnny Alf. Isso foi em 1968. Desde então, nos tornamos amigos. Naquela época éramos muito jovens, eu uma estudante que cantava e ele já um renomado sambista. Gudin começou muito cedo e se manteve fiel ao samba.

Nasceu no dia 14 de outubro de 1950, em São Paulo, e começou a tocar violão com 13 anos. Com 16, já iniciava sua carreira na TV Record, levado por Elis Regina. Nos anos de 1968 e 1969 participou dos grandes festivais de música popular dessa emissora, estreando como compositor. Em 1971, venceu o Festival da TV Tupi com "Lá se vão meus anéis". Suas músicas foram gravadas por Beth Carvalho, Jair Rodrigues, Márcia, Clara Nunes, Originais do Samba, Gal Costa, Paulinho da Viola, Vânia Bastos e por mim. Foram seus parceiros Costa Netto, Paulo César Pinheiro, Elton Medeiros, Nelson Cavaquinho, Paulo Vanzolini, Arrigo Barnabé, Roberto Riberti. Dentre suas canções estão "Maior é Deus", "Mordaça", "Cidade oculta", "Lenda", "Verde", "Paulista", "Bem bom", "Melhor carinho".

Compositor, arranjador, exímio violonista, revelador de talentos, é do trabalho mais recente desse amigo e artista que vou falar, de seu trabalho com o grupo que formou, o Notícias de um Brasil. São três CDs e um DVD (que é uma gravação ao vivo dessa trilogia) nos quais a gente pode ouvir o refinamento da arte de Gudin, resultado de seu talento e da depuração feita por esse grande lapidador, o tempo. E de muito estudo também. Gudin me contou que nesse trabalho, além do lado musical, desenvolveu seu lado de letrista. Quando fez uma parceria com Elton Medeiros, "Melhor carinho", pra que eu gravasse, em 1986, ele se deu conta disso, descobriu que poderia traduzir o que sentia não só através da música, mas também através das palavras. E nesse trabalho com o grupo Notícias de um Brasil ele fez a maior parte das letras das canções. A formação do grupo nasceu da sua vontade de realizar as composições em sua plenitude. Um cantor canta diferente do compositor e as nuances da melodia, dos timbres, da interpretação se realizam quando o compositor escolhe os instrumentos e as vozes que irão executar a obra musical. Notícias de um Brasil tem uma formação diferente em cada um dos três trabalhos e um time de excelentes cantores aí se sobressaíram: Mônica Salmaso, Fabiana Cozza, Renato Braz, Luciana Alves, para falar de alguns. Esse trabalho de Gudin tem, pois, esse mérito, o de revelar os ainda então novos talentos.

Do primeiro trabalho fazem parte os seguintes músicos: cantores – Mônica Salmaso, Renato Braz, Luis Bastos e Márcia Lopes; instrumentistas – Arismar do Espírito Santo, Marcelo Jaffet, Ronen Altman, Jorginho Cebion, Betinho Sodré e Toninho Pinheiro. Os arranjos, o violão, a voz e o cavaquinho são de Gudin. A mesma formação instrumental está presente no segundo CD, *Pra tirar o chapéu*, mas aí as vozes são outras: Fabiana Cozza, Luciana Alves, Marilise Rossatto, Maria Martha e Edson Montenegro. O primeiro CD é mais enxuto, camerístico, base instrumental e vozes. Já o segundo é sinfônico, com a presença de uma orquestra de cordas e os metais da Banda Mantiqueira. Além disso, várias participações especiais: Vânia Bastos, Guinga, Amilton Godoy e um arranjo de Hermeto Paschoal. Os arranjos são belíssimos e não tive como não pensar em alguns trabalhos orquestrados de nosso grande maestro Tom Jobim, tanto pela riqueza melódica e harmônica dos sambas de Gudin quanto pela delicadeza do arranjo, pela belíssima sonoridade brasileira. É mesmo pra tirar o chapéu.

No terceiro CD, *Um jeito de fazer samba*, a presença do violão de Eduardo Gudin foi o que mais me chamou a atenção. Gudin toca muito bem e em todos seus trabalhos o violão tem um papel essencial, mas nesse parece ser o coração da obra. A formação é a seguinte: violão – Eduardo Gudin; muita percussão – Jorginho Cebion, Oswaldo Reis, Raphael Morella; contrabaixo – Sizão Machado; e as vozes de Ilana Volcov e Selma Boragian. Participação especial de Paulinho da Viola, como parceiro e cantando, em "Sempre se pode sonhar", e também de Vânia Bastos.

Perguntei ao Gudin o que ele achava do samba paulista, já que é conversa corrente que o samba de São Paulo é diferente do da Bahia e do Rio, tem outro sotaque. Lembramos os geniais Adoniran Barbosa e Paulo Vanzolini. "Minha música não tem muito a cara de São Paulo", ele disse. "Escutei Baden Powell sem parar, Paulinho da Viola, Tom Jobim, Elton Medeiros. Comecei com a bossa nova, o violão do Baden. Descobri o conjunto A Voz do Morro."

Gudin tem um jeito de fazer samba que nasce da sua formação de músico e que, portanto, não se prende a uma geografia local, mas a um jeito, a um estilo, a uma tradição brasileira. Escutando seus discos notei uma coisa bem interessante e que é um traço importante do compositor popular: o poder que algumas músicas têm de serem memorizadas com facilidade. Vejam bem, as melodias de Eduardo Gudin não são fáceis; são elaboradas, sofisticadas, belas – Gudin é um excelente melodista –, e, mesmo assim, alguns de seus sambas que eu não conhecia – sua obra é grande –, ouvi uma única vez e, depois de passado algum tempo, lá vinha o tema se desenhando na minha memória enquanto estava dirigindo o automóvel ou fazendo um café.

Esse jeito de fazer samba, que não é paulista mesmo sendo paulista, é o estilo desse grande compositor popular que desde menino se dedicou ao samba, nele cresceu, se aperfeiçoou e aí está, um sambista fiel que continua a fazer sua bela música, um alento para nossos sensíveis ouvidos brasileiros, um tanto maltratados e aturdidos, em meio ao alarido geral da indústria cultural.

Outubro de 2013

O choro erudito de Ernesto Nazareth

Em 20 de março de 1863, nasceu na cidade do Rio de Janeiro Ernesto Nazareth. Seu pai, Vasco de Nazareth, trabalhava no porto e sua mãe, Carolina, dedicava-se a cuidar dos filhos, da casa e tocava piano para a família. Foi graças a ela que os cinco filhos do casal tiveram sua iniciação musical. O menino Ernesto se sobressaiu e aos 16 anos compunha sua primeira música, a polca "Você bem sabe", para piano solo. A polca, dança de salão surgida na Boêmia (atual República Tcheca) no início do século XIX, era uma música alegre, de compasso binário, e se espalhou pelo mundo e pelos salões da sociedade carioca. Foi uma verdadeira febre. Por essa época, o Rio de Janeiro era conhecido como a "cidade dos pianos". Tocar piano fazia parte da boa educação das mocinhas da sociedade. E dos pianos saíam animadas polcas que criavam a atmosfera musical carioca. Nazareth viria a compor mais de 29, dentre as quais estão as conhecidas "Ameno resedá" (1913) e "Apanhei-te cavaquinho" (1914).

Esse é o período do nascimento do que viria a se tornar uma de nossas maiores artes: a música popular brasileira. Foi aí que começou a nascer o tango (que não tem nada a ver com o tango argentino), o choro, o samba, a marchinha, o maxixe. Ernesto Nazareth e Chiquinha Gonzaga foram pioneiros dessa nova arte. Em 1893, Nazareth compôs o tango "Brejeiro", que viria a ser um de seus maiores sucessos. E foram muitos: "Odeon", "Batuque", "Bambino". "Brejeiro" teve letra de Catulo da Paixão Cearense. Foi nessa época também que Nazareth adoeceu: teve um grave reumatismo que acabaria por provocar surdez. Apesar do sucesso, Ernesto Nazareth vivia precariamente, como a maioria dos grandes músicos brasileiros não só daquela época, mas também da nossa. Às vezes fico injuriada ao ouvir tanto elogio à nossa música popular e ver o estado em que vivem os músicos, sem dinheiro para viver, para se tratar. Essa é uma das feridas da cultura brasileira, expostas cruamente, quando prestamos um pouco de atenção na vida que levaram e levam nossos artistas. "Nazareth era muito pobre, quase nada lucrava com suas músicas. Tímido por natureza, quase humilde, por isso foi tão explorado pelas editoras, vendendo suas composições a 'dez réis de mel coado', mal cobrindo suas despesas diárias", relata Cacá Machado em seu livro *O enigma do homem célebre*. Para sobreviver e sustentar a família, além de dar aula de piano, Ernesto tocava em lojas de música, e era por isso chamado pejorativamente de "pianeiro", e não de pianista. Assim foi tratado um de nossos maiores músicos...

No final do século XIX, com a abolição da escravidão e a proclamação da República, a dinâmica social da vida do país e da sociedade carioca se alteram profundamente. A essas importantes transformações sociais vieram se somar as inovações tecnológicas: surge o cinema e o disco. No Rio de Janeiro, são inauguradas as primeiras salas de cinema e, entre elas, o luxuoso Cine Odeon, imortalizado pelo chorinho de Ernesto Nazareth: "Conhecemos Nazareth no tempo em que ele tocava na antessala de um dos tradicionais cinemas da então avenida Central. Tal era seu fascínio, que não era raro nos deixarmos ficar ali a ouvi-lo, em vez de penetrar no salão para ver a fita muda", conta uma amiga de Nazareth (citada por Irineu Franco Perpétuo, na coleção *Raízes da música popular brasileira*). Com o advento do disco, sua música tem maior divulgação.

Em Nazareth, a técnica pianística erudita alia-se à rítmica sincopada brasileira, criando novas formas musicais, formas essas que seriam matrizes da nossa então nascente música popular, o que faria Heitor Villa-Lobos dizer com entusiasmo: "Ernesto Nazareth é a verdadeira encarnação da alma musical brasileira".

Apesar da fronteira entre o erudito e o popular ser difusa em sua obra, pois, pela sofisticação da melodia, elaboração harmônica e técnica virtuosística ao tocar piano, ele poderia ser considerado "erudito" e, pelo ritmo sincopado e brejeiro, "popular", segundo alguns relatos, Nazareth queria mesmo é ter sido concertista e tinha se preparado para isso. Conta-se que, quando foi se apresentar para Arthur Rubinstein, tocou Chopin e nenhuma de suas composições! No entanto, foi como compositor popular que ele se tornou "um homem célebre".

Fazendo uma ponte entre canção e literatura, veremos que não é outro o conflito do personagem Pestana, protagonista do genial conto de Machado de Assis "Um homem célebre". Pestana torna-se "célebre" por compor "buliçosas" polcas, apesar de seu empenho em compor algo erudito, inspirado em Mozart ou Chopin ou Bach. Aí, por mais que se esforçasse, "a inspiração não vinha, a imaginação deixava-se estar dormindo". Mas, quando se sentia inspirado, corria para o piano e o que brotavam de seus dedos eram deliciosas polcas, já prontinhas, saltitantes. José Miguel Wisnik escreve sobre isso no ensaio "Machado maxixe: o caso Pestana" (em *Sem receita*).

Em comemoração aos 150 anos do nascimento de Ernesto Nazareth, o grupo de choro Papo de Anjo realizou um trabalho belíssimo resgatando várias peças pouco conhecidas, dando um tratamento camerístico para outras que só haviam sido executadas ao piano e reinterpretando as mais famosas, como "Odeon". Dentre as músicas, "Sarambeque", "Tenebroso", "Bambino", "Batuque". Fui assistir no Auditório Ibirapuera. O grupo é composto de Edmilson Capelupi, violão de sete cordas e arranjos; Lula Gama, violão de seis cordas; Getulio Ribeiro, cavaquinho; Daniel Allain, flauta e sax tenor; Zezinho Pitoco, clarinete, sax alto; e sax tenor, percussão, Betinho Sodré, e ainda contou com a participação especial de Mônica Salmaso. Esse trabalho em breve será gravado em CD. Conversei com Edmilson Capelupi e aqui vão algumas linhas de nossa conversa.

Perguntei a ele como se dá a transposição da música de Nazareth, escrita e executada originalmente no piano, para um grupo de choro. Edmilson disse que Nazareth já dava as informações rítmicas na melodia, e que quem trouxe Nazareth para o mundo do choro foi

Jacob do Bandolim. Foi Jacob que adaptou a música de Nazareth para a formação do regional. E essa foi uma das inspirações de Capelupi. No entanto, nos grupos de choro apenas alguns instrumentos solam, os demais fazem acompanhamento. E aí vem um diferencial do trabalho do Papo de Anjo: todos os músicos acompanham e solam, têm sua participação coletiva e individual. Num disco de 1979, *Tributo ao Jacob do Bandolim*, o maestro Radamés Gnattali fez arranjos para a Camerata Carioca e tratou o regional como uma pequena orquestra, em que todos os músicos acompanhavam e solavam. E foi ouvindo Jacob e ouvindo esse disco do Radamés que Edmilson se inspirou para escrever seus arranjos, tratando o grupo de choro como uma orquestra de câmara: "A música de Nazareth é muito refinada e ao mesmo tempo popular, tem um acabamento, é difícil, você tem que fazer o arranjo com muito cuidado porque as composições vêm muito prontas. É diferente do Pixinguinha, que dá margem para você ficar mais livre. Um amigo, o Zé Pitoco, fala que é um choro erudito".

Fiquei pensando no nome desse grupo que toca uma música tão bonita, música instrumental, sem palavras. Seria a música a linguagem dos anjos, bela e universal? Acho que "papo de anjo" é conversa sem palavra, música bela e boa de se ouvir, como a que esses rapazes tocam, como a que o Ernesto Nazareth compôs, o Ernesto, que nos convidou pra um choro. Ele mora no céu.

Novembro de 2013

A sonora garoa de Passoca

Nunca esqueci a primeira vez que vi e ouvi Passoca: Teatro Lira Paulistana, início dos anos 1980, ele entrou com sua viola e começou a tocar e a cantar "Sonora garoa". Tive a impressão de estar ouvindo um quadro de Miró. Digo ouvindo porque Miró é um daqueles pintores em que as fronteiras entre a imagem e o som parecem se dissolver: suas telas cantam. Pois é, a garoa de Passoca é sonora. Depois fiquei sabendo que Passoca também é pintor. Naquela noite fiquei encantada com a canção daquele moço e quando, pouco tempo depois, estava escolhendo, juntamente com o Arrigo, as músicas para o meu primeiro disco, não tive dúvida, ia gravar "Sonora garoa".

    Marco Antonio Vilalba, o Passoca, nasceu em Santos, em 21 de novembro de 1949. Estudou e se formou em arquitetura em São José dos Campos e depois veio morar em São Paulo. Gravou oito discos solo – *Flying Banana* (1975), *Que moda* (1977), *Sonora garoa* (1984), *Inéditos de Paulo Vanzolini* (1988), *Breve história da música caipira* (1997), *Passoca canta inéditos de Adoniran* (2000), *Passoca canta João Pacífico* (2003) e *Suíte paulistana* (2011). Foi lançada uma caixa – *Passoca 30 anos* – com três desses CDs (*Breve história*, *João Pacífico* e *Adoniran*).

    Perguntei a ele como havia construído a ponte entre a arquitetura e a música e ele me respondeu que construiu essa ponte com sons. Desde menino gostava muito de música. Sempre escutando rádio ou ouvindo discos de 78 rotações na vitrola. Com 12 anos, ganhou seu primeiro violão e, aos 14, começou a compor. Uma coisa que me intrigava era por que ele, tendo nascido em Santos, morando em São Paulo, enfim, uma pessoa urbana, tinha escolhido a viola como seu instrumento:

> *A música caipira é uma coisa circunstancial na minha vida. Como sempre gostei de escutar música, o rádio estava sempre ligado e era aquela a música que tocava de manhãzinha, quando estava indo pra escola, e de tardezinha, quando voltava da rua, do jogo de futebol, na cidade de Santos, onde eu morava. Isso foi ficando na minha memória e quando me tornei profissional já tinha meu trabalho ligado à ecologia e à cidade. Então, com o passar do tempo, percebi que a viola é que tinha que fazer parte da minha vida como músico. Eu tocava, compunha no violão, mas já tinha aquele apelo desta música dita do interior. Estudei arquitetura em São José dos Campos, no Vale do Paraíba, e aquela cultura ali é muito forte, o folclore do vale, dos caipiras, aquele cheiro de tabaco, de fumo de corda, de pinga. Comprei uma viola de dez (cordas) e comecei a aprender sozinho, mas tocava viola com afinação de violão.*

Quando Passoca começou a "burilar" com a viola, reescutou as coisas que já tinha na memória, Tonico e Tinoco, e conheceu o mestre violeiro Renato Andrade. Renato abandonou a música dita "culta", pois tocava violino, e com trinta e poucos anos começou a tocar viola: "Ele foi o primeiro que ouvi trazendo a viola para um outro contexto. Até então, a viola era usada pelas duplas e era um instrumento que acompanhava, meio ali atrás, usada nas festas de igreja, no folclore, mas ainda não como uma coisa importante, ali na frente, e o Renato Andrade foi o primeiro que eu vi fazendo isso". Foi através dele que Passoca foi buscar a sonoridade da viola, se encantou com ela e aprendeu a tocar na sua afinação própria, "porque aí ela timbra diferente, tem outra magia, outra alma".

Quando eu ouvi "Sonora garoa" pela primeira vez, uma coisa que me impressionou foi que havia nela a pureza da música caipira aliada à sofisticação da bossa nova, a presença de Tom Jobim, uns acordes dissonantes. E isso tinha uma beleza incomum, ingênua e, ao mesmo tempo, moderna: era simples e sofisticada. Passoca sempre escutou rádio, bolero, samba-canção, baião. Quando ouviu João Gilberto cantando, aquela sonoridade agradável, aquilo o impressionou muito. Na viola, ele viu que através de poucos acordes simples podia chegar a uma sonoridade impressionista: "e você vai analisar o Tom, vai cair no Ravel, no Debussy". Então, quando foi compor com a viola,

> não achava correto falar do meu boizinho, da minha vaquinha, coisas que eu não vivi. Os músicos que falavam da roça, por exemplo, o grande João Pacífico, viveram isso e foram sinceros. Na hora que eu peguei a viola e comecei a tocar, começaram a sair essas coisas e, no caso da "Sonora garoa", isso desabou. "Sonora garoa" tem uma levada de catira, tem a sonoridade da viola, mas tem aquelas coisas da modernidade.

É uma canção caipira e urbana, que, de certa forma, fala da região da Grande São Paulo, do subúrbio, dos músicos e trabalhadores que vêm do interior do Brasil e de São Paulo, e são bombardeados pela cultura da metrópole, mas carregam com eles sua cultura de origem.

Perguntei a ele sobre suas influências mais pontuais. "São dois Joões: o João Pacífico e o João Rubinato, o Adoniram Barbosa. São Paulo agora tem o *hip-hop*, mas há pouco tempo tinha era o samba e a música caipira, e os sambistas e os caipiras coexistiram". Passoca chama o Adoniran de "o caipira no samba na terra da garoa", porque o Adoniran é italiano, explica, mas quem fala "nóis vai, nóis vem" é o caipira, não o italiano. E ele se identifica com o universo suburbano do Adoniran. E com a delicadeza do universo caipira de João Pacífico.

Uma das características do som de Passoca é que a viola entra como componente de uma pequena formação orquestral, de uma formação camerística. Presença fundamental em sua obra é a do maestro e arranjador Edson José Alves, que consegue traduzir na instrumentação a alma da sua canção. Salvo em alguns discos, em que entra orquestra, sua obra é assim, com sonoridade enxuta, sem excesso, o que permite perceber o timbre da viola, tudo assim cristalino, vibrando, sonoro sereno, sonora garoa, a música tão tocante do compadre Passoca.

"*Sonora Garoa*"

*Sonoro sereno
serena garoa
pela madrugada
não faço nada que me condene
A sirene toca
bem de manhãzinha
quebrando o silêncio,
sonorizando a madrugada.
Passa o automóvel
na porta da fábrica,
o radinho grita com voz metálica uma canção
Sonora garoa,
sereno de prata,
sereno de lata,
reflete o sol bem no caminhão.*

Dezembro de 2013

Isaurinha Garcia, "a voz nacional do Brás"

Nascida em 26 de fevereiro de 1923, em São Paulo, no Brás, na rua da Alegria, nem por isso Isaurinha Garcia teve uma existência feliz. Sua trajetória artística e pessoal vem sempre descrita num tom triste, marcado pela falta de reconhecimento e pelos seus descompassos amorosos. O belo livro que acaba de sair sobre a vida da artista – *Quando o carteiro chegou... mensagem a Isaurinha Garcia*, de Lulu Librandi – vem preencher em parte um pouco desse vazio criado pela ausência de Isaurinha na cena cultural brasileira.

Vida difícil desde pequena, ainda assim Isaurinha era uma menina alegre, engraçada e musical. Sua mãe, Amélia Pancetti, tinha conhecimentos de música, gostava de cantar valsas e foi a sua primeira inspiração. Seu pai, um comerciante rude e agressivo, várias vezes surrou a pequena. Um bruto. Ela trabalhava para ele engarrafando vinho e, enquanto trabalhava, cantava. Um dia, sua mãe resolveu que elas participariam de um programa de calouros, mas as duas foram gongadas... Isaurinha não desistiu, continuou se apresentando até vencer num programa de calouros da Rádio Record cantando "Camisa listrada", de Assis Valente. Seu desentendimento com o pai continuou até que, com 13 anos, ela decidiu sair de casa. A mãe apoiou. Com 14 anos, teve sua primeira união amorosa e também assinou o primeiro contrato com a Record. Gravou mais de cinquenta discos em 78 rpm e mais de dez LPs. Rainha dos Carteiros, Rainha da Noite Boêmia, Rainha dos Motoristas de Táxi e foi a primeira Rainha do Rádio Paulista.

Swing, sotaque italianado, próprio do bairro do Brás, interpretação de alta densidade emocional, Isaurinha conquistou o Brasil e se tornou, no dizer de José Ramos Tinhorão, "a voz nacional do Brás", numa época em que a maioria dos artistas cantava com sotaque carioca, pois o Rio era o centro de efervescência da música popular brasileira, todo mundo ia pra lá, para gravar, para cantar na Rádio Nacional, e Isaurinha não arredou pé de São Paulo: a "personalíssima", como era chamada, aqui ficou, aqui cantou com seu sotaque italianado, aqui viveu sua vida. Do seu jeito.

Dentre seus inúmeros sucessos, vão aqui alguns: "Chega de tanto amor" (Mário Lago), "Pode ser?" (Geraldo Pereira e Marino Pinto), "Mensagem" (Aldo Cabral e Cícero Nunes), "Eu não sou pano de prato" (Mário Lago e Roberto Martins), "De conversa em conversa" (Lúcio Alves e Haroldo Barbosa), "Banca do distinto" (Billy Blanco), "Mocinho bonito" (Billy Blanco), "E daí?" (Miguel Gustavo), "Palhaçada" (Haroldo Barbosa), "Nunca" (Lupicínio Rodrigues), "Saia do meu caminho" (Evaldo Rui e Custódio Mesquita), "Fim de caso" (Dolores Duran), "Só louco" (Dorival Caymmi), "Bom dia, tristeza" (Adoniran Barbosa e Vinicius de Moraes), "Com açúcar com afeto" (Chico Buarque), "Carolina" (Chico Buarque), "Feitio de oração" (Noel Rosa).

Isaurinha volta agora à cena através das páginas do livro de Lulu Librandi, no qual sua história é contada. O livro traz fotos, documentos, depoimentos e também um DVD, *MPB Especial, Isaurinha Garcia*, dirigido por Fernando Faro e produzido pela TV Cultura de São Paulo. Uma joia.

Isaurinha não era somente uma cantora, ela era uma intérprete. Qual a diferença? A diferença está na ênfase dada ao aspecto dramático, textual, da canção. Ela interpretava de um modo tão surpreendente e intenso que se tornou musa de Zé Celso Martinez Corrêa, Renato Borghi e Fauzi Arap, que, boquiabertos, iam assistir às suas apresentações na noite paulistana. Zé Celso diz em seu depoimento:

Ela não apenas cantava apoiada em somente um de seus pés, enquanto o corpo desequilibrado como a batida quebrada de João, os braços soltos prolongados pelos dedos das mãos expandiam sua emoção perfeitamente articulada nas sílabas silabadas de sua dicção do Brás – perfeita como notas musicais dançantes – num contratempo do ritmo vertiginoso, trazendo a emoção viva do samba renovado também para aquele instante, para aquele espaço onde ela cantava, exprimindo a emoção viva da hora e do lugar.

Fauzi Arap conta: "E foi ao assisti-la que tive a ideia de adotar em textos um pouco mais longos gestos que ela costumava fazer quando cantava. Eram gestos largos que ela sustentava por segundos. E copiando sua forma de expressão acabei conseguindo criar um personagem muito sedutor, que falava além das palavras".

Em 1968, Isaurinha gravou um LP só com músicas de Chico Buarque e Noel Rosa. Chico escreveu na contracapa: "Isaurinha não é fundo pra conversa, não é música pra elevador ou lanchonete de vidro [...] Entre as minhas canções, aparentemente não há novidade. Mas você vai se espantar de ver que, na voz de Isaurinha, tudo adquire um colorido inédito".

Nana Caymmi, por sua vez, disse que Isaurinha foi a maior intérprete do Brasil da sua época e sua maior referência: "Eu acho que sua maior qualidade é a interpretação, o sentimento que ela transmite na canção. Sabia interpretar como ninguém".

E, nas palavras de Ignácio de Loyola Brandão, tiradas de uma crônica escrita para o jornal *O Estado de S. Paulo* e citadas no livro: "Poucas personagens foram tão paulistas e autênticas e com tanto talento como Isaurinha. Seu samba era cantado num sotaque italianado [...] Quando começava a cantar, ficava tomada e dominava a plateia".

É muito bom lembrar Isaurinha, "a voz nacional do Brás", neste início do ano, começar o ano lembrando o que não queremos esquecer e deixando a janela aberta para as surpresas do futuro que começa a se desenhar agora. Lembrar Isaurinha cantando, por exemplo, "A banca do distinto", fina sabedoria popular, que goza da vã vaidade humana.

"A banca do distinto" (Billy Blanco)

Não fala com pobre
Não dá mão a preto
Não carrega embrulho
Pra que tanta pose, doutor
Pra que este orgulho?
A bruxa que é cega
Esbarra na gente
E a vida estanca
O enfarte lhe pega, doutor
Acaba esta banca
A vaidade é assim
Põe o bobo no alto
E retira a escada
Mas fica por perto
Esperando sentada
Mais cedo ou mais tarde
Ele acaba no chão
Mais alto o coqueiro
Maior é o tombo do coco afinal
Todo mundo é igual
Quando o tombo termina
Com terra por cima
E na horizontal.

Janeiro de 2014

Dorival Caymmi

"O mar, quando quebra na praia, é bonito, é bonito." Ah! As canções praieiras de Dorival Caymmi. Ele e seu violão. Quando a gente escuta, é como se a paisagem marinha baiana invadisse a casa. Sua canção tem a força da natureza, torna-se presente, envolve, arrebata. Que mistério é esse? Como é possível uma canção ter o poder de evocar tão plenamente aquilo de que fala? Se se pensa que a alma de um povo é um conjunto de coisas com as quais ele se identifica, não se pode falar da alma brasileira sem lembrar alguma canção de Caymmi. Disse o poeta Carlos Drummond de Andrade: "O que está na voz de Caymmi a gente guarda como faz com as coisas de estimação. E ao ouvi-la em casa, na rua, no ar, é sempre a emoção de um bom encontro. Incorporou-se ao patrimônio de arte e coração do Brasil. Ninguém o apaga ou destrói".

Caymmi nasceu em Salvador, no dia 30 de abril de 1914. Faria 100 anos. Criado num ambiente musical, onde a mãe, Aurelina Cândida, Sinhá, gostava de cantar acalantos e modinhas, o pai, Durval Henrique, Ioiô, funcionário público, gostava de tocar violão e bandolim, uma tia, o piano, o menino Dorival ia às festinhas da vizinhança, onde sempre havia cantoria. Mas não era só isso. Ele estava sempre atento aos sons da rua – cantigas e pregões, sons do afoxé, das carroças – e aos sons da natureza. Deslumbrado ficou quando mais tarde conheceu Itapoã, a vida dos pescadores, os segredos do mar e da natureza: "Fui me tomando de amores por Itapoã e percebendo uma poesia nova, contemplativa, do mar, gravando uma época bonita. Marquei tudo isso e a praia está dentro de mim". Aluisio Didier, no texto sobre Caymmi (coleção *Raízes da música popular brasileira*), escreveu: "Dorival passou a frequentar Itapoã, onde, com amigos, tocava violão, cantava, namorava. Tudo o que se falar ou escrever sobre o que vai criar a partir de sua relação com o mar, com a vida dos pescadores e de suas mulheres, poderá não estar à altura da importância que o ciclo das Canções Praieiras tem. Quando chegou ao Rio, em abril de 38, já tinha feito algumas, cuja primeira foi 'Noite de temporal'".

A originalidade da música de Caymmi já desponta desde quando ele, pequeno, tocava o violão de seu pai, que estranhava o jeito do menino tocar. Assim relata sua neta, Stella Caymmi, ao mostrar um depoimento do avô, no belíssimo livro *Dorival Caymmi, o mar e o tempo* – que está sendo a fonte de várias informações e depoimentos que estou usando:

> *Acontece que eu preferia sempre a harmonia alterada, porque descobri, depois que fiz muita coisa de orelhada, que a harmonia realmente pode ser exótica, com as sétimas, as nonas, a inversão de acordes. Deve ser instintivo, porque desde pequeno acho que o som deve ter outra beleza, além do acorde perfeito. Foi assim que tive sorte na música. Papai dizia que não estava certo, porque o meu arpejo, a maneira que eu puxava as cordas do violão, não levava os dedos certos. Eu puxava as cordas de uma raspada só, com um dedo, o que tecnicamente era considerado errado. Mas, nesse sistema, embora errado, consegui tirar os acordes que sentia instintivamente. [...] Sempre procurei trazer para a minha música os ruídos da Bahia. Por isso, meu violão tem toque de berimbau e escapa dos acordes perfeitos, quadrados. Meus dedos procuram um som harmônico diferente, esquisito.*

Sua originalidade não está na temática baiana, que estava presente em várias canções da época, mas sim na sua música. Comenta Stella Caymmi:

Não é exagero dizer que Caymmi ao desembarcar no Rio de Janeiro trouxe a Bahia na bagagem. A novidade de sua música não passou despercebida a quem entendia do assunto. Outros sambas podiam apresentar a Bahia como tema, mas nenhum trazia a música típica da Bahia. Um exemplo disso é "O que é que a baiana tem?", uma estilização do samba de roda da Boa Terra, brejeiro, sensual, razão de seu sucesso.

No início dos anos 1940, quando já morava no Rio de Janeiro, Caymmi começou a pensar seriamente em estudar música, pois achava que não seria um músico completo se não soubesse ler partituras. Foi então conversar com Villa-Lobos e Radamés Gnattali, que o dissuadiram da ideia, porque temiam que ele perdesse sua espontaneidade. Assim, Caymmi desistiu até dos estudos que estava fazendo por conta própria.

São quatro as modalidades de suas canções. Além das canções praieiras, como "Noite de temporal", "O mar", "Saudade de Itapoã", "O bem do mar", "É doce morrer no mar" (em parceria com Jorge Amado), "Quem vem pra beira do mar", Caymmi compôs os deliciosos sambas de remelexo, inspirados nos sambas de roda, como "O que é que a baiana tem?", "Samba da minha terra", "A vizinha do lado", "Doralice", "Requebre que eu dou um doce", as canções baseadas em temas folclóricos, como "A preta do acarajé", "Roda pião" e, por fim, langorosos e sofisticados sambas-canção, como "Marina", "Só louco", "Nem eu". No samba-canção de Caymmi podemos ver uma semente do que depois será a bossa nova, isso pela sofisticação harmônica e melódica, com forte influência do jazz, música que o compositor baiano apreciava muito: "Caymmi passou a empregar notas de sexta e sétima maiores nos acordes menores, imprevisíveis modulações de meio-tom, coisas que ninguém usava na época", explica Tom Jobim.

Caymmi também gostava de pintar e fez lindos quadros: "pintor de domingo, seus quadros são um dia de descanso", no dizer de seu amigo Millôr Fernandes. Suas canções nascem através do olhar e talvez por isso sejam tão pictóricas, talvez por isso a gente consiga vislumbrar o que ele viu: "A canção nasce sozinha. Ela é vista, transmitida para a sensibilidade musical. Meu primeiro ato de fazer uma canção é vê-la. Eu tenho dois olhos especiais que veem música", ele diz. Sobre a preguiça caymmiana, muita coisa já se falou, em tom de gozação. Rubem Braga fez uma piada que a popularizou. Dizia Braga que havia três velocidades: lento, muito lento e Dorival Caymmi. Caymmi divertia-se com isso, mas, às vezes, explicava: eu não sou preguiçoso, sou contemplativo. Pois é, na contemplação, na criação, há um outro tempo, tempo subjetivo do artista, que vai na contramão da pressa.

Caymmi, tal como o poeta Manuel Bandeira, é visitado pela canção: a inspiração acontece e assim também a música. Isso não quer dizer que ele não faça nada: faz muito, faz receber e modelar aquela canção. Caetano explicou isso muito bem:

> Ele é uma pessoa cujas canções são sempre inspiradas. E ele tem consciência de que é assim que elas nascem. Ou seja, não foi ele quem fez nenhuma. As canções aconteceram a ele. [...] Eu acho que a obra de Caymmi apresenta um nível de elaboração muito elevado. A complexidade da construção das canções é muito grande. E a censura seletiva da mente dele em relação ao que deve e ao que não deve constar na canção é sobre-humana, é brutal. Mas tudo isso ele faz questão que aconteça. [...] É o deixar aparecer, deixar acontecer e ser extremamente responsável com relação ao que acontece.

Apesar e talvez mesmo por causa desse artesanato sonoro, suas canções soam tão naturais que não parecem ter sido feitas por alguém, parecem ter existido desde sempre, como o vento, o mar, que quando quebra na praia é bonito, é bonito. Caymmi canta a natureza ou é a natureza que canta através de Caymmi? O melhor jeito de celebrar sua pessoa e sua música é ouvi-lo.

Março de 2014

Saudade do Brasil

Foi ouvindo "Saudade do Brasil" que fui tomada por uma profunda melancolia: a saudade que Tom Jobim sentia se transformou nessa belíssima composição musical, que não representa a saudade, mas é a saudade em forma de música e algo mais, mais forte que a palavra, melancolia indizível que tento agora traduzir... Em vão? Fiquei me perguntando se Tom estaria em Nova York, sentindo saudade do Brasil, ou se estaria no Brasil, sentindo saudade do que já não há, como nos versos de Chico Buarque em "Sabiá": "vou deitar à sombra de uma palmeira, que já não há/ colher a flor, que já não dá...". Não sabia.

Perguntei a um amigo de Tom, mas ele também não sabia. Lembrei então de procurar na biografia que Sérgio Cabral escreveu, quem sabe a resposta não estaria lá? E estava: "O título da música nasceu num dia em que Tom estava no hotel (em Nova York) e pegou uma faca para cortar carne. Era uma faca muito afiada e que trazia impressa a expressão 'Made in Brazil'", conta Sérgio Cabral. "Me senti orgulhoso por uma faca tão boa ser feita aqui. Aí, me deu uma grande saudade do Brasil e essa saudade está na música. Para que palavras?", diria mais tarde Tom. Saudade: uma faca afiada que corta a carne. Ou, nas palavras do pensador português Eduardo Lourenço, "lembrança da casa abandonada, esse gosto de mel e de lágrimas, que a palavra-mito dos portugueses sugere".

E foi assim que, ao modo de Manuel Bandeira, a composição de Tom Jobim nasceu, sublime "desentranhado" do cotidiano: num momento em que não havia nada aparentemente poético, nasceu a poesia e, nesse caso, a música, essa conversa sem palavras. Pina Bausch uma vez falou que aí onde as palavras não conseguem mais exprimir começa a dança. O mesmo com a música, penso eu.

Mas o que me tocou mais profundamente foi que ouvindo "Saudade do Brasil" e estando no Brasil, eu senti uma saudade imensa. Saudade de um Brasil que já não há. Brasil de Manuel Bandeira, de Jayme Ovalle, do pintor Cícero Dias, de Sérgio Buarque de Holanda. Brasil de Graciliano Ramos, de Jorge Amado, de Villa-Lobos, de Darcy Ribeiro. Brasil de Glauber Rocha, de Drummond, de Cartola, de Pixinguinha e de Tom Jobim. Saudade de "sentar à sombra de uma palmeira que já não há/ colher a flor que já não dá". E aí fui beber novamente nos livros e na música, buscar esse Brasil inventado por essa gente genial e maravilhosa, que o amava. Utopia? Sei que o Brasil, apesar de ser uma terra linda, nunca foi um paraíso, mas sinto falta dessa gente amiga, de coração terno, que gostava do Brasil e de sua gente, que cultivava a amizade, que se encontrava para conversar sem pressa e sem o barulho atordoante das máquinas e da multidão. Que buscavam modos de uma boa vida para o povo brasileiro.

Saudade desse mundo onde gostar era simples e bom e fazia parte da vida, do cotidiano. Nem precisava explicação. Aí pensei: bom, se sinto saudade desse Brasil, é porque ele deve estar em algum lugar, meio escondido, soterrado mesmo, Brasil profundo que pulsa na alma. Não quero dizer que a felicidade esteja no passado, mas há coisas que a gente não quer e não pode esquecer sob o perigo de perder o que temos de melhor. Esses homens, suas obras, suas ideias, suas afeições e seu modo de ser são faróis.

Irene preta
Irene boa
Irene sempre de bom humor
Imagino Irene entrando no céu
– Licença, meu branco!
E São Pedro bonachão:

> – Entra, Irene
> Você não precisa pedir licença

Assim escreveu o poeta Manuel Bandeira. E ele se julgava um poeta menor! Escreveu em "Itinerário de Pasárgada":

> Tomei consciência de que eu era um poeta menor; que me estaria para sempre fechado o mundo das grandes abstrações generosas; que não havia em mim aquela espécie de cadinho onde, pelo calor do sentimento, as emoções morais se transmudam em emoções estéticas: o metal precioso eu teria que sacá-lo a duras penas, do pobre minério das minhas pequenas dores e ainda menores alegrias.

Bandeira era amante da música. Sobre isso já escrevi. Foi um dos poetas mais musicados, por grandes músicos como Villa-Lobos, Jayme Ovalle, Mignone, Camargo Guarnieri, Radamés Gnattali. Mas não foi só através das canções que Bandeira expressou seu amor à música: além de poemas cujo tema era musical, escreveu crônicas sobre músicos populares e são inesquecíveis aquelas sobre Sinhô, Catulo e Orestes Barbosa. Foi em "Orestes" que ele apontou como um dos versos mais belos da língua portuguesa aquele de "Chão de estrelas":

> Grande poeta da canção, esse Orestes! Se se fizesse aqui um concurso como fizeram na França, para apurar qual o verso mais bonito da nossa língua, talvez eu votasse naquele de Orestes em que ele diz: "Tu pisavas os astros distraída...". Só mesmo em chão de estrelas era possível achar este verso. Decerto Orestes rojava no sublime, e a mulher que o inspirou pisou-lhe, acinte ou inadvertidamente, o coração, que se abriu na queixa imortal.

Na inesquecível crônica "O enterro de Sinhô", Bandeira traça o perfil do fascinante sambista, "o popular Sinhô dos mais deliciosos sambas cariocas" e de seu papel de elo entre a parte pobre e a rica da população carioca, entre a cultura popular e a dita "alta cultura":

"Ele era o traço mais expressivo ligando os poetas, os artistas, a sociedade fina e culta às camadas profundas da ralé urbana. Daí a fascinação que despertava em toda a gente quando levado a um salão". Bandeira, retratando o enterro, pinta um quadro de costumes: "A capelinha branca era muito exígua para conter todos quantos queriam bem ao Sinhô, tudo gente simples, malandros, soldados, marinheiros, donas de *rendez-vous* baratos, meretrizes, *chauffeurs,* macumbeiros [...], todos os sambistas de fama, os pretinhos dos botequins [...], mulheres do morro, baianas de tabuleiro, vendedores de modinha...". E termina a crônica assim: "Não tem ali ninguém pra quebrar aquele quadro de costumes cariocas, seguramente o mais genuíno que já se viu na vida da cidade: a dor simples, natural, ingênua, de um povo cantador e macumbeiro em torno do corpo do companheiro que durante anos foi por excelência intérprete de sua alma estoica, sensual, carnavalesca".

Foi saudade desse Brasil de Bandeira e de outros Brasis assim que a música do Tom despertou em mim, saudade e uma vontade de dar algum jeito na danada desta vida para que a poesia volte a alumbrar as nossa noites e dias.

Maio 2014

A sanfona sensível de Dominguinhos

A ternura, a simplicidade e a musicalidade de Dominguinhos são comoventes e transbordam de seu acordeão e de seu sorriso, basta lembrar "Eu só quero um xodó": "Um xodó pra mim/ Do meu jeito assim/ que alegre o meu viver". Mas não só isso. A situação do nordestino, sendo massacrado pela cidade grande ficou imortalizada em "Lamento sertanejo", em que Gilberto Gil é seu parceiro: "Eu quase não saio/ eu quase não sei de nada/ sou como rês desgarrada/ nessa multidão, boiada caminhando a esmo". O belo documentário *Dominguinhos*, dirigido por Mariana Aydar, Eduardo Nazarian e Joaquim Castro, foi muito feliz em captar a vida brasileira, que é o cenário, a temática e o sentimento desse músico querido. Retrato cantado e tocado. Encontro feliz da música e do cinema. Felicidade para nós, espectadores e ouvintes, que saímos da sessão com a alma lavada e alimentada, com fé na força e na simplicidade do nosso povo. Traga-me um copo d'água, Dominguinhos, tenho sede, e essa sede pode me matar...

José Domingos de Morais foi apadrinhado por Luiz Gonzaga com o nome de Dominguinhos. Nasceu em Garanhuns, Pernambuco, no dia 12 de fevereiro de 1941. Esse aquariano nordestino começou a tocar sanfona menino, formando um trio com seus dois irmãos e tocando em feiras livres e portas de hotéis.

Na meninice, eu mesmo não 'tava muito preocupado com negócio de instrumento, de nada não. Eu queria fazer meus carrinhos, andar de carretel pra cima e pra baixo, correndo com os meninos, jogando bola de gude, torneio de pião, carrinho de rolimã, que a gente descia aquelas ladeiras de Garanhuns lá, e na poeira, mas depois eu me agarrei com o pandeiro, meu irmão Moraes tocava sanfona de oito baixos de meu pai, fazia uns tonzinhos lá, tocava umas coisinhas, e eu acompanhava no pandeiro, instrumento que eu aprendi primeiro e, depois, meu irmão Valdomiro tocava melê e a gente formava um triozinho.

O baião apareceu em sua vida juntamente com seu futuro padrinho: "O baião ainda não tinha chegado aos nossos ouvidos, porque a gente só ouvia um rádio tocando ou trazendo notícias do Sul do país se você fosse bem de vida, e aí tinha um rádio bom pra pegar as ondas curtas, frequência modulada e tal...". E um dia, quando Dominguinhos tocava em um hotel com seu triozinho, foi chamado pra tocar pro rei do baião: "Nós fomos tocar lá no sanatório de Garanhuns, tem esse nome de sanatório, mas é um hotel. Aí nós fomos pra lá e não sei por que, a gente todo remendadinho, e cismaram que a gente tinha que tocar pra Luiz Gonzaga, e eu digo: 'Meu Deus do céu, era hoje!'". A partir de então, Dominguinhos começou a tocar as músicas de Gonzaga, como ele mesmo conta no documentário: "Aí eu já garotinho tocava as músicas dele, na época de baiões bonitos, ele cantava muito baião amoroso, sabe aquelas coisas dolentes, toadas, e aí eu aprendi aquelas coisas todinhas e imitava ele mesmo, porque não tinha outro caminho, o caminho do sanfoneiro nordestino era Luiz Gonzaga e era o meu".

Dominguinhos foi pro Rio de Janeiro num pau de arara em 1954 e ficou por lá 15 anos. Sua primeira sanfona "de respeito" foi dada por Luiz Gonzaga e com ela Dominguinhos tocou muitas vezes nas barcas da travessia Rio-Niterói e também fez, em parceria com Anastácia, a música "Sanfona sensível", em homenagem ao rei do baião:

*Chora sanfona sensível em meu peito gemendo
vai machucando e meu peito de amor vai morrendo
quanto mais choras me entrego todinho ao amor
em teu gemido desfaz em minh'alma essa dor
chora sanfona sensível razão da minha vida.*

Foi ajudante de pedreiro, mas esse ofício machucava suas mãos. Como iria depois tocar sua sanfona? Trabalhou numa tinturaria e aos 16 anos formou seu o primeiro trio nordestino.

Sua maior parceira foi Anastácia. Fez com ela cerca de 210 músicas. Sobre essa parceria, ele conta: "Em cinco minutos, tá feita uma música. Nós nos encontramos, aqui em São Paulo, eu pego a sanfona, faço uma melodia e entrego a ela. Ela passa um tempinho. Mas de repente eu me interesso muito pela melodia, ela pega a caneta e faz na hora".

Grande compositor e instrumentista, Dominguinhos, como grande parte dos músicos populares do Brasil, não escreve música, e isso em nada diminui sua obra e seu tocar: "Eu estudei várias vezes. Começava estudar, daqui a pouco dava sono e parava. Aí me dá uma agonia da gota com esse negócio de ter que estudar música, só olhando a cabeça da nota". No documentário, depois que ele fala isso, entra um vídeo dele tocando com Hermeto, "Carinhoso", ele improvisando como ninguém...

Na era do rádio tocou na Rádio Nacional, na Mayrink Veiga, na Tupi. Choro, samba, acompanhando os cantores famosos da época, Ciro Monteiro, Dalva de Oliveira, Cauby Peixoto, Nelson Gonçalves. Depois começou a tocar na noite carioca, bolero, samba-canção, beguine, conga, bossa nova. Isso entre os anos 1950 e 1960. E aí voltou a tocar baião e gravou um disco, em São Paulo, *Fim de festa*.

Depois disso, os baianos tropicalistas descobriram Dominguinhos e aconteceu o sucesso estrondoso da gravação de Gilberto Gil, "Eu só quero um xodó" (Dominguinhos e Anastácia). Depois Gil gravaria "Lamento sertanejo" (Dominguinhos e Gil) e "Tenho sede" (Dominguinhos e Anastácia), duas obras-primas, no disco *Refazenda*. É por essa época que Dominguinhos grava com Gal Costa, no disco *Índia*, e passa a integrar o grupo de músicos que acompanhavam a cantora, como Toninho Horta, Robertinho Silva. Numa entrevista da época, disse Dominguinhos, em tom gozador: "Bom, agora eu sou um sanfoneiro pop".

Em 1978 e 1979, ele veio morar em São Paulo. Em sua trajetória musical tocou com João Donato, Hermeto Paschoal, Hamilton de Holanda, Nana Caymmi. Fez um sucesso danado com "De volta pro meu aconchego", parceria com Nando Cordel, cantada por Elba Ramalho.

Dominguinhos tocou diversos gêneros de música, mas o baião era a sua essência, como ele confessa em uma entrevista: "Na verdade eu acho que o baião ainda é pra mim todo o começo de tudo, e eu acabo sempre tocando baião. Posso tocar o que tocar, mas o ritmo que eu mais gosto de tocar é o baião". Casou-se várias vezes, tocou e animou multidões por esse Brasil afora, era um artista sofisticado e muito popular e, ainda assim, se sentia um solitário: "Acho que a solidão é uma coisa do artista", disse uma vez. Saudade de Dominguinhos, de sua música, de sua pessoa. De sua sanfona sensível.

Julho de 2014

Referências

LIVROS

AGUIAR, Jorge. *Nada além: a vida de Orlando Silva*. São Paulo: Globo, 1995.

ALBIN, Ricardo Cravo. *Dicionário Houaiss ilustrado: música popular brasileira*. Rio de Janeiro: Paracatu, 2006.

ALENCAR, Edigar de. *Nosso Sinhô do Samba*. Rio de Janeiro: MEC; Funarte, 1981.

ALMEIDA, Manuel Antônio de. *Memórias de um sargento de milícias*. São Paulo: Ática, 1998.

ALMIRANTE. *No tempo de Noel Rosa*. Rio de Janeiro: Francisco Alves, 1977.

ARRIGUCCI Jr., Davi. *A poesia de Manuel Bandeira: humildade, paixão e morte*. São Paulo: Companhia das Letras, 1990.

_____. *O escorpião encalacrado: a poética da destruição em Julio Cortázar*. São Paulo: Companhia das Letras, 2003.

_____. *Enigma e comentário: ensaios sobre literatura e experiência*. São Paulo: Companhia das Letras, 2011.

BACHELARD, Gaston. *O ar e os sonhos*. São Paulo: Martins Fontes, 1990.

BANDEIRA, Manuel. *Poesia e verso*. Vol. II. Rio de Janeiro: Nova Aguilar, 1958.

_____. *Poesia completa e prosa*. Rio de Janeiro: Nova Aguilar, 1977.

BARBOSA, Marília T.; OLIVEIRA FILHO, Arthur de. *Cartola: os tempos idos*. Rio de Janeiro: Funarte, 1983.

BARBOSA, Orestes. *Samba: sua história, seus poetas, seus músicos e seus cantores*. Rio de Janeiro: Funarte, 1978.

BARRETO, Lima. *Triste fim de Policarpo Quaresma*. São Paulo: Brasiliense, 1974.

BAUDELAIRE, Charles. *As flores do mal*. Trad. Ivan Junqueira. Rio de Janeiro: Nova Fronteira, 1985.

CABRAL, Sérgio. *Pixinguinha: vida e obra*. Rio de Janeiro: Lumiar, 1997.

_____. *As escolas de samba do Rio de Janeiro*. Rio de Janeiro: Lumiar, 1998.

_____. *Elisete Cardoso: uma vida*. Rio de Janeiro: Lumiar, 2000.

_____. *Nara Leão: uma biografia*. Rio de Janeiro: Lumiar, 2001.

_____. *Antonio Carlos Jobim: uma biografia*. São Paulo: Lazuli; Nacional, 2008.

_____. *Ataulfo Alves: vida e obra*. São Paulo: Lazuli; Nacional, 2009.

CALADO, Carlos. *Tropicália: a história de uma revolução musical*. São Paulo: Editora 34, 1997.

CAMPOS, Augusto de et al. *Balanço da bossa e outras bossas*. São Paulo: Perspectiva, 1978.

CANDIDO, Antonio. "Dialética da malandragem". Em: *O discurso e a cidade*. São Paulo: Duas Cidades, 1998.

CASTELLO, José. *Vinicius de Moraes: o poeta da paixão*. São Paulo: Companhia das Letras, 1994.

CASTRO, Ruy. *Chega de saudade: a história e as histórias da bossa nova*. São Paulo: Companhia das Letras, 1990.

_____. *A onda que se ergueu no mar*. São Paulo: Companhia das Letras, 2001.

CAYMMI, Stella. *Dorival Caymmi: o mar e o tempo*. São Paulo: Editora 34, 2001.

CAZES, Henrique. *Choro: do quintal ao Municipal*. São Paulo: Editora 34, 1998.

CORTÁZAR, Julio. *História de cronópios e de famas*. Trad. Gloria Rodríguez. Rio de Janeiro: Civilização Brasileira, 1977.

_____. *La vuelta al día en ochenta mundos*. Vol. I e II. Madri: Siglo XXI de España, 1978.

_____. *As armas secretas*. Trad. Eric Nepomuceno. Rio de Janeiro: José Olympio, 2001.

COUTINHO, Eduardo Granja. *Velhas histórias, memórias futuras*. Rio de Janeiro: Uerj, 2002.

DINIZ, André. *Joaquim Callado, o pai do choro*. Rio de Janeiro: Jorge Zahar, 2000.

DINIZ, Edinha. *Chiquinha Gonzaga: uma história de vida*. Rio de Janeiro: Codecri, 1984.

DREYFUS, Dominique. *Vida do viajante: a saga de Luiz Gonzaga*. São Paulo: Editora 34, 2012.

FAOUR, Rodrigo. *Dolores Duran: a noite e as canções de uma mulher fascinante*. Rio de Janeiro: Record, 2012.

GIL, Gilberto. "Prefácio". Em: DREYFUS, Dominique. *Vida do viajante: a saga de Luiz Gonzaga*. São Paulo: Editora 34, 2012.

GRYNBERG, Halina. *Paulo Moura: um solo brasileiro*. Rio de Janeiro: Casa da Palavra, 2011.

JAEGER, W. *Paideia: a formação do homem grego*. Trad. Artur M. Parreira. São Paulo: Martins Fontes, 2001.

JOYCE, James. *Panaroma do Finnegans Wake*. Trad. Augusto e Haroldo de Campos. São Paulo: Perspectiva, 1971.

KAHN, Ashley. *A Love Supreme: a criação do álbum clássico de John Coltrane*. São Paulo: Barracuda, 2007.

LIBRANDI, Lulu. *Quando o carteiro chegou... mensagem a Isaurinha Garcia*. São Paulo: Museu da Imagem e do Som, 2013.

LOURENÇO, Eduardo. *Mitologia da saudade*. São Paulo: Companhia das Letras, 1999.

MACHADO, Cacá. *O enigma do homem célebre*. São Paulo: Instituto Moreira Salles, 2007.

MAMMÎ, Lorenzo. "Prefácio". Em: *Cancioneiro Jobim*. Rio de Janeiro: Jobim Music; Casa da Palavra, 2000.

MATOS, Olgária. "*Theatrum Mundi*: filosofia e canção". Em: *Contemporaneidades*. São Paulo: Nacional; Lazuli, 2009.

MÁXIMO, João. *Paulinho da Viola*. Rio de Janeiro: Relume Dumará, 2002.

MÁXIMO, João; DIDIER, Carlos. *Noel Rosa: uma biografia*. Brasília: Editora Universidade de Brasília, 1990.

MELLO, Zuza Homem de. *A era dos festivais: uma parábola*. São Paulo: Editora 34, 2003.

MELLO, Zuza Homem de; SEVERIANO, Jairo. *A canção no tempo: 85 anos de músicas brasileiras (vol. 1: 1901-1957)*. São Paulo: Editora 34, 1997.

_____. *A canção no tempo: 85 anos de músicas brasileiras (vol. 2: 1958-1985)*. São Paulo: Editora 34, 1998.

MORAES, Vinicius. *Livro de letras*. Org. José Castello. São Paulo: Companhia das Letras, 1991.

_____. *Songbook*. 3 vols. Rio de Janeiro: Lumiar, 1993.

NEGREIROS, Eliete Eça. *Ensaiando a canção: Paulinho da Viola e outros escritos*. Cotia: Ateliê, 2011.

_____. *Paulinho da Viola e o elogio do amor*. Cotia: Ateliê, 2016.

PASCAL. *Pensamentos*. Trad. Sérgio Milliet. São Paulo: Abril Cultural, 1979. (Os pensadores)

PEREIRA, Arley. *Cartola: semente de amor sei que sou desde nascença*. São Paulo: Sesc São Paulo, 1998.

RAMOS, Nuno. *Ensaio geral*. São Paulo: Globo, 2007.
RISÉRIO, Antonio. *Caymmi: uma utopia de lugar*. São Paulo: Perspectiva, 1993.
ROUSSEAU, Jean-Jacques. *Os devaneios do caminhante solitário*. Trad. F. M. L. Moretto. Brasília: UnB, 1995.
_____. *Les Revêries du promeneur solitaire*. Paris: Flammarion, 1997.
SANDRONI, Carlos. *Feitiço decente: transformações do samba no Rio de Janeiro (1917-1933)*. Rio de Janeiro: Jorge Zahar; UFRJ, 2001.
SARTRE, Jean-Paul. *Que é a literatura?* Trad. C. F. Moisés. São Paulo: Ática, 1999.
SÊNECA. *A vida feliz*. Trad. André Bartolomeu. Campinas: Pontes, 1991.
_____. *Sobre a brevidade da vida*. Trad. Lúcia Sá Rebello, Ellen Itanajara Neves Vranas, Gabriel Nocchi Macedo. Porto Alegre: L&PM, 2006.
_____. *Da tranquilidade da alma, da vida retirada e da felicidade*. Trad. Lúcia Sá Rebello, Ellen Itanajara Neves Vranas. Porto Alegre: L&PM, 2009.
SEVERIANO, Jairo. *Uma história da música popular brasileira: das origens* à *modernidade*. São Paulo: Editora 34, 2002.
SILVA, Fernando de Barros e. "Arrigo Barnabé". Em: NESTROVSKI, Arthur (org.). *Música popular brasileira hoje*. São Paulo: Publifolha, 2002.
SÓFOCLES. *Ájax*. Em: *Tragédia grega*. Vol. VI. Trad. Mário da Gama Kury, Rio de Janeiro: Jorge Zahar, 2009.
TABORDA, Marcia. *Violão e identidade nacional*. Rio de Janeiro: Civilização Brasileira, 2011.
TATIT, Luiz. *O cancionista: composição de canções no Brasil*. São Paulo: Edusp, 1996.
TINHORÃO, José Ramos. *Pequena história da música popular: da modinha ao tropicalismo*. São Paulo: Art, 1986.
_____. *Música popular: um tema em debate*. São Paulo: Editora 34, 1997.
_____. *História social da música popular brasileira*. São Paulo: Editora 34, 1998.
VARGENS, João Baptista M.; MONTE, Carlos. *A velha guarda da Portela*. Rio de Janeiro: Manati, 2001.
VELOSO, Caetano. *Verdade tropical*. São Paulo: Companhia das Letras, 1997.
_____. *O mundo não é chato*. São Paulo: Companhia das Letras, 2005.
VIANNA, Hermano. *O mistério do samba*. Rio de Janeiro: Jorge Zahar, 1995.
XAVIER, Ismail. *Cinema brasileiro moderno*. São Paulo: Paz e Terra, 2001.
WISNIK, José Miguel. *Sem receita: ensaios e canções*. São Paulo: Publifolha, 2004.

COLEÇÕES
Folha 50 anos de bossa nova. Textos por Ruy Castro. São Paulo: MEDIAfashion, 2008.
Folha Raízes da música popular brasileira. São Paulo: Folha de S.Paulo, 2010.
História da música popular brasileira. São Paulo: Abril Cultural, 1970.
MPB compositores. Rio de Janeiro: Globo, 1999.

FILMES
DOMINGUINHOS. Eduardo Nazarian, Joaquim Castro e Mariana Aydar. Brasil: bigBonsai, 2014. 86 min.
MR. SGANZERLA, os signos da luz. Joel Pizzini. Brasil: Pólofilme, 2011. 90 min.

SITES
www.discosdobrasil.com.br
www.radinha.com.br
www.youtube.com.br

Os artigos foram publicados entre 2011 e 2014 na imprensa, nas versões impressa e digital:

Blog *Questões Musicais* da revista *piauí*
(adaptados para versão impressa)
A Love Supreme
A pergunta sem resposta
Fragmentos de um discurso tropicalista
Azulão
Vinhos finos... cristais
Radiante: Chiquinha Gonzaga
Filosofia do samba
Sganzerla e o cinema como melodia do pensamento
Arrigo Barnabé: labirinto e mirante
Outros sons
O mundo melhor de Pixinguinha
O canto livre de Nara
Julio Cortázar e a música: a volta ao dia em diversos mundos
Elisete Cardoso é luxo só!
O grande Ismael Silva
O amor discreto de Johnny Alf
A linda voz de Alaíde
"Não há nada no mundo de que eu goste mais do que de música"
Na cadência bonita do samba de Ataulfo Alves
Eu canto samba
Porque tudo no mundo acontece
E o mundo não se acabou
Wilson Batista: "Meu mundo é hoje"
Capinan e o movimento dos barcos
Luiz Melodia, pérola negra
Antonio Carlos Brasileiro Jobim
Lamartine Babo, o rei do Carnaval
Os sambistas cantam o amor por suas escolas
Orlando Silva, o cantor das multidões

Chão de estrelas, arranha-céu: Orestes Barbosa
O sincretismo de Baden Powell
Salve Mestre Candeia!
Nelson Cavaquinho, luz negra
Dolores Duran, estrada do sol
Paulinho da Viola e o choro

Revista *Caros Amigos*
Caixa de ódio: Arrigo Barnabé interpreta Lupicínio Rodrigues
Falar de música
Luiz Gonzaga e a linguagem dos pássaros
Orfeu da Conceição, ou quando Vinicius encontrou Tom e abraçou a canção
Salve Paulinho da Viola!
Omara Portuondo: flor amorosa cubana
A alma encantadora de Paulo Moura
Violão brasileiro, o fiel companheiro
Estou falando de Elton Medeiros
Eduardo Gudin: um sambista fiel
O choro erudito de Ernesto Nazareth
A sonora garoa de Passoca
Isaurinha Garcia, "a voz nacional do Brás"
Dorival Caymmi
Saudade do Brasil
A sanfona sensível de Dominguinhos

Livro coletânea *60tão: a turma de 51* (Edith, 2011)
Nelson Cavaquinho, Montaigne...

Sobre a autora

De longa carreira como cantora, Eliete Eça Negreiros é uma das fundadoras do movimento que ficou conhecido como vanguarda paulista, ao lado de nomes como Itamar Assumpção, Arrigo Barnabé e Ná Ozzetti. Formada em Filosofia pela Universidade de São Paulo, tem dois livros publicados sobre a produção musical: a adequação de sua dissertação de mestrado (*Ensaiando a canção: Paulinho da Viola e outros escritos*, Ateliê, 2011) e de sua tese de doutorado (*Paulinho da Viola e o elogio do amor*, Ateliê, 2016), ambas desenvolvidas no programa de Filosofia da Universidade de São Paulo.

Fontes	Minion Pro e Elephant
Papel	Capa: Supremo Duo Design 300 g/m²
	Miolo: Pólen soft 70 g/m²
Impressão	Colorsystem
Data	Maio 2022